2015
八路军文化研讨会论文集
BALUJUNWENHUAYANTAOHUILUNWENJI

魏书文 主编

山西出版传媒集团
山西人民出版社

图书在版编目（CIP）数据

八路军文化研讨会论文集. 2015 / 魏书文主编. ——太原：山西人民出版社，2016.5
　　ISBN 978-7-203-09534-7

Ⅰ. ①八… Ⅱ. ①魏… Ⅲ. ①八路军—文化研究—文集 Ⅳ. ①E297.3-53

中国版本图书馆CIP数据核字(2016)第054600号

八路军文化研讨会论文集. 2015

主　　编：魏书文
责任编辑：张小芳
装帧设计：刘彦杰

出 版 者：	山西出版传媒集团·山西人民出版社
地　　址：	太原市建设南路21号
邮　　编：	030012
发行营销：	0351—4922220　4955996　4956039　4922127（传真）
天猫官网：	http://sxrmcbs.tmall.com　电话：0351—4922159
E-mail：	sxskcb@163.com　发行部
	sxskcb@126.com　总编室
网　　址：	www.sxskcb.com
经 销 者：	山西出版传媒集团·山西人民出版社
承 印 厂：	山西基因印刷服务有限公司
开　　本：	787mm×1092mm　1/16
印　　张：	18
字　　数：	200千字
印　　数：	1—1000册
版　　次：	2016年5月　第1版
印　　次：	2016年5月　第1次印刷
书　　号：	ISBN 978-7-203-09534-7
定　　价：	48.00元

如有印装质量问题请与本社联系调换

《八路军文化研讨会论文集》
2015编委会

主　编： 魏书文

副主编： 郝炳宏　李树生

编　委： 安占伟　崔旭光　李珍明　韩毅平

　　　　　李绍君　郝雪廷　韩卫忠　王建平

　　　　　程彩红　李晓云

校　对： 李朝霞　姜维维　侯爱萍　李　娜

　　　　　李爱明　魏景辉　殷宇娜

目录

代序一 在第六届八路军文化学术座谈会上的讲话　龙新民 / 1
代序二 也论八路军文化的内涵及其现实意义　王雷平 / 12
代序三 在第六届八路军文化研讨会上的致辞　胡　坚 / 32

抗战文化——战胜日本军国主义不可或缺的"软实力"
　　刘庭华 / 1
抗战时期国际社会对华医疗援助探析　李洪河 / 17
论共产国际在抗日战争时期与中国共产党的关系　石雷 / 38
抗战时期马克思主义中国化叙事与中共主流意识的构建
　　张富文 / 58
毛泽东《论持久战》著作的翻译和传播　宋毅军 / 71
毛泽东与八路军的"软实力"　茅永怀 / 78
朱德与抗战初期的国共军事合作　董志铭 / 98
太行抗战建国学院始末　李树生 / 112
论八路军与华北抗战　郝雪廷 / 121
华北抗日根据地的干部教育工作　赤桦 / 131
试论红色文化与红色旅游　刘国胜　赵军 / 141

如何实现八路军文化的教育功能　董江爱　徐朝卫 / 148

推进文化产业与旅游产业的转型思考　王宗仁 / 159

抗日根据地的农业生产展览会述论　李乾坤 / 165

从戏剧看中共抗战时期的文化动员　张　丹　张俊峰 / 178

抗战时期晋察冀边区的救灾度荒研究　张德义 / 206

抗战时期八路军在陕甘宁边区的反腐败斗争　王欣媛 / 220

抗战中的太行山剧团　张　宇 / 234

中共中央北方局党校的历史作用　郭瑞丽 / 241

代序一

在第六届八路军文化学术座谈会上的讲话

中国中共党史学会会长　龙新民

各位专家学者、同志们：

今年是中国人民抗日战争暨世界反法西斯战争胜利70周年，党中央举行了纪念抗战胜利70周年系列活动，特别是成功组织了纪念中国人民抗日战争暨世界反法西斯战争胜利专题阅兵，在国内外引起热烈反响。同时各地按照中央精神也开展了形式多样的纪念活动。今天，由中国中共党史学会、中共山西省委宣传部、山西省党史学会、中共长治市委、长治市人民政府联合举办的第六届八路军文化研讨会在山西省武乡县八路军太行纪念馆开幕了。在此，我代表中国中共党史学会向这次研讨会的召开表示热烈祝贺，向到会的各位专家学者和同志们表示诚挚问候，向承办研讨会的武乡县委、县政府和有关方面的领导和工作人员表示衷心的感谢！

山西是党史大省，有着丰富的党史资源，是抗日战争时期的敌后主战场和八路军总部所在地。山西各级党委高度重视八路军文化的研究、宣传和弘扬，取得了显著成绩，创造了丰富经验。今天，我们又一次相聚在革命老区武乡，共同研讨八路军文化，就是要认真学习贯彻习近平总书记在抗日战争暨世界反法西斯战争胜利70周年纪念活动中发表的一系列重要讲话精神，深刻领会思想观点，准确把握精髓要义，自觉运用讲话精神来指导和推动八路军文化研究，大力弘扬伟大的抗战精神，为实现"两个一百年"的奋斗目标和中华民族伟大复兴的中国梦，做出新的更大贡献。这次研讨会尽管来的人不多，会议规模不大，但层次高，中央文献研究室、中央党史研究室、中央党校、国防大学和其他一些研究机构、高等院校的专家学者前来参加研讨会，相信这是对八路军文化研究工作的进一步深化和推动，研讨会也一定能够取得新的成果。借此机会，我讲三点意见，供大家参考。

一、八路军文化研究取得丰硕成果

自2010年举办第一届八路军文化研讨会以来，共有100多名全国知名党史专家、军史专家、抗战史专家、八路军文化学者、红色文化旅游产业专家等出席了研讨会，提交了一些有代表性的论文。第一届收到论文34篇，第二届收到论文31篇，第三届收到论文19篇，第四届收到论文30篇，第五届收到论文25篇，第六届收到论文19篇。每届研讨会结束后都结集出版了《八路军文化研讨会论文集》。这次研讨会收到比较具有代表性的论文有：刘庭华撰写的《抗战文化——战胜日本军国主义不可或缺的"软实力"》，李洪河撰写的《抗战时期国际社会对华医疗援助探析》，石雷撰写的《论共产国际在抗日战争时期与中国共产党的关系》，王宗仁撰写的《推进文化产业与旅游产业的转型思考》，董江爱、徐朝卫撰写的《如何实现八路军文化的教育功能》，等等。

来自全国各地的党史、军史、方志、文化等方面的专家学者们从各自的学科特点、专业特长出发，多方面、多层次、多角度地研究八路军文化、太行精神等，对于传承和弘扬八路军文化，提升革命老区武乡的文化软实力和知名度，具有重要意义。通过对八路军文化的深度挖掘和论证，武乡县在八路军文化研究方面的成果已得到了社会各界的广泛关注，不仅对做大做强八路军文化产业提供了强有力的理论支撑，同时对于进一步促进文化与红色旅游的融合发展，对于推动爱国主义教育等方面都产生了积极的作用。

二、深化八路军文化研究具有重大意义

（一）深化八路军文化研究是进一步加强抗战史研究的重要内容

2015年7月30日，习近平总书记在中央政治局第二十五次集体学习时讲话指出，长期以来，对中国人民抗日战争的研究，党史部门、军史部门、高等院校、社科研究机构等单位做了大量工作，取得了许多重要成果。宣传文化部门和社会各界也做了很大努力。同时，同中国人民抗日战争的历史地位和历史意义相比，同这场战争对中华民族和世界的影响相比，我们的抗战研究还远远不够，要继续进行深入系统的研究。习近平总书记还强调，要坚持正确方向、把握正确导向，准确把握中国人民抗日战争的历史进程、主流、本质，正确评价重大事件、重要党派、重要人物。要从总体上把握局部抗战和全国性抗战、正面战场和敌后战场、中国人民抗日战争和世界反法西斯战争等重大关系。我们不仅要研究七七事变后全面抗战8年的历史，而且要注重研究九一八事变后14年抗战的历史，14年要贯通下来统一研究。要以事实批驳歪曲历史、否认和美化侵略战争的错误言论。学习贯彻习近平总书记这一重要指示精神，我们要更加自觉地把八路军文化的研究，放在整个抗战史研究的全局来认识、来把握，继续更好地对八路军文化进行深入系统的研究。

（二）深化八路军文化研究是进一步加强党史研究的重大课题

习近平总书记在谈到党史工作时曾指出，要坚持不懈把深化党史研究这个第一位的任务抓好。整个党史工作做得怎么样，关键看党史研究水平高不高，成果多不多。习近平总书记还强调，既要突出党史研究这个中心，也要全面推进党史资料征编、党史宣传教育、党史重要事件和重要人物纪念、革命遗址遗迹保护利用等工作。4月8日，栗战书同志在中央党史研究室召开的全国党史研究室主任会议讲话中指出：党史工作不能平推，必须突出重点、抓纲带目，其中党史研究是党史工作的基础和关键，是必须抓紧的第一位任务，党史资料征编是党史研究的必要准备，党史宣传教育、党史纪念活动等工作则是党史研究成果的转化利用，这些工作很大程度上都取决于党史研究的水平和质量。党史研究搞得怎么样、水平高不高，主要看研究方向正不正、史实准不准、分析透不透、经验教训和规律总结得深不深、对现实和未来的指导意义大不大。根据中央领导同志的重要讲话精神，中央党史研究室主任曲青山同志、中共党史学会会长欧阳淞同志都十分明确地要求，要坚持抓好党史研究这个第一位的中心任务，做好党史重大事件和党史重要人物的纪念活动，大力弘扬党的光荣传统和优良作风。党史研究的深化，既要站在历史的高度、全局的高度，全面、准确、系统记载好党的历史，写好党史基本著作；也要就党的历史上每一个时期、每一个阶段的历史做出深入的研究，对党的历史上每一个重大课题、每一个重要方面的事情做出深入的研究。

八路军在党的历史上具有重要地位，八路军文化在党的历史特别是文化建设史上具有重要地位。因此，进一步加强八路军文化研究，既是党史工作的重要内容，也是党史工作者的重大责任。

（三）深化八路军文化研究是党史工作围绕中心、服务大局，以史鉴今、资政育人的客观要求

八路军文化是中国革命文化、红色文化的一个重要组成部分。中央强调要充分发挥革命文化、红色文化的巨大教育作用，为培育和弘扬社会主义核心价值观提供精神动力。

习近平总书记在中央政治局第十二次集体学习时讲话

指出：提高国家文化软实力，要努力展示中华文化独特魅力。对中国人民和中华民族的优秀文化和光荣历史，要加大正面宣传力度，通过学校教育、理论研究、历史研究、影视作品、文学作品等多种方式，加强爱国主义、集体主义、社会主义教育，引导我国人民树立和坚持正确的历史观、民族观、国家观、文化观，增强做中国人的骨气和底气。

中央政治局常委、中央书记处书记刘云山同志今年8月26日在全国政协常委会上讲话时指出：讲文化根脉、文化传统，不仅仅是古代的历史文化，还包括一个十分重要的内容，就是我们党领导人民创造的鲜明独特、奋发向上的革命文化、红色文化。像井冈山精神、长征精神、延安精神、抗战精神、西柏坡精神，像雷锋精神、大庆精神、"两弹一星"精神，像载人航天精神、抗震救灾精神，等等，这些富有时代特征、民族特色的宝贵财富，不断实现着中华文化的再生再造。如果只把文化传统等同于儒学国学、经史子集，而把革命文化、红色文化排除在外，那是不全面、不完整的。现在，有的人以探讨历史问题为名，搞历史虚无主义，散布错误的历史观，随心所欲地戏说历史事实、贬损红色经典，对那些已有定论的历史事件、历史人物进行颠覆性评价。这是对革命历史的歪曲，也是对红色文化的亵渎，更是对主流价值的消解。增强价值观自信，必须坚持正确的历史观，珍视党领导人民创造的丰富革命文化资源，把红色基因传承好，使之深深融入人们的精神世界。

八路军文化是革命文化、红色文化的重要组成部分，贯彻中央领导同志的重要讲话精神，毫无疑问，我们必须进一步大力加强和不断深化八路军文化的研究。

三、关于深化八路军文化研究的几点思考

（一）广泛征集整理八路军文化的历史资料、历史文物

习近平总书记在中央政治局第二十五次集体学习时讲话指出，抗战研究要深入，就要更多通过档案、资料、事实、当事人证词等各种人证、物证来说话。要加强资料收集和整理这一基础性工作，全面整理我国各地抗战档案、照片、资料、实物等，同时要面向全球征集影像资料、图书报刊、日记信件、实物等。要做好战争亲历者头脑中活资料的收集工作，抓紧组织开展实地考察和寻访，尽量掌握第一手材料。

习近平总书记的这一重要讲话精神，对于深化八路军文化研究，具有重要的指导意义。不断深化八路军文化研究，最重要的基础工作就是充分做好八路军文化资料的征集和整理工作，这是推动八路军文化研究可持续发展的基本条件和重要前提。我们要以高度的责任感和使命感对待八路军文化资料、历史文物的征集和整理工作，坚持广泛征集与重点征集相结合，充分调动社会各方面力量，努力建立宽广的资料征集渠道，包括从相关国家公私档案馆、图书馆搜集涉及八路军文化的档案、日记、书信、公私文书、照片以及影视作品和各种专门著作，为深化八路军文化研究打好资料基础，使八路军文化研究建立在可靠可信的资料基础上，努力推出更多八路军文化研究的精品力作。

为不断深化八路军文化研究，我们要对整个八路军文化的历史资料情况作一个全面的梳理，看看对重点人物、重点事件的资料收集、整理有什么大的遗漏？尤其是抓紧对亲历、亲见、亲闻八路军文化的重点人物，对老八路、老同志，要抓紧做抢救性的征集、访谈，留下一些珍贵的口述史。不能局限于武乡和长治的，也包括山西全省以至全国各地的。争取征集到更多的反映八路军文化的历史资料、历史文献、历史文物。

（二）深入阐释八路军文化的精神内涵

从党史研究的角度，前些年对八路军文化已有过不少文章作过研究、作过阐述，但感到还缺乏比较权威、比较一致的共同认识。还需要从历史的角度，从理论的高度，从全局的视野，对八路军文化的精神实质、科学内涵、历史地位、社会影响、现实价值、时代意义等做出更深入、更深刻、更系统的研究。而要做到这一点，就需要我们主办和承办单位，加强规划、精心设计、组织力量，在八路军文化研究的重要题目、重要方面集中攻关、多出成果。要梳理一下现在哪些方面的研究比较到位，而哪些方面的研究还不足、还欠缺，甚至完全是遗漏了。然后协调组织对这方面研究有兴趣、有研究能力的研究人员团结协作、共同深入研究。改变目前谁想研究哪个题目就研究哪个题目，谁写了什么论文，我们研讨会就采用什么论文的情况，使八路军文化的研究一年一年坚持下去，年年有新意，年年有进展，年年有新成果。

(三) 充分发挥八路军文化的教育作用

习近平总书记在中央政治局集体学习时讲话指出，要通过多种形式的宣传阐释和主题教育活动，使全国各族人民牢记由鲜血和生命铸就的中国人民抗日战争的伟大历史，牢记中国人民为维护民族独立和自由、捍卫祖国主权和尊严建立的伟大功勋，牢记中国人民为世界反法西斯战争胜利做出的伟大贡献，弘扬伟大抗战精神。要加强抗战遗迹保护开发，发挥各类抗战纪念设施的作用，为开展抗战研究、展示研究成果、进行爱国主义教育提供阵地。要推动国际社会正确认识中国人民抗日战争在世界反法西斯战争中的地位和作用。要加强抗战研究的国际学术交流。要推动海峡两岸史学界共享史料、共写史书，共同捍卫民族尊严和荣誉。

长期以来，山西省高度重视对抗战遗址遗迹的保护开发，先后将平型关大捷纪念馆、八路军总部王家峪旧址和纪念馆、八路军太行纪念馆等抗战遗址遗迹公布为各级爱国主义教育基地、国防教育基地、党史教育基地、文物保护单位等，有的被列为国家级的纪念场馆和爱国主义教育基地。这些纪念场馆成为展示八路军文化研究成果、开展爱国主义教育、革命传统教育的重要场所，成为发展红色旅游、推动经济社会发展的重要平台，在传承伟大抗战精神、培育和弘扬社会主义核心价值观、服务经济社会发展中发挥了重要作用。

我们要更好发挥八路军文化的教育作用，仅有研究是不够的，还要有平台，有阵地，有手段，比如：文艺演出、出版物、报告会、影视作品等。有的还要有必要的纪念场馆、纪念设施。长治武乡综合开发八路军文化资源、发展八路军文化产业、发挥八路军文化巨大教育作用的做法和经验，应当充分肯定，值得大力推广。你们有研讨会，有纪念设施、纪念场馆、纪念地，有以八路军文化为引领的旅游文化活动，有展示八路军文化的大型实景剧（《太行山》）演出，这是做得最成功的，为全国抗战遗址、革命遗址的保护和利用，为全国抗战文化、革命文化的传承，提供了很好的经验。

（四）加强八路军文化研究力量的协调整合

现在，我们已经举办了六届八路军文化研讨会。中共党史学会也在考虑，年年都办研讨会，可能征集到的论文有限，而且武乡县年年办研讨会，各方面负担也很重。但这件事要坚持办下去。今后是年年办，还是改两年或三年办一届？我们还将同山西省委宣传部、长治市委市政府、武乡县委县政府专门商量，也可以听取有关专家学者的意见。继续办好八路军文化研讨会，重在提高质量和水平。要积极营造更加开放的研究氛围和更加宽松的研究环境，加强对八路军文化研究力量的组织协调。通俗地说，就是武乡搭台，山西省内外、全国的党史文献系统、党校系统、社科系统、高等院校、文博档案系统，军队的党史军史研究队伍，各方面的研究力量共同来唱戏，发挥各方面的优势，拓展研究资源，壮大研究力量。研讨会的主办、承办单位，对八路军文化的研究要加强规划，出主意、出题目、提要求，既把八路军在武乡的历史和文化研究好，又把整个八路军文化乃至抗战文化研究好。要提出一些重点研究课题，让研究人员既可以完成自选课题（有自选动作），又可以认领主办、承办单位交给的一些课题（有规定动作），从而加强研究的针对性、实用性、权威性，推动八路军文化研究步步深入，一届比一届办得好，积多年之努力，形成八路军文化研究较完整、较全面、较系统、较权威的成果。

同志们，党的十八大以来，习近平总书记发表了一系列重要讲话，特别是关于党的历史和党史工作的重要论述，对于我们研究和宣传八路军文化，具有重大的现实指导意义。在纪念抗战胜利70周年系列活动中，习近平总书记的几次重要讲话，提出了关于中国人民抗日战争和世界反法西斯战争的一系列新思想、新观点、新论断，为我们进一步深化八路军文化研究提供了基本遵循。面对新形势新任务，我们要把八路军文化的研究和宣传，放到党的历史全局中去认识，放到党的文化工作大局中去谋划，放到中国特色社会主义文化建设总体布局中去推进，充分发挥八路军文化在社会主义先进文化建设中的积极作用。希望同志们在过去已取得的可喜成绩的基础上，继续以高度的政治责任心，以科学的态度和求真务实的精神，做好八路军文化研究工作，不断取得新的成绩，做出新的贡献。

最后，祝本届八路军文化研讨会取得圆满成功！祝各位专家学者和同志们身体健康，工作顺利！

2015年9月23日

代序二

也论八路军文化的内涵及其现实意义
——在第六届八路军文化研讨会上的讲话

中共山西省委党史办公室研究员、副巡视员　王雷平

八路军文化研讨会从2010年开始举办,到今年已是第六届。在一个地方,吸引汇聚众多专家、学者,围绕一个主题开展接续不断、全面系统深入的反复研讨,这在学术界是不多见的。它的举办及其取得的丰厚学术成果,不但对推动八路军文化研究本身具有重要意义,而且对深化中国共产党领导的敌后抗战史尤其是八路军抗战史的研究,弘扬中华民族伟大的抗战精神是一个很大的贡献。同时,也反映了八路军文化的深厚博大及其在抗战中发挥的巨大作用以及重要的现实意义,体现了主办方对八路军文化研究及其时代价值的高度重视,也体现了中央党史研究室对这一学术活动始终如一的大力支持。

今年是中国人民抗日战争暨世界反法西斯战争胜利70周年。70年前的抗日战争,是近代以来中华民族反抗外敌侵略取得的第一次完全胜利。这场胜利是全民族空前觉醒、

团结御侮的结果，更是敌后战场、敌后根据地军民在极其艰难的条件下不畏强敌、浴血奋战，直至撑起全国抗战半壁江山的结果，而这其中无不浸透、铭刻着八路军抗战文化的重大贡献。

文化是一个民族的血脉和灵魂，是一个民族的民族精神的集中体现。抗战时期在中共中央所在地形成的延安精神，在敌后战场形成的太行精神，是中华民族抗战精神的伟大象征和典型代表。伟大的抗战精神，既是对中华民族传统精神的传承和延续，更是在空前民族危难的情况下对传统民族精神的发扬光大、最新诠释和全面升华。延安精神、太行精神是以八路军为代表的抗日根据地军民用鲜血和生命铸就的。八路军文化既是延安精神、太行精神乃至全民族抗战精神的生动展现，又与延安精神、太行精神甚至民族抗战精神的形成和造就密不可分，在整个抗战期间对支撑抗日军民的抗战意志，鼓舞根据地军民持久抗战、奋勇杀敌、夺取胜利起到了巨大的作用，具有丰富、深厚的内涵。

八路军文化博大雄浑，光耀千秋，其内涵是非常广泛的。既有精神层面的，也有物质层面的；既有广义的解释，又有狭义的解释。在前五届研讨会上，与会的不少专家、学者对之已作了不少系统、深入的探讨和解读。在这里，从精神层面上讲，我个人认为至少还应包含以下几方面的内容。

一、八路军文化饱含着广大将士和文化工作者对党、对国家、对民族、对人民的赤胆忠诚

八路军是中国共产党领导的人民军队，从她成立之时起,就在党的旗帜下,集合了众多中华民族的最优秀子孙,忠诚于信仰、忠诚于组织、忠诚于国家、忠诚于民族、忠诚于人民始终是这支革命军队的基本操守和政治品格。在第二次国内革命战争时期,无论是在反抗国民党反动统治的武装起义的硝烟中,开辟革命根据地和保卫苏区的反"围剿"艰难斗争中,还是在转战两万五千里北上抗日的长征途中,广大官兵无不怀着"革命理想高于天"的崇高情怀,前赴后继、舍生忘死地奋勇拼杀在争取民族独立、人民解放的战场上。

抗日战争面对的是中华民族空前强大残暴的敌人和更加艰难危困的生存条件。靠法西斯武士道精神武装起来的日本侵略军不仅装备精良,兵力战斗力超强,并且是无与伦比的野蛮凶悍,铁蹄所到,烧杀抢掠,泯灭人性,无恶不作;而抗战伊始仅仅只有数万之众的八路军不但武器装备低劣,枪支弹药严重不足,初上抗日战场的许多战士还使用着大刀、长矛等原始兵器;敌后根据地更是敌伪重兵反复围攻、"扫荡",反共顽固势力不断制造摩擦、长期严密封锁,一些边缘区、游击区甚至根据地内土匪武装蜂起,反动会道门破坏捣乱,斗争形势异常严峻复杂,加之粮棉等各种物资奇缺,天灾人祸接踵而至,困难局面难以想象。投身抗日战场,就意味着死伤相随,饥寒交加,献身国家民族,奉献一切,非有忠肝义胆,很难忘却生死,冲锋陷阵,赴汤蹈火,战胜各种艰难困厄,坚持到底,直至胜利。但是,就是在这种民族危亡的紧要关头,在抗战形势极端艰险困苦的条件下，八路军从年过半百的总司令到正值青春年华的普通战士，抱着"忠肝不洒中原泪，壮志坚持北伐心。百战新师惊贼胆，三年苦斗献吾身"的赤胆忠心和坚定意志，承继红军的血脉和传统，义无反顾地迎着强大敌人的猛烈炮火，奔赴民族解放的抗日战场，以一个个机动灵活的敌后游击战战役、战斗和反围攻、反"扫荡"作战的胜利，粉碎了日军不可战胜的神话，牵制、歼灭了敌人的大量有生力量，战胜各种政治、军事、经济的严重困难，开辟了广阔的敌后战场，创建了遍布华北的广大的抗日根据地，将敌后游击战争的熊熊大火燃遍了大河上下、长城内外，独立撑起了全国抗战的半壁江山，配合国民党正面战场，最终将日本侵略者赶出了神州大地。八路军的广大文化工作者，同前线的将士一样，胸怀救国救民的赤子之心，冒着枪林弹雨，无畏艰难困苦，以笔为枪，以知识、文化艺术为武器，深入前线、深入敌后、深入民众火热的斗争生活，献身提高民众文化科学知识和爱国意识的教育事业，献身宣传党的路线、方针、政策的新闻出版事业，献身丰富根据地军民文化生活、鼓舞根据地军民抗日斗志和胜利信心的文化艺术事业，创作了大量文学、戏剧、音乐、美术、舞蹈等各种形式并具有深刻时代性、大众性、民族性的优秀文艺作品，形成了在抗战中发挥了重大作用的八路军红色抗战文化，为抗日战争的发动、坚持和胜利做出了重要贡献。

八年抗战期间，凭着对党、对国家、对民族、对人民的无限忠诚，八路军广大官兵和文化工作者始终坚持坚决抗战，绝少叛党叛国者，尤其是没有一个高级将领叛变投敌，没有一支成建制的部队叛国当伪军。面对生死考验，面对严重困局，他们坚贞不屈，视死如归，宁可牺牲自己，忍受衣不裹身、食不饱腹的极端困难生活，也决不投敌当汉奸，决不出卖国家民族利益，也要坚守党的秘密，保护人民的生命财产。八路军前方总部秘书长兼北方局秘书长、统战部部长张友清，在1942年5月日军对八路军前方首脑机关的围歼中，不幸被俘，狱中他受尽酷刑，直至被折磨至死也不向敌屈服。冀中回民支队司令员马本斋的母亲被日军抓走后，敌又引诱他率部投降，并许愿给他一个师长干。他坚定地向政委表示：请党放心，我是共产党员，从入党那天起，就把自己的一切都交给党了。娘被抓走，儿子照样打鬼子。马母最后绝食7天，壮烈牺牲。在晋察冀军区，有一个与狼牙山五壮士齐名的英雄群体——曹坝岗五勇士。1942年12月27日深夜，驻在涞水县曹坝岗的第十一军分区等机关被日军重兵偷袭。28日，李连山、刘荣奎、宋聚坤、邢贵满、王文兴等5名八路军战士在完成掩护主力撤退、被敌重重包围后，弹尽粮绝，纵身跳崖，以身殉国，无一生还。整个抗战时期，八路军中涌现出了无数这样的舍生取义、血染沙场、马革裹尸、有名无名的忠勇战士，正是有了众多这样奋勇献身和仍在战斗的万千中华民族的优秀儿女，有了他们对党、对国家、对民族、对人民的赤胆忠诚，才有了敌后战场的开辟、巩固、坚持、发展和最后胜利。

二、八路军文化彰显着八路军广大将士和文化工作者无私无畏、勇于担当的优秀品格

在外寇入侵、国难当头、山河破碎、民族危亡的紧要时刻,最能检验一个政党、一支军队对国家、对民族的责任意识和历史担当精神。日军全面侵华战争爆发时,作为执掌全国政权、掌握两百多万国家军队和各种资源的国民党,理应首先站出来进行全面动员,联合团结全国各种政治力量、武装力量共同起来抵御外侮,捍卫国家,挽救民族危亡。然而就在国民党仍在犹豫彷徨、手足无措之时,中国共产党及其领导的人民红军首先挺身而出,高举起抗日的大旗,勇敢地担当起救国救民的责任。1937年7月8日,卢沟桥事变的第二天,中国共产党即向全国发出通电,强调"平津危急!华北危急!中华民族危急!只有全民族实行抗战,才是我们的出路!"呼吁全国人民、军队和政府"团结起来,筑成民族统一战线的坚固长城抵抗日寇的侵掠!"7月8日、9日、14日,红军将领毛泽东、朱德、彭德怀等先后致电蒋介石并发布《通电》,坚决要求请缨杀敌,为国效命,郑重表示红军将士愿在蒋介石的领导之下,立即改编为国民革命军,并请授命为抗日前驱,枕戈待旦,随时准备奉命出征,"与日寇决一死战"。8月25日,红军改编为八路军之后,总指挥朱德、副总指挥彭德怀随即向全国发出就职《通电》,进一步表示八路军"愿竭至诚……追随全国友军之后,效命疆场,誓驱日寇,收复失地,为中国之独立自由幸福而奋斗到底"。实际上,8月22日

和 25 日，八路军尚未改编完毕，第一一五师第三四三旅和三四四旅，就已作为八路军出师抗日的先遣部队，先后由陕西省三原镇出发，经韩城芝川镇东渡黄河，急赴山西抗日前线。出发前，各师分别在驻地召开隆重的誓死大会，庄严宣誓：为了民族，为了国家，为了同胞，决心抗战到底，"严守纪律，勇敢作战，不把日本强盗赶出中国，不把汉奸完全肃清，誓不回家"。从抗战全面爆发后到出征山西前的这些言行举止，充分反映了中国共产党人和八路军将士的勇于担当精神。

第二次国内革命战争时期，国民党曾经在各革命根据地、在长征路上，先后集结数十万、上百万大军，反复"围剿"、追堵各路红军，必欲灭之而后快。开赴抗日前线后，八路军三师主力以民族大义为重，以"兄弟阋于墙，外御其侮"的历史担当和无私无畏的宽广胸怀，不计血海深仇，摒弃所有前嫌，积极主动地配合国民党军正面战场的作战，先后取得平型关大捷和忻口战役期间阳明堡、雁门关、长生口、黄崖底、广阳、户封、两战七亘村等一系列游击战的胜利，给予正面战场以有力的支援和配合，得到了国民党广大官兵及其统帅部的高度赞誉。事实证明了中国共产党人和八路军官兵的无私担当精神。

抗日战争是一场敌强我弱，侵略者和被侵略者之间国力、兵力相差悬殊的非对称战争。而与国民党二百多万大军及其相对精良充实的武器装备相比，共产党八路军开赴前线的三万多主力及其武器装备又显得相当微小和低劣不堪。然而，自抗战全面爆发后，虽然国民党的一些部队进行了英勇的抵抗，打得十分壮烈，但整个正面战场却一败再败，一退再退。至太原失守，华北以国民党为主体的正规战争即告全线解体，广阔的华北大地一时几近全部沦于敌手；以共产党为主体的游击战争进入主要地位。面对国民党的败退，八路军主动担负起收复华北失地、挽救华北危局的重担，开始成为独撑敌后抗战局面的主力军和主角。从1937年11月上旬起，八路军三师主力坚决贯彻党中央和毛泽东制定的全面抗战路线、抗日民族统一战线的策略方针和独立自主的山地游击战的战略战术。首先分兵实行以山西为中心的战略展开，之后又于1938年春夏和同年秋冬先后两次向华北全境实行大规模的战略展开，相继创建了晋察冀、晋冀豫、晋西北、晋西南、冀南、冀鲁豫、大青山、山东等敌后抗日根据地或游击根据地，开展了从山地到平原更加广泛、猛烈的敌后游击战争，前门打虎，后门拒狼，粉碎了敌人对根据地一次次的多路围攻和反复"扫荡"，抗击、牵制了绝大部分伪军和半数以上的日军，严厉打击了国民党反共顽固派的摩擦行为，开辟了广阔的敌后战场，真正撑起了中国人民抗日战争的半壁江山。同时，如前所述，整个八年抗战期间，广大文化、文艺工作者以强烈的对国家、对民族的责任感、使命感，认真贯彻党的文化艺术工作方针政策，不畏艰险，不惜牺牲，自觉在各自的岗位上担当、履行宣传、动员、教育、鼓舞工农兵群众和打击敌人的神圣职责，为丰富根据地军民的文化生活，为提高敌后抗日军民的抗日觉悟和文化科学知识水平建树了卓著功勋。

在国家、民族面临生死存亡的危急关头，以既微又弱的身躯，挺身而起，奋勇尽责，敢于亮剑，善谋胜利，将自己一步步锻铸成为支撑民族抗战的中流砥柱，这就是中国共产党人和八路军的担当精神，这种担当精神始终是八路军文化的重要组成部分。

三、八路军文化的丰碑上生动镌刻着广大八路军将士和文化工作者纪律严明、清正廉洁、始终与人民群众同甘共苦的光辉形象

八路军作为中国共产党领导的人民武装，从抗战全面爆发一开始，就将挽救民族危亡、夺取抗战胜利当作自己的最高使命和神圣责任，将发动全民抗战、开展独立自主的敌后游击战争作为发挥自身优长、最终战胜日本侵略者的政治路线和军事战略方针，将创建广大的敌后抗日根据地作为实现上述路线、方针的战略依托、发展基地和主要保证。而要实现这些目标，最关键的一条，就是要能够得到人民群众的拥护和支持，能够在农村、在根据地站住并站稳脚跟。

严明群众纪律，坚持走群众路线，不拿群众的一针一线，努力做好群众工作；官兵一致，同甘共苦，严禁领导干部贪腐和滥权特殊，是人民军队从红军时期就形成的优良传统。抗战开始后，面对更加复杂的战争形势和严峻的生存条件，党和八路军更加注重和强调严格执行群众纪律和部

队纪律的重要性。1937年10月，毛泽东在《和英国记者贝特兰的谈话》中，明确提出八路军政治工作的三大原则，其中前两条就是官兵一致，实行同甘共苦的部队纪律；军民一致，厉行秋毫无犯的民众纪律。以后，他又进一步提出："我们的共产党和共产党所领导的八路军、新四军，是革命的队伍。我们这个队伍完全是为着解放人民的，是彻底地为人民的利益工作的"这一人民军队的根本宗旨。

整个抗战时期，战争空前残酷，生活异常困苦，但八路军全军上下包括广大文化工作者自觉发扬光大红军的光荣传统，严守群众纪律，部队官兵一致，鲜有侵犯群众利益、破坏群众纪律和干部贪污腐败、滥权特殊的现象发生。他们军纪严明，清正廉洁，对群众竭力做到秋毫无犯的良好形象，赢得了根据地人民的高度赞誉和真心拥护。而与八路军形成鲜明对照的是，国民党军队对以上各条不但难以做到，而且军纪日趋败坏，贪腐愈加盛行，其一些比较清醒的高层包括蒋介石，虽对此早有所认识并为之深感忧虑、苦恼甚至震怒，还多次在有关会议上进行检讨，但终难改变。

八路军能够得到人民的拥护和支持，在整个抗战时期，尤其是极端困难阶段，上到延安的党和军队的最高领导人，下到前线的广大基层官兵，全都自力更生，艰苦奋斗，自觉减轻人民负担，与人民群众一起吃苦，共渡难关；同时还采取各种措施和办法，尽最大努力改善民生，为民谋利。为了战胜困难，在延安，毛泽东、朱德等在繁重的工作之余，亲自开荒种地，带领边区军民发展生产，丰衣足食。在敌后，从 1942 年开始，首先是厉行节约，八路军从总部、各师司令部到连队战士，多次降低伙食标准，并一律停发办公费、菜金、津贴，节约下来的粮款全部用于救济灾民，部队官兵长期处于半饥饿状态。为了充饥，许多地方的野菜采光后，连树叶、树皮都成了宝贝。其次是连续数年掀起轰轰烈烈的生产自救运动，各部队一手拿枪、一手拿镢，在根据地的荒山野岭到处开荒种地，粮食和蔬菜自给率逐年上升。再次是实行精兵简政，基本上克服了一个时期以来根据地内"鱼大水小，兵多难养"的矛盾，大大减轻了人民的负担。同时，八路军在各敌后根据地除奋勇粉碎敌人的频繁"蚕食"、"扫荡"，全力保卫人民的生命财产外，还利用一切机会帮助群众春耕、春种、夏锄、秋收，兴修水利，修路架桥，抗灾救灾，发展生产，解决各种困难，从而真正与人民群众打成了一片，形成了军民之间鱼水般的深厚情谊和难以分割的血肉联系。

水能载舟，亦能覆舟。谁赢得人民，谁就会赢得战争。国共两军在抗战时期对待人民的两种截然不同的态度更加印证了这个道理。国民党军队抗战期间之所以在正面战场上一退再退，败多胜少，损失惨重，在敌后战场更是无所作为，难以立足，正是因为其不能与人民群众同甘共苦，甚至将民众当刁民、暴民，防民甚于防盗、防寇，有些部队抢掠成风，兵匪不分，肆意劫夺人民的财产，这不但得不到人民的拥护和支持，且收获的只能是人民的反感、反抗，最后只能被人民所抛弃。而八路军则相反，他们把人民当亲人、当靠山，既与群众同甘共苦，又全心全意为群众工作，为群众谋利，因而在人民群众的衷心拥护和支持下，不但能够在敌后克服各种困难，越站越稳，胜多败少，而且愈战愈强，不断发展壮大，一步步成为坚持抗战的中坚力量、主要力量，成为夺取抗战胜利的民族先锋。

四、八路军文化始终体现着八路军广大将士和文化工作者积极作为、勇于开拓、敢创新路、奋发图强的不懈进取精神

抗日战争开始之时，党和八路军的根据地仅有陕甘一隅。八路军开赴抗日前线的部队，只有3万多人，1万多支杂式枪，每支枪平均只有30发子弹，且当时敌后党的力量还很弱小，群众也没有充分发动起来，而面对的却是强大、残暴、狡诈的日本侵略军和国民党在华北战场的一路溃退等异常复杂的情况。如果没有奋勇担当和独立自主、勇往直前的不懈开拓精神，没有正确的战略策略，一味束缚于国民党的指定地区和发展限制，束缚于党内"一切经过统一战线""一切服从统一战线"的右倾教条主义，不能主动、灵活地充分发挥自己的优势和特长，或畏缩不前，或死打硬拼，势将都难有大的作为，难以开创大的局面，难以肩负起挽救国家和民族危亡的重任。

抗日战争全面爆发后，为了使人民军队能够发挥最大、最佳的战略作用，迅速开拓抗战局面，不断壮大人民的抗战力量，坚持并夺取抗战的胜利，中共中央和毛泽东明确提出并实行全面的全民族的即人民战争的抗战路线和持久战的战略总方针，坚持实行独立自主的敌后游击战争的军事战略方针，及时开创山西在华北乃至全国的抗战特殊局面，不失时机地部署三师主力分兵创建敌后抗日根据地，力争在战略上处于主动地位。

按照党中央、毛泽东的战略部署，八路军未等改编完毕即急赴山西抗日前线，首先与国民党军真诚合作，全力配合其正面战场先后取得平型关、阳明堡、雁门关等一系列游击战的胜利，粉碎了日军不可战胜的神话，打出了八路军的声威。太原失守后，在整个华北大部沦丧、国民党军队充满颓丧失败情绪，其片面抗战再难为继、全民抗战尚未兴起的危急时刻，八路军以区区三师之力，奋勇担当起抗击日军、坚持华北持久抗战的历史重任，立即分头挺进山西四面敌后，实行以五台山、管涔山、太行山、太岳山、吕梁山为中心的大规模战略展开。此间，八路军各师一面分兵组成大批民运工作团、队，与各地中共党组织密切配合，大力发动群众，恢复建立各地党组织，普遍创建地方游击武装和抗日群众团体，积极改造旧政权，建立抗日新政权，相继开创了晋察冀、晋冀豫、晋西北、晋西南敌后抗日根据地，在华北建立起巩固的抗战战略支点；一面自觉实行党的军事战略的转变，适时适当集中，开展更加广泛的敌后游击战争，先后在长生口、神头岭、响堂铺等战斗中重创日军，同时多次粉碎其对各根据地的多路围攻，使自身在战火中迅速壮大。

随着以山西为中心的各敌后山区抗日根据地的日益巩

固,接着根据中共中央的部署,八路军各部从1938年春夏和同年秋冬接连实行大规模的战略展开,将敌后游击战争进一步由山地推向河北、山东、河南、绥远等省更加辽远的平原、草原地区,开辟了更加广阔的敌后战场,相继创建了冀南、冀中、平西、冀东、山东、大青山、豫西等敌后抗日根据地,使抗日的烽火燃遍了整个华北大地,使敌后战场逐步上升为全国抗战的主要战场,八路军日益成为整个华北抗击日军的主力军。对此,敌华北派遣军司令部在1943年度的综合战报中就承认:"敌大半为中共军,与蒋军相反,在本年交战1.5万次中,和中共的作战占七成五。""这一方面暴露了重庆军的劣弱性,同时也说明了中共军交战意识的昂扬。……因此,华北皇军今后的任务是更增加其重要性了。只有对于为华北致命伤的中共军的绝灭作战,才是华北皇军今后的重要使命。"

进入战略相持阶段,特别是极端困难阶段,日军将进攻的重点转向华北。面对敌伪频繁的"灭绝"、"扫荡"和国民党顽固派的反共摩擦,以及频仍严重的各种天灾,各敌后根据地军民在大力战胜经济困难的同时,发动和掀起全民参与的真正广泛的人民战争,以不凡的智慧和创造,因地制宜、机动灵活地运用地道战、地雷战、破击战、围困战、麻雀战、联防战、窑洞战、水上游击战、铁道游击战和劳武结合等一系列行之有效的游击战法;以惊人的胆略和不懈的进取,采取深入敌后之敌后,大量组织和派遣敌后武工队、发展两面政权、开展政治攻势等敌进我进的新的斗争策略，将敌深陷于人民战争的汪洋大海之中，粉碎了其无数次的残酷"扫荡"和"灭绝"企图，巩固、恢复和发展了根据地。1944年，当国民党正面战场在豫湘桂战役中连遭败绩之时，华北各根据地军民则开始了日趋扩大的局部反攻，收复大片国土，直至日军宣布投降，抗日战争取得最后胜利。

在此期间，八路军和地方党、政、群团系统的文化工作者，在当初根据地文化教育基础十分落后、健康向上的文化生活极为贫乏、群众的国家和民族意识还很淡漠，以及环境条件异常艰险困苦的情况下，他们广泛深入开展的丰富生动、形式多样、充满炽热的爱国主义和革命英雄主义、努力体现大众性民族性时代性的文化教育工作、新闻出版事业、文艺创作和文艺演出活动，不但有力提高了根据地军民的文化知识水平及其国家、民族意识，激发、鼓舞了他们的抗日爱国热情和坚持抗战的意志，丰富了农村的文化生活，推动和加强了对敌斗争，而且开启了对新民主主义文化建设的积极探索，形成了影响深远的红色抗战文化。这些同样都充分体现了人民军队可贵的开拓、创造精神。

整个抗战时期，尤其是进入战略相持阶段，中国共产党领导的八路军在极其困难的条件下，牵制、抗击了半数以上的侵华日军及其帮凶（绝大部分伪军），从战略上极大地配合了国民党军队的正面战场，真正撑起了中华民族抗日战争的半壁江山；同时，抗日根据地由出征时的陕甘一隅扩展到晋绥、晋察冀、晋冀鲁豫、山东四大战略区，八路军自身也从改编时的四万多人发展到超过百万人。之所以发挥了如此大的战略作用，成就了如此大的局面，其中一个重要因素正是由于八路军广大将士和广大文化工作者始终坚持积极作为、敢创新路、勇于开拓、奋发图强的不懈进取精神。

抗日战争已经过去了整整70周年，烽火硝烟早已散尽。虽然时过境迁，但是正如习近平总书记指出的，历史是最好的教科书，历史是最好的清醒剂，历史也是最好的营养剂。八路军精神、八路军文化永远是历史留给我们的强大精神动力、宝贵而不朽的精神财富，至今依然具有激荡人心的强大力量，绽放出跨越时空的永恒光芒。现在，党正在领导全国各族人民进行具有许多新的历史特点的伟大斗争，正在协调推进"四个全面"战略布局，为实现中华民族伟大复兴的中国梦而努力奋斗，面临着国内外各种长期、复杂、严峻的风险和考验。在这新的历史条件下，认识和体会八路军文化的深刻内涵，继承和弘扬八路军文化所蕴含的伟大精神，既会给我们以许多弥足珍贵的启示，又会使我们从中汲取攻坚克难、开拓前进的无尽智慧、无畏勇气和不竭力量，真正按照"三严三实"的要求，做到严修身，严用权，严律己；谋事实，创业实，做人实。

必须始终坚守忠诚。"天下之德，莫过于忠"。无论是革命战争年代，还是社会主义革命、建设和改革开放新时期，忠诚于党、忠诚于国家、忠诚于人民始终是共产党人不变的根本操守和政治品格。在国难当头的抗日战争时期，八路军广大将士和文化工作者靠着对党、对国家、对民族、对人民的无限忠诚，赢得了近代以来中华民族反抗外敌入侵的第一次完全的胜利。今天，我们虽然远离了烽火硝烟，但在严峻、复杂的挑战面前，要实现伟大的中国梦，依然要像革命先辈那样，必须靠每一个共产党人尤其是党员领导干部始终不变地忠诚于信仰、忠诚于组织、忠诚于国家、忠诚于人民，同心同德，团结奋斗。只有如此，党才有凝聚力、战斗力，才能无往而不胜。忠诚于党、忠诚于国家、忠诚于人民，就是要坚守共产党人的价值观、道德观，始终坚定共产主义信仰，任何时候都要站稳党的立场，在大是大非面前保持政治定力，严守党的政治纪律和政治规矩，言行一致，表里如一，襟怀坦白，旗帜鲜明，坚决维护党的团结统一，与党中央保持高度一致，在党言党，在党忧党，在党为党，做政治上的"明白人"，永不做损害党、损害国家、损害民族、损害人民利益的事。每一个党员，每一个党员领导干部，从宣誓入党之时起，就应该有充分的思想认识和准备，永不背叛自己立下的誓言，永远忠实地履行自己的神圣职责，无愧于党、无愧于国家、无愧于人民。

必须勇于担当。危难之际，关键时刻，勇于担当，敢于负责，历来是共产党人的红色基因和优秀精神品质。抗战八年，广大共产党人和八路军将士以满腔的热血、无私的忠勇和忘我的牺牲，担当起了抗日救国的历史重任，完成了民族解放的历史伟业。当前，我国的改革事业已进入爬坡过坎的攻坚期和深水区，发展任务艰难繁重，利益关系错综复杂，矛盾问题交织叠加。在此关键时期，要完成国家富强、人民幸福的历史使命，实现中华民族伟大复兴的中国梦，广大党员特别是领导干部，就应该而且必须像当年八路军将士一样，挺身而起，认真履责，勇于担当，敢于亮剑，敢于胜利，善于胜利。习近平总书记指出："是否具有担当精神，是否能够忠诚履责、尽心尽责、勇于担责，是检验每一个领导干部身上是否真正体现了共产党人先进性和纯洁性的重要方面。""担当大小，体现着干部的胸怀、勇气、格调，有多大担当才能干多大事业。"古人亦云："为官避事平生耻。"勇于担当，就是要事不避难，守土尽责，面对风险，面对险滩，面对重担，无私无畏，直面矛盾问题，敢作敢为，敢抓敢管，攻坚克难，奋勇向前；勇于担当，还要有胆有识，厚积薄发，胸怀天下，情系苍生，牢固树立责任意识，善担当，善作为，力戒蛮干猛冲，创造出经得起实践、人民、历史检验的业绩。

必须严明纪律、清正廉洁，始终保持同人民群众的血肉联系。组织严密，纪律严明，清正廉洁，无私奉献，时刻与人民群众同甘共苦，是我们党的优秀传统和政治优势，是我们夺取胜利、执政兴国的根本保证。在极其艰难困苦的抗战岁月，党领导八路军严守群众纪律，不拿群众的一针一线；官兵一致，领导干部自觉廉洁奉公；军民一致，甘苦与共，全心全意为民谋利，最终依靠人民群众的拥护和支持，打败了穷凶极恶的日本侵略者。当前，我们虽然长期处在和平生活和建设的环境下，但党面临的"四大考验"、"四大危险"比以往任何时候都更加复杂、更加严峻，党的领导弱化、组织涣散、纪律松弛；有的党员领导干部，无视党纪国法，利欲熏天，胆大妄为，大肆权钱交易、权色交易、权权交易；有的地方党员领导干部严重脱离群众，党群关系、干群关系势如水火。党的纪律是党的生命线，清正廉洁是党员领导干部为官的底线，保持同人民群众的鱼水情谊是我们的立世之本、执政之基。要完成党的历史使命，实现伟大的中国梦，必须认真汲取国民党从大陆败退的教训，继承和弘扬党的优良传统和政治优势，像八路军一样，严明纪律，廉洁奉公，与人民群众打成一片，甘苦与共，生死相依；就要遵守纪律无条件，执行纪律无例外，查处违纪无禁区，从严治党，从严治吏；就要惩治腐败不手软，坚持"老虎""苍蝇"一起打，将反腐败斗争以抓铁有痕、踏石留印的决心持续抓下去；就要牢记党的宗旨，情为民所系，权为民所用，利为民所谋，时刻把人民放在心上，决不损害人民的利益，努力营造一个敬畏人民、敬畏组织、敬畏权力、弊革风清、河清海晏的政治生态和政治环境。

　　必须奋力开拓，锐意进取。勇于开拓，锐意进取，奋发图强，是一个国家、一个民族攻坚克难、繁荣发展的不竭动力。当年兵力、装备均难与国民党军、更难与强敌日军相比的八路军，以超凡的勇气和胆略，不惜牺牲，不怕困难，积极作为，奋勇开拓，不仅创造了大好的抗战局面，而且极大地壮大了自己，为尔后夺取人民革命的胜利奠定了坚实的基础。今天，我们在改革和发展的道路上虽然面临着较前更为复杂、严峻的形势，但党和八路军抗战时期的那种不懈开拓、锐意进取的精神，仍会给我们以许多启迪、智慧和力量，激励着我们勇敢直面各种艰难险阻，为夺取改革事业的新胜利，为实现中华民族伟大复兴的崇高梦想而披荆斩棘，勇往直前。

2015 年 9 月 23 日

代序三

在第六届八路军文化研讨会上的致辞

中共武乡县委书记 胡 坚

尊敬的中共党史学会龙新民会长,尊敬的各位领导,各位专家学者,同志们、朋友们:

在全国人民隆重纪念中国人民抗日战争暨世界反法西斯战争胜利70周年之际,今天我们在这里举行第六届八路军文化研讨会,这是八路军文化学术交流的盛会,也是对我县近年来八路军文化研究成果的又一次集中检阅,对于我们铭记历史、缅怀先烈、珍爱和平、开创未来具有十分重要的历史意义和现实意义。首先,我代表武乡县委、县政府和全县21万人民,向各位领导、各位专家学者的到来表示热烈的欢迎!向大家长期以来给予武乡老区的关心、支持和帮助表示衷心的感谢!

武乡是全国著名的革命老区。在艰苦卓绝的抗日战争中,共产党领导的八路军和老区儿女向全世界展示了天下兴亡、匹夫有责的爱国情怀,视死如归、宁死不屈的民族气节,不畏强暴、血战到底的英雄气概,百折不挠、坚忍不拔的必胜信念，用鲜血和生命铸就了伟大的太行精神，培育形成了独特的八路军文化。这是我们弥足珍贵的精神文化财富，是伟大抗战精神的重要组成部分，是激励我们克服一切艰难险阻、为实现中华民族伟大复兴而奋斗的强大精神动力。

近两年来，武乡县委、县政府认真贯彻落实习近平总书记视察武乡时提出的"四个始终保持"和省委王儒林书记在武乡调研时提出的"五个不能"重要指示精神，大力弘扬伟大的太行精神和光耀千秋的红色文化，高度重视对八路军历史、文化、精神的保护、挖掘和传承，以打响全国红色旅游第一品牌为目标，重点实施了"两园一剧"品位提升、"两园一路"建设项目。特别是我们抢抓纪念抗战胜利 70 周年机遇，开展了"一馆、两部、五处"、"一节、一会、六项工作"系列活动，9 月 7 日，全省纪念中国人民抗日战争暨世界反法西斯战争胜利 70 周年大会在我县隆重举行，极大地提升了武乡老区的知名度、美誉度和影响力。八路军文化研讨会已成功举办五届，各位专家学者的研究成果和学术论文，我们已经汇集出版五册，得到了各级领导和社会各界的高度评价，为我县弘扬红色文化、加快文化旅游融合发展、促进富民强县发挥了积极作用，做出了突出贡献。

历史是最好的教科书，也是最好的营养剂。我们将认真贯彻落实习近平总书记提出的"把红色资源利用好、把红色传统发扬好、把红色基因传承好"重要指示精神，充分发挥我县丰富的红色文化资源优势，大力弘扬伟大的抗战精神，不断深化和拓展对八路军文化的挖掘、整理、提炼、研究与升华，进一步丰富八路军文化的精神实质和内涵，让八路军和抗日军民用鲜血和生命铸就的光辉历史、伟大精神、红色基因代代相传、发扬光大，为深入贯彻中央"四个全面"战略布局、全面落实省委"五句话"总体要求和市委"五五战略"提供强大的精神动力和文化支撑。

在新的历史条件下进一步弘扬伟大抗战精神，对铭记民族光荣、激发爱国热情、增强民族自信、凝聚民族力量、实现中华民族伟大复兴的中国梦具有很强的政治性、思想性、指导性和现实针对性。我们真诚希望各位专家学者在科学梳理、归纳和总结的基础上，进一步挖掘八路军文化的多重价值，进一步释放红色文化资源的"乘法效应"，努力在深入研究八路军历史、文化、精神和利用红色资源方面取得新的更大成效，真正把抗战精神、红色文化转化为推动事业发展的强大动力，转化为做好改革发展稳定各项工作的强大力量，转化为协调推进"四个全面"战略布局的强大正能量，为实现"两个一百年"奋斗目标、实现中华民族伟大复兴的中国梦做出我们应有的贡献。

最后，预祝第六届八路军文化研讨会取得圆满成功！衷心祝愿各位领导、各位专家在武乡期间身体健康、工作顺利、万事如意！

谢谢大家！

2015 年 9 月 23 日

抗战文化——战胜日本军国主义不可或缺的"软实力"

刘庭华

起来！不愿做奴隶的人们！

把我们的血肉，筑成我们新的长城！

中华民族到了最危险的时候，

每个人被迫着发出最后的吼声。

起来！起来！起来！我们万众一心，

冒着敌人的炮火前进！冒着敌人的炮火前进！前进！前进！进！

这是每一个中国人都耳熟能详的国歌，它诞生于民族危亡的抗日战争时期，原名叫《义勇军进行曲》，是词作者田汉、曲作者聂耳以反映抗日义勇军与日军浴血奋战为素材而创作的电影《风云儿女》的主题曲。

多难兴邦，殷忧启圣。伟大的时代涌现伟大的人物和不朽的作品。国歌是代表一个国家、政府和广大人民群众意志、精神的乐曲。在千万首歌曲中，为什么独选《义勇军进行曲》作为国歌？这值得我们深思。

抗日战争是1840年鸦片战争以来中国人民反对外来侵略斗争史上最辉煌的民族解放战争。抗日战争的胜利，改写了中国近代以来因外敌入侵而屡屡战败被迫割地赔款和出让国家主权的屈辱历史，为中华民族的复兴奠定了坚实基础。而抗战文化，作为战胜日本军国主义的不可或缺的"软实力"，对全民族坚持持久抗战，最后打败日本军国主义，起了重要的推动、鼓舞和激励的领头羊作用，它为中华民族留下了一笔宝贵的精神财富。

抗战文化，是抗日战争时期中国军民坚持持久抗战的军事活动和精神风貌的"观念形态"，即中国军队与广大人民群众创造的物质文化和非物质文化的总和。它是当时中国先进文化——新民主主义文化（即以无产阶级为领导的人民大众的反帝反封建的文化）的一个重要组成部分。从根本上说，抗战文化是中国人民在14年艰难曲折的抗击日本军国主义的战争实践中，所创造出的具有物质载体的人化的观念形态，即抗日的精神性产品，它包括抗战时期形成的军事理论、哲学思潮、伦理道德、文学艺术、风俗习惯等。

抗战文化的时限富于时代特点，它起始于1931年九一八事变后中国人民局部抗战的兴起，揭开世界反法西斯战争序幕，历经七七事变全国性抗战爆发，发展至1945年9月抗日战争最后胜利。由此可见，抗战文化首先源于民族危亡意识的中华民族传统爱国主义价值观，其次源于大而弱的中国抗战军事斗争的现实需要，其目的就是抗日图存，救亡复兴。

抗战文化既是学术界通常所说的广义文化，即中国人民在抗日战争时期所创造的物质财富和精神财富的总和，而更多的是指狭义文化，即作为上层建筑领域部分——意识形态部分，或者说精神文明部分，它是中国人民精神文明的总汇。

一、抗战文化的本质内容——以爱国主义为核心的伟大抗战精神是战胜日本军国主义的决定因素

人类战争史表明，战争的胜负，不但取决于一个国家的军事、政治、经济、战争性质等诸条件，同时也取决于这个国家民族的意志和精神，以及战争指导能动性（即智慧）的优劣。中国抗日战争，是中国人民反抗日本军国主义侵略的正义战争，是世界反法西斯战争的重要组成部分，是一个半殖民地半封建的弱国战胜一个法西斯强国的战争。最后，大而弱的中国战胜了小而强的日本。它既是中日两国军事实力和经济实力的较量，也是中华民族与日本大和民族在意志、精神和文化方面的一场"软实力"的较量。因此，"抗战精神"应该是中华民族爱国主义传统在抗日战争时期的发展与升华，它为战胜日本法西斯发挥了强大的动力源泉和精神支撑的作用。

抗战精神这一概念是属于上层建筑、意识形态范畴的。它有四个重要特点：一、从国家、民族、阶级与政党的关系上说，它属于全民族的，而非某一阶级或政党的。二、从地理上讲，它是全国的，而非某一区域的。三、从时间上讲，它是富于时代特点的，即中华民族以爱国主义为核心的伟大民族精神在20世纪30年代至40年代的集中体现。四、从认识论的哲学层次上讲，它是中华民族抗击日本法西斯侵略战争实践的思想认识的抽象与概括。换句话说，抗战精神是中华民族精神的重要组成部分之一。

"千万头颅共一心，岂敢苟全惜此身。人死留名豹留皮，断头不做降将军。"这是中国国民革命军第131师师长阚维雍孤军固守桂林城，寡不敌众、弹尽粮绝时写下的一首绝命诗。中华民族有着深厚的爱国主义传统，历来崇尚正义，热爱和平，不畏强暴，勇于反抗外来侵略。日本发动侵华战争，把中华民族逼到濒临亡国灭种的危难地步，却唤起了全民族的危机意识；抗战文化的勃发和激荡，从而迅速促进了全国人民的觉醒和团结。国民党、共产党两个最大政党的捐弃前嫌，第二次国共合作抗日，给所有党派、各少数民族和海外华侨参加到抗日民族统一战线中来起了模范引领作用。在抗战时期,中华民族的爱国主义精神较以前任何时候都表现得更强烈、更广泛、更持久、更具战斗性,它使各阶级、阶层、政党、地方实力派和不同军事集团的利益,如第三党(中华民族解放行动委员会、全国救国会、中华职业教育社、乡村建设会等)和川军、滇军等,以及身在国外的1000余万华侨在抗日问题上找到了契合点,使爱国主义在理论与实践上实现了高度统一。抗战文化的本质是爱国须抗日,抗日即爱国。抗日成了区分是否爱国的唯一标准,抗日成了中国人民的共同信念。

在长达14年的抗日战争壮阔而曲折艰难的进程中,形成了爱国至上,团结御侮;不畏强暴,勇于牺牲;自力更生,百折不挠的抗战精神。面对民族存亡的空前危机,中国人民的爱国热情像火山一样迸发出来。全体中华儿女抱定"我们万众一心,冒着敌人的炮火前进"的决心,共赴国难,谱写了惊天地、泣鬼神的爱国主义篇章。

抗日战争的硝烟已经散去70年了,但先辈们奋勇杀敌的那份震撼,那份信仰,那份视死如归的英雄气概,依旧那样令人荡气回肠!

——手持大刀,拼死与日军肉搏的第29军官兵在长城抗战中予日军以大量杀伤,打出了中国军队的威风。当时日本报纸哀叹,这是日军"60年来未有之侮辱"。但中国却由此产生了风靡华夏的歌曲《大刀进行曲》。

——卢沟桥事变爆发后,第29军吉星文团义愤填膺,奋起抵抗,誓言"与卢沟桥共存亡"。副军长佟麟阁在南苑全军干部会上慷慨陈词:"日军进犯,我军首当其冲。战死者光荣,偷生者耻辱。国难当头,应该马革裹尸,以死报国。"在抗击日军过程中,佟麟阁与第132师师长赵登禹先后壮烈殉国。

——王铭章和池峰城誓言:"我希望长官永远不要给我们下达撤退

的命令,让我们122师与滕县共存亡!""台儿庄便是我师官兵的坟墓,虽剩一兵一卒,也要坚持阵地!"在台儿庄前线,人们看到的是来自不同省籍,操着不同口音,身着不同服装的军人,他们有川军、西北军、东北军、桂军、滇军……

——狼牙山五壮士,八女投江,更是家喻户晓的八路军和抗日联军的英雄故事……

在中华民族反抗外来侵略的历史上,从来没有像20世纪30年代至40年代抗日战争时期这样,民族觉醒如此深刻,民众动员程度如此广泛,群众发动规模如此浩大,战斗意志如此顽强,抗击时间如此绵长。抗日战争胜利的历史说明,以爱国主义为核心的伟大民族精神,蕴藏着民族的巨大凝聚力,它不仅是抵御外来侵略、维护祖国统一的伟大精神力量,也是鼓舞中国人民团结奋斗的永恒动力,特别值得中华儿女世世代代继承和发扬。

毛泽东指出,抗日战争"锻炼了中国人民。这个战争促进中国人民的觉悟和团结的程度,是近百年来中国人民的一切伟大的斗争没有一次比得上的"。如果说,近代百年以来中国人民反帝反封建的每一次政治、军事、经济、文化思想的斗争,都为中华民族的觉醒准备了量的积累,而抗日战争则使中华民族的觉醒产生了质的飞跃。可以说,抗日战争的胜利,也是中华民族团结觉醒、以爱国主义为核心的伟大民族精神,或者说抗战精神的胜利。

二、抗战文化的理论支撑——实行全民族抗战、持久战战略方针和游击战及其一系列作战原则的先进军事理论,是取得抗战胜利的关键

百年积弱叹华夏,八载干戈仗延安。

试问九州谁作主?万众瞩目宝塔山。

这是陈毅元帅1944年春天从华中抗日根据地来到延安后,写下的对延安宝塔的热情洋溢富于哲理性的诗句。它形象生动而深刻地讴歌了群众、政党、阶级和领袖之间的相互历史辩证关系;它告诉世人,中国抗日战争能够逐步走向胜利,中华民族能够从"灭种亡国"的深渊低谷走向伟大复兴,主要是以毛泽东为首的中国共产党人高举抗日民族统一战线的爱国主义旗帜,及其领导下的人民军队成为抗战的中流砥柱。

20世纪末,西方一个著名学术机构,评出了影响人类历史的十大军事名著:1.《孙子兵法》;2.克劳塞维茨的《战争论》;3.戴高乐的《机械化战争》;4.索科洛夫的《军事战略》;5.杜黑的《制空权》;6.马汉的《制海权对1160—1783年历史的影响》;7.毛泽东的《论持久战》;8.苏沃洛夫的《制胜的科学》;9.毛奇的《军事教训》;10.富勒的《战争指导》。

改变人类历史的十大军事名著,中国就占有两部,一部是《孙子兵法》,一部就是毛泽东的《论持久战》。

世界各国的军事专家学者都公认,《孙子兵法》是人类冷兵器时代军事学术的最高成就,历来被尊为"兵学圣典",而《论持久战》则是热兵器时代特别是第二次世界大战弱国战胜强国的具有指南针意义的代表性军事著作。

《论持久战》是毛泽东在延安城西南的凤凰山脚下的土窑洞里写成的,页页稿纸上带有西北黄土地味,何以跻身于世界十大军事名著之列而享誉全球?它的魅力为何如此之大? 让我们沿着历史的轨迹来寻找答案吧!

全国抗战之初,国民政府提出实行"持久消耗战略、以空间换时间",其主体思路是正确的,但它实行单纯依赖政府和军队的力量,而不依靠和发动广大人民群众进行一场人民战争;实行内线固守,分兵把口的作战方针;并把全国抗战分为战略防御和战略反攻两个阶段或称两个时期,战争指导的失误,导致由此带来巨大伤亡损失。

历史表明,代表最广大人民群众利益的先进政党,在决定国家民族命运的关键时刻,可以发挥扭转乾坤的历史作用。抗战时期的中国共产党虽然不是执政党,但它却成为凝聚人民力量的有力号召者和坚强组织者。中国共产党首先倡导并最终促成了抗日民族统一战线的建立,实现了全民族抗战,成为坚持持久抗战的中坚力量。以毛泽东为首的中国共产党人提出了持久战的总方针,抗战必经战略防御、战略相持和战略反攻三阶段理论及其一整套作战原则,并把游击战上升到战略地位,实行人民战争的战略战术,成为中国人民战胜日本军国主义的有效作战模式。《论持久战》成为中国人民抗战的指南,从而大大增强了中国军民战胜日本法西斯的信心、骨气和底气。无论形势多么复杂、战争多么残酷、条件多么艰苦,中国共产党始终"坚持抗战,反对投降;坚持团结,反对分裂;坚持进步,反对倒退",同各爱国党派团体和广大人民一起,共同维护团结抗战大局。中国共产党人以自己的政治主张、坚定意志和模范行动,支撑起全民族救亡图存的希望,引领着夺取抗战胜利的正确方向,成为夺取抗战胜利的民族先锋。

中国共产党坚持动员人民、依靠人民,提出和实施持久战的战略总方针和一整套人民战争的战略战术,认为"民力和军力相结合,将给日本帝国主义以致命的打击"[1]。广泛开展伏击战、破袭战、地雷战、地道战、

---

[1]《毛泽东选集》第2卷,人民出版社1991年版,第347页。

麻雀战等游击战的战术战法，并把游击战提高到战略地位，实行游击战与正规战相配合，使日本侵略者陷入人民战争的汪洋大海之中，先后开辟了华北、华中、华南和东北四大敌后战场，建立面积达100余万平方公里、人口约1亿的19块抗日根据地，与国民党指挥的正面战场协力密切战略合作，创造了敌后与正面两个战场共同夹击日军的战略格局，使日本侵略军遭受了灭顶之灾。

抗日战争胜利的历史说明，先进的军事理论，对于弱国战胜强国有着不可估量的指导作用。毛泽东关于抗日持久战和游击战争的理论，在第二次世界大战后仍然被争取民族独立和解放的许多亚、非、拉弱小国家和民族广为运用，产生了深远影响。日本研究战略理论的著名学者伊藤宪一把毛泽东的持久战思想，归结为"以动员人民的战略和游击持久的战略，来实现弱者对付强者的战略理论"①。原日军大本营参谋山崎重三郎撰文说："世界上虽然有各种各样的游击战争，但只有毛泽东率领的中国共产党军队在抗日战争中进行的游击战，堪称历史上规模最大、质量最高的游击战。他的游击战和运动战相结合，把百万帝国陆军弄得团团转，在中国打败了日本人。"②

英国著名学者戴维·麦克莱伦在他所著《马克思以后的马克思主义》一书中评价说："毛（泽东）对当代马克思主义的理论和实践最富于独创性的贡献，是他关于游击战的思想和在军事上同强大的敌人长期斗争中所

---

① ［日］伊藤宪一：《国家与战略》（中译本），军事科学出版社1989年版，第94页。

② ［日］《丸》，1965年12月号。

采取的策略思想……这些战略转移后来被南斯拉夫铁托的敌后游击队，被阿尔及利亚的民族解放阵线以及古巴革命期间和在印度支那都被成功地运用了。对这些战略的论证给人印象最深的是毛（泽东）的《论持久战》。"

三、抗战文化的形态媒介——政治宣传、思想教育、文学戏剧、音乐美术、新闻出版、影视作品等与军事战争相结合，成为鼓舞中国军民团结御侮，共赴国难，浴血奋战的强大动力

啊！黄河！你伟大坚强！

像一个巨人出现在亚洲平原上，

用你那英雄的体魄，筑成我们民族的屏障。

啊！黄河！你一泻万丈，浩浩荡荡，

向南北两岸伸出千万条铁的臂膀！

我们民族的伟大精神需要在你的哺育下发扬滋长！

我们祖国的英雄儿女，

将要学习你的榜样。

像你一样的伟大坚强，

像你一样的伟大坚强！……

《黄河大合唱》是著名音乐家冼星海1939年在延安窑洞里用了6天时间写成的。这首在宝塔山下、延河边创作的歌曲，在大陆、香港、台湾，不！应该说在有炎黄子孙的华人世界，流传了整整70多年，它的每个音符已经成为凝聚中国人情感之魂！之脉！之血！

这是中华魂之歌！中华魂之曲！黄河在怒吼，就是中华民族在怒吼！曾指挥《黄河大合唱》近千场的指挥家严良堃说："每次听到这首曲子，就会回忆起战争年代的日子，不禁痛恨日本侵略者，而随着岁月的累积，这首曲子已成为中国人音乐的经典之作。"再如歌曲《八路军进行曲》《抗战到底》《在太行山上》《到敌人后方去》等等，唱响大江南北；抗战之初上演的话剧《保卫卢沟桥》《八百壮士》等风靡一时，鼓舞和激励千百万人走上抗日前线，奋勇杀敌，保家卫国。

七七事变后，中国文化界的抗日统一战线迅速组织起来，仅上海文化救亡协会就组织了40多个救亡团体3000多人的宣传队，奔赴抗日前线慰问演出，被誉为"文化战斗的游击队"。南京沦陷后，全国的救亡团体、著名爱国民主人士、文化界名流和大批流亡学生和知识分子云集武汉。当时，国民党抗战比较积极，在文化领域采取了较为开明的政策。以郭沫若为厅长的国民政府军事委员会政治部第三厅，下设动员群众、艺术宣传、对敌宣传三个处，成为中国共产党扩大文化统一战线、推动抗日救亡的重要阵地。各种抗日救亡和进步报刊如雨后春笋在各地创办出版，如上海的《救亡日报》《烽火》，长沙的《抗战日报》，武汉的《抗战到底》《全民抗战》，广州的《抗战戏剧》《文艺阵地》，成都的《金箭》，等等。中共创办的《新华日报》，郭沫若为社长、夏衍为总编辑的《救亡日报》等报刊，成为中国抗战文化的导向标。

随着抗战文化的兴起，一大批优秀的文化艺术作品涌现出来。如《保卫卢沟桥》《八百壮士》《塞上风云》《台儿庄》等剧目，《到敌人后方去》《游击队之歌》等歌曲，《卢沟桥演义》等小说、诗歌和报告文学，《卢沟桥事变》《八百壮士》等影片，郭沫若的历史剧《屈原》《棠棣之花》等，特别是田汉的《义勇军进行曲》，为凝聚全民族抗战之力提供了重要的精神食粮。

总之，抗战文化的方方面面，各个层次，都以高昂的爱国主义热情宣传和推动抗战，成为中华民族抗战的一条重要战线。

延安是当时中国抗战文化的中心，中国共产党人领导或组织的文艺团体是先进文化的代表,更是人才辈出,优秀作品涌现。广大文艺工作者创作了大量歌颂人民、鞭挞日本侵略者的优秀作品。陕甘宁边区文艺园地里百花盛开,姹紫嫣红,其中许多作品已经成为中国近现代文艺史上的红色经典。比如诗歌有田间的《给战斗者》、艾青的《向太阳》等,戏剧《放下你的鞭子》,光未然作词、冼星海作曲的《黄河大合唱》,最为激动人心,歌声悲愤激扬,浸人肺腑,激发人们走上民族解放的战场,是流淌在中国人血液中的沸腾旋律!

  同时,延安成立了抗日问题研究会、哲学研究会、政治经济学研究会、自然科学研究会、克劳塞维茨《战争论》研究会和文化协会等30多个学术团体。发行了《红色中华报》《八路军军政杂志》《中国青年》《中国妇女》等报纸杂志30多种,不但出版了马恩列斯著作50多种,还出版了大量其他社会科学和自然科学方面的书籍,如《大众哲学》《中国通史简编》《孙子兵法》《战争论》《总体战》等军事名著。

  敌后各抗日根据地文化建设的民族化,还表现在运用中国传统文化的形式进行抗日宣传,以激发广大人民群众的抗战意识,如太行山抗日根据地的春节文化写对联和贴门神,就是敌后军民文化的真实写照。像"群策群力抗战到底,一心一意争取胜利";"春耕夏耘努力生产克服经济困难,秋收冬藏囤结公粮增加抗战力量",等等。过去每家门上贴的《麒麟送子》《老鼠娶妻》一类的年画,已被《抬伤兵送茶饭》《妻子送郎上战场》一类的年画所代替了。[①]这是抗日根据地春节文化的一

---

① 参见魏宏运:《抗日战争时期太行山的春节文化风貌》,《广东社会科学》2001年第3期。

个缩影和折射。

敌后抗日根据地的文化最大限度地接受了中华民族传统中的优良养料加以发扬，在大众化的创作上取得了新成绩。在戏剧方面，八路军文化工作者采用中国歌舞的活报剧，反映八路军家庭在抗战中的生活剧本，或创作了反映八路军生活特点的士兵剧，129师386旅政治部宣传队演出过反映东北抗日义勇军斗争事迹的京剧《小白龙》。在图画木刻方面，"鲁艺"派到太行抗日前线的木刻工作团创作的年画，一出版，群众马上买光。八路军文艺工作者深入抗日根据地用北方群众喜欢的形式编排了许多具有很强教育意义的戏曲，如反映民众积极参加抗日战场的《上前线》，反映母亲教子重返抗日战场的《新三娘教子》，反映援军爱民的《游击队的干妈》《援军花鼓》等。

敌后抗战文化的各类艺术作品，实际上就是八路军广大指战员战斗行动或创建抗日根据地斗争的艺术反映和折射。其表现的形式和风格呈现以北方陕、晋、冀、鲁、豫诸省特征为主。如人们所熟悉的赵树理的《小二黑结婚》《李有才板话》，刘白羽的《八路军七将领》《五台山下》，邵子南的《地雷战》，《吕梁英雄传》《平原游击队》《铁道游击队》，柯仲平的《血泪仇》秦腔，孙犁的《荷花淀》等，在全国产生了很大影响，至今仍是红色经典之一。

敌后各抗日根据地文化是团结人民、教育人民，打击敌人的有力武器。抗战伊始，抗战歌曲《抗战进行曲》《大刀进行曲》《打豺狼》《到敌人后方去》响彻大江南北。像太行山抗日根据地春节时贴的对联"除旧岁打倒投降派，过新年拥护抗日军"，是八路军文化战斗性的一个缩影。

以上这些用陕北、山西等北方语言写作的文艺作品，大大地增强了文艺作品的亲和力和感染力，更好地达到了为抗战和敌后根据地军民服务的目的。

敌后抗战文化紧紧围绕抗日战争的形势任务来展开，它既是团结、教育和鼓舞敌后抗日根据地军民的精神食粮，又是抵抗日军侵略，争取抗战胜利的有力武器。比如，八路军的戏剧宣传作用非常突出，如著名的第十八集团军西北战地服务团（简称"西战团"），1937年10月奔赴山西抗日前线，随八路军总部行动，在6个多月里，行程3000余里，途经16个县市、60多个村庄，演出100多场，在发动群众开展敌后游击战争方面发挥了重要作用。1938年11月，"西战团"再次进入敌后抗日根据地，在晋察冀边区开展文化宣传活动一直到1944年4月。先后创作60多部剧本，创作和搜集改编民歌400余首，并组织演唱了冼星海的《黄河大合唱》。第120师的战斗剧社、第129师的先锋剧社、第115师的战士剧社，都非常有名，很受群众欢迎，它们在调动群众抗日积极性，宣传党和抗日民主政府的政策方面，功绩卓著。

敌后各抗日根据地活跃着各级各类各种抗日文艺团体，呈现着八路军文化的丰富多彩——形式和内容的多元性、多样性。它们既有从延安来的八路军总部的鲁迅艺术学院，也有第129师的先锋剧团，还有行署下属的太行剧团。各军分区、各县都有剧团，各村则有秧歌队等。晋察冀军区的10个军分区每一个分区都有一个剧社。各级各类抗日文艺团体紧跟当时的形势任务来创作排练文艺节目，《八路军军歌》（即现在的中国人民解放军军歌）就是这个时期创作的。它们演出的剧种有话剧、歌剧、京剧、晋剧、上党剧（山西梆子的一种），或大合唱、小合唱、活报剧等，如《兄妹开荒》《王贵与李香香》《赤叶河》等。

此外，八路军各级文艺团体以战斗前线作舞台，部队打到哪里，行军走到哪里，军旅文化就开展到哪里，不管是战火纷飞的前线，还是险象环生的敌后游击区，常常看见他们的身影，他们既是演员，又是战斗员，经常配合部队打扫战场、看押俘虏、护理伤员等。

敌后抗战文化以其独特的吸引力，鼓舞、感召抗日军民，直接服务于抗战，成为争取友军，团结其他抗日武装力量，瓦解敌军的重要"软实力"。八路军文化工作灵活贯彻抗日民族统一战线政策，创造性地开展文化统战。八路军文化利用被侵略国道义上的优势，大力开展团结友军、瓦解敌军的工作，收到了可喜的效果。1938年初，八路军烽火剧团奉命在陕北慰问从抗日前线撤回休整的国民党第17路军官兵，为了鼓舞友军的抗日之举，剧团当天就赶编了赞扬赵寿山将军的活报剧，在舞台上高悬大字横幅："慰问赵寿山将军及全体官兵联欢晚会！"他们演出的《放下你的鞭子》《打回老家去》等剧目，反映了日军侵占东北，百姓流离失所的悲惨情景，极大地激发了官兵的抗日豪情。之后，赵寿山还请八路军烽火剧团输送一些文艺人才帮他们成立剧团，以宣传抗日、鼓舞士气。东北军将领看完八路军烽火剧团的演出后感慨地说，你们的一场戏比几次政治课还管用，真是受教育啊！

敌后抗战文化非常重视瓦解敌军工作，它也是人民军队政治工作的一个光荣传统。八路军根据宽待俘虏的政策，对敌发起政治攻势、宣传攻势和文化攻势，重点宣传中国抗日战争的正义性，揭露日本军国主义侵华的非正义性，激发日本士兵的反战厌战情绪，从而收到良好的效果。如晋察冀军区开展瓦解敌军工作，注重开办日语训练班，制发各种宣传品、标语、口号、歌谣等，特别是利用经过教育的俘虏在战场上向敌人喊话，收效显著。仅1939年五六月间的大小龙华战斗，就生俘日军官兵 14 人，半数以上为自动缴枪投降过来的。①第一个日军俘虏前田光繁，在八路军俘虏政策的感召下很快变成第一个"日本八路"，并于 1939 年 11 月 7 日发起成立由 7 人组成的日本人反战组织"觉醒联盟"，之后"觉醒联盟"相继成立太行支部、太岳支部、晋东南支部、山东支部等。1942 年 8 月，华北各地的"觉醒联盟"统一改称为"反战同盟"。据 1944 年统计，"反战同盟"支部有 13 个，成员达 223 人。总之，侵华日军视八路军的俘虏政策"实为皇军之大患"②。

综上所述，抗战文化对于中华民族的觉醒和团结，对于动员、鼓舞全民族坚持持久抗战，争取抗战的最后胜利，起到了极大的作用。像《义勇军进行曲》《黄河大合唱》《论持久战》等，已经成为中华文化的经典代表之作。随着时间的推移，抗战文化亦将成为中华民族伟大精神的一个杰出符号。

如何在新时期继承和弘扬抗战文化，创建新时期的强军文化，建造一支听党指挥、能打胜仗、作风优良的人民军队，是摆在我们面前的艰巨任务。今天，国际恐怖主义危害依然严重，由领土、民族、宗教、资源、海洋权益等引发的武装冲突和局部战争连绵不断，战争的阴霾依然笼罩在人们的头上。有的日本右翼分子叫嚣：如果中国和日本开战，两天就叫中国吃第二个甲午败战……时至今日，日本一些政治组织和政治人物

---

① 中国人民解放军历史资料丛书编审委员会：《八路军文献》，解放军出版社 1994 年版，第 377 页。
② 谭政：《对敌工作的当前任务》，《八路军军政杂志》第 2 卷第 6 期，1940 年。

依然矢口否认或美化日军侵略的野蛮罪行,依然在执意参拜双手沾满鲜血的战犯亡灵,依然在藐视历史事实和国际正义,依然在挑战人类良知。从20世纪八九十年代至今,日本少数右翼势力否认、歪曲和美化其侵略历史的谬论肆无忌惮,为军国主义战犯招魂的政治丑剧连年迭演不断,政治右倾化日趋严重,军国主义思想开始日趋泛滥。日本每年8月都有内阁成员,甚至首相,如铃木、中曾根、桥本、小泉纯一郎(连续5次参拜)等巧借各种名义,去供有东条英机等甲级战犯牌位的靖国神社向战犯顶礼膜拜。另一方面,日本政府竭力修改日本历史教科书,否认南京大屠杀等侵华历史。日本正在走一条改史翻案、修宪扩军的军国主义道路。

否认侵略历史,必然重蹈侵略覆辙。曾经屡遭日本军国主义侵略的中国人民对此应时刻保持警惕。作为保家卫国、敢于挑战世界上任何强敌的中国人民解放军,只有拥有比战争狂人更为强大的军事硬实力和文化软实力,才能制止战争,打赢战争。我们坚决捍卫中国抗日战争和世界反法西斯战争的胜利成果,决不允许历史悲剧重演!让和平的阳光永远普照在960万平方公里的中华大地上。

作者简介:

刘庭华　解放军首席军史专家和中宣部"马克思主义理论研究和建设工程课题组"主要成员,军事科学院原军史研究部研究室主任

抗战时期国际社会对华医疗援助探析

李洪河

抗日战争时期,艰苦卓绝的中国抗战引起了国际社会的广泛同情与支持,以加拿大、美国、印度等国家的志愿医务人员为主体所组成的援华医疗队及大量的国际医学友人纷纷远渡重洋,来到中国,帮助中国人民创办医疗卫生机构,从事战地救护,防治疾疫流行等,为中国抗日战争的胜利做出了巨大贡献。本文结合抗战时期卫生工作史的有关资料,试对这一时期国际社会对华医疗援助问题作一简要分析。

一、国际社会援华医务人员情况

国际社会对华医疗援助从抗战初期就开始了。1937年7月抗战爆发后,日本帝国主义的残暴行径激起了国际社会的极大愤怒。9月14日,时任印度国大党主席的尼赫鲁向新闻界发出声明:"对这一悲剧不能袖手旁观。因为这也许对印度本身产生相当大的影响。我们必须组织抗议活动……"在尼赫鲁领导下,除在印度各大城市掀起声援中国人民的浪潮外,国大党第52次会议还通过了派遣医疗队援助中国抗日的决议。1938年7月,在英国访问的尼赫鲁把自己的妻弟爱德医生从西班牙国际纵队调回,委托他返印率领国大党援华医疗队来华。不久,一支由队长爱德、副队长卓克、队员柯隶尼斯、巴苏和木克吉等5位大夫组成的援华医疗队成立了。①9月1日，五位大夫携带了54大箱药品、一些医疗器械、一架轻便X光透视机、一辆防弹救护车和一辆卡车，自孟买乘坐"王子号"邮轮来华。9月17日，医疗队到达广州，时任保卫中国同盟主席的宋庆龄和各机关团体代表及印籍侨民等2000余人到广州码头欢迎。9月18日，在九一八事变七周年纪念游行中，巴苏医生向宋庆龄谈起医疗队打算去中共领导的军队中工作。后在宋庆龄的安排下，9月29日，医疗队到达汉口，会见了周恩来、叶剑英等。根据周恩来的建议，医疗队先在国统区武汉、宜昌和重庆工作了半年。到重庆后，接待他们的中印文化协会的谭云山教授为每一位印度大夫取了一个中国名字，顺次为爱德华、卓克华、柯棣华、巴苏华和木克华。1939年2月12日，医疗队抵达延安，受到毛泽东主席及军委总卫生部姜齐贤部长的热情接待。在延安，医疗队人员被分配到八路军军医院和卫生学校工作，开始了医疗服务。②

比印度援华医疗队还早一点到达中国的是加美流动医疗队。1938年1月，在以纽约为基地的中国援助基金会和宋庆龄筹办的保卫中国同盟的帮助下，加拿大和美国共产党派遣了一支由加拿大著名外科医生诺尔曼·白求恩任队长，由一名美国医生帕尔斯和一名加拿大护士琼·尤恩为队员组成的加美流动医疗队，携带一批医药器材到达中国。后经汉口，

---

① 中国人民对外友好协会、中国印度友好协会、中国南亚学会：《中印友谊史上的丰碑：纪念印度援华医疗队》，世界知识出版社2008年版，第1页。

② 邓铁涛、程之范：《中国医学通史》（近代卷），人民卫生出版社2000年版，第596页。

除美国医生帕尔斯留在武汉外，白求恩和尤恩及在西安临时加入的加拿大圣公会传教士理查德·布朗医生，一道来到延安，受到军委总卫生部和毛泽东主席的亲切接见。白求恩在延安停留一个多月后，5月离开延安经晋西北前往晋察冀军区开展医疗工作。①

1939年至1940年初，另有一支由16个欧洲国家的医生所组成的国际援华医疗队分批来到中国，后经重庆，乘汽车翻越娄山关，渡过乌江，最后到达贵阳图云关。因其分属不同的国籍，都来自地中海西岸的西班牙，参加过反佛朗哥政权的西班牙战争，大都是从集中营中被营救出来，且将西班牙语作为期间通用的交流语言，因此被统称为"西班牙医生"②。该医疗队主要是在英国国际医药援华会的组织和资助下来到中国的，但并没有建立正式组织，因此在贵阳图云关被统一纳入了中国红十字会救护总队。其主要成员，据中国人民对外友好协会提供的资料，图云关"国际援华医疗队纪念碑"列有21人，分别是波兰的傅拉都、陶维德、柯理格、戎格曼、甘理安、甘曼妮；罗马尼亚的克兰兹多尔夫、克兰兹多尔夫夫人杨固；德国的玛库斯小姐、贝尔、顾泰尔、白乐夫；匈牙利的沈恩；保加利亚的甘扬道；奥地利的富华德、肯德、严斐德、王道；捷克的基什；苏联的何乐经等。③另据英国友人克莱格、德国顾泰尔等的回忆，还有6

---

① 邓铁涛、程之范：《中国医学通史》（近代卷），人民卫生出版社2000年版，第595—596页。
② [美]艾格尼丝·史沫特莱：《中国的战歌》，作家出版社1986年版，第514页。
③ 贵阳市人民政府新闻办公室：《经霜的红叶：国际援华医疗队的故事》，五洲传播出版社2007年版，第12页。

名队员未列入纪念碑名单，整支医疗队共有27名队员，其中波兰6人，德国7人，奥地利3人，罗马尼亚3人，捷克2人，保加利亚、匈牙利、苏联、英国各1人，另有两人国籍不明。①在图云关6年的硝烟岁月里，他们与中国人民一起同甘共苦、生死与共，把从国外募捐来的医疗器械和药品不断运送到战地救护最急需的地方。

除上述医疗队之外，还有一些零散的国际医学友人先后来到中国。1939年4月，瑞士红十字会派遣伯尔乐医生、何尔姆医生，携带药品来到中国红十字会总会驻香港办事处，23日起程前往贵阳图云关中国红十字会救护总队，不久被分配到长沙某士兵医院中服务。②1939年夏初，"由美国自动来华加入红会工作之外科医生有五名，同时自德国被驱逐出境的犹太籍医生多名，亦已加入"③。1941年，由英、美、加合组的救护队来华，"救济滇缅路上被日方炸伤之平民"。据《申报》报道，这支救护队有队员50人，救护车10辆，并有流动手术室、消毒器、发电机及X光机等设备。④1941年9月4日，美国医生柯恩女士乘轮船抵达香港，而后前往贵阳中国红十字会救护总队服务，她是"美国赴自由中国服务女医生之第一人，系美国医药助华会所派遣……伊所订之合同，期

---

① 贵阳市人民政府新闻办公室：《经霜的红叶：国际援华医疗队的故事》，五洲传播出版社2007年版，第15页。
②《瑞士同情我抗战派两医生携药物来华》，《申报》1939年4月19日。
③《外籍医师纷纷来华参加救护工作》，《申报》1939年6月19日。
④《英美加合组救护队来华》，《申报》1941年5月31日；《美人组救护队来华服务》，《申报》1941年6月21日。

限为二年,在此期间决定集中全力扫除肺结核症,该症在战时难民缺乏营养之情况下,极为流行。柯氏因恐内地牛油缺少,携有维他命 A 片甚多"①。1942 年 4 月 20 日,美国医药助华会又派遣一支由内外科医生、护士、技术人员组成的医疗队赴华,与中国红十字会救护总队合作,"担任医药指导及医师双重职务"②,"帮助中国克服目前因缺乏有训练之医药人员所引起之困难"③。1942 年 10 月 15 日,据《新华日报》报道:"为响应救治中国伤兵,英国红十字会特派遣医院工作人员一队来华,现已抵达长沙,即将在该处设立后方医院一所,以应需要。该队包括医生 8 人,看护 12 人,X 光技术员 1 人,会计 1 人。该队除长沙之后方医院外,并计划在湘潭设立医院,且已成立流动医疗队,以便在前线附近工作。"④据统计,从 1938 年到 1942 年,国际社会来华服务的医护人员,已是一支相当可观的救护力量。中国抗日战场的医疗救护事业,"因有不少外籍医生之加入,效率大见强固"⑤。

另外,除加拿大医生白求恩、印度医生柯棣华外,还有一批国际医学友人先后到达中共领导的抗日根据地,支援抗日根据地的医疗救助工作,他们是:美国医生马海德、奥地利医生罗生特、德国医生米勒、朝鲜医生方禹镛、苏联医生阿洛夫、奥地利医生

---

① 《美国医药助华会派女医生来华服务》,《新华日报》1941 年 9 月 5 日。
② 《美籍医师来华服务》,《申报》1942 年 4 月 22 日。
③ 《美派大批医师来华服务》,《新华日报》1942 年 4 月 22 日。
④ 《英籍医师来华服务》,《新华日报》1942 年 10 月 15 日。
⑤ 《外籍医师纷纷来华参加救护工作》,《申报》1939 年 6 月 19 日。

傅莱[①]，以及荷属东印度医生毕道文[②]等，他们都为中国军队医疗卫生事业做出了一定的贡献。

二、国际社会对华医疗援助工作

国际医疗队来到中国，其首先面临的是极为严峻的适应生活环境的难题及各种艰难的工作条件。尤其在物质方面，各战区的救护工作所需要的病房、手术室、药品架等基本设施都不具备，而且救护人员不足，人员素质又差，军中卫生条件恶劣，各种疾病流行，因此造成医疗救护工作的种种困难。尽管如此，各种国际援华医疗队及具有不同文化背景和生活习惯的国际医学友人仍然克服困难，积极开展了大量的医疗救助工作。具体而言，主要有以下几个方面：

（一）战地救护

奔赴前线，救治伤病员，让他们早日康复，重返战场，彻底击溃日本法西斯，是国际援华医疗队及各种国际医士的光荣使命，也是其对华医疗援助工作的重中之重。1939年底至1940年初，国际援华医疗队的20多名医护人员分批抵达中国红十字会救护总队所在地——贵阳市郊的图云关后，因当时湖南、鄂西、江西一带战事吃紧，他们随即"纷纷走上前线，在部队建立医疗队，负责战地救护和部队卫生勤务工作"[③]，并且与中国同行一起历尽艰险，出生入死，夜以继日地救治伤病员。每到一地，他们

---

① 邓铁涛、程之范：《中国医学通史》（近代卷），人民卫生出版社2000年版，第596—597页。

② 曹德权：《在延安战斗过的不为人知的援华洋大夫们》，2014年3月27日。

③ 贵阳市人民政府新闻办公室：《经霜的红叶：国际援华医疗队的故事》，五洲传播出版社2007年版，第60页。

便先忙着去看伤病员、了解病情、抓紧时间做手术。遇到危重病人，他们既是医生，又是护士，从治疗到护理，全部承担下来。①他们还深入前线，开展卫生防疫和医疗救助工作。其中，德国医生白乐夫带领的医疗队来到江西修水的第30集团军驻地之后，经过细致调查，发现军中各类急性、恶性、慢性疟疾患者有30%之多，总计15 000人，另有疥疮、痢疾患者约95%，流行性感冒则泛滥成灾，而且缺乏必要的盘尼西林、奎宁等药品。白乐夫大夫克服重重困难，每天门诊病人200—400人，并且要做五六次手术。他们所做工作，为脓肿、发炎、扩创术、截断术及骨折之固定，并为伤病员置备木制飞机式夹板，以减少其痛苦。②

1941年底日本侵略者在东南亚发起攻势后，滇西战略地位的重要性凸显。于是，贵阳市郊图云关红十字会救护总队的外籍医生们又奔赴云南。其中，保加利亚医师甘扬道带领012医务队驻守安宁；德国医生白乐夫领导的021医务队配属远征军，驻扎云南楚雄；奥地利医生肯德在湖南常德扑灭鼠疫后，又带领022医务队转到云南镇康；罗马尼亚医生柯让道和他的妻子柯芝兰领导031医务队驻守云南建水；波兰医生戎格曼带领的041医务队配属第二军，驻守云南顺宁；波兰医生甘理安和他的夫人甘曼妮率领051医务队驻守云南保山。③其间，为了确保公共卫

---

① 李筑宁：《抗战时期的中国红十字总会救护总队》，贵阳市档案馆1995年内部印行，第81页。

② 李筑宁：《抗战时期的中国红十字总会救护总队》，贵阳市档案馆1995年内部印行，第11、13页。

③ 贵阳市人民政府新闻办公室：《经霜的红叶：国际援华医疗队的故事》，五洲传播出版社2007年版，第61页。

生和个人清洁，减少疫病的滋生与传播，他们便采取各种卫生措施，如改造厕所，用竹子做成抵挡蚊子袭击的"竹帘帐"，改变士兵们的不良饮水习惯，在各部队建立起"灭虱站"，用炉灶、铁锅蒸煮衣物等等，以防止斑疹伤寒、回归热等疾疫的传染与蔓延。奥地利医生肯德还因陋就简地设计了"太阳沐浴器"，为士兵们清洁安全地洗澡提供了方便。为弥补西药的严重不足，他们还积极地学习运用中医中药，实现了中西医的有机结合。①正如史沫特莱在《中国的战歌》中所说："这些人和我在中国遇到的任何其他外国人都迥然不同。尽管政治上的分歧肯定是有的，但是他们作为反法西斯战士而团结一致。……他们全都看见了中国在卫生条件和科学知识上的落后，但是他们能从正确角度去理解这种状况，并且以尽可能肩负一分重担的行动做出反应。"②

当然，由于不同时段各个战区的情况各异，各种国际援华医疗队及国际医学友人所从事的战地救护工作也有所侧重。与国民党领导的正面战场相比，共产党领导的敌后战场医疗卫生条件更为恶劣，人才奇缺，来到这里的国际援华医疗队队员很快就成为所在根据地医疗卫生工作的主心骨，其医疗救护任务十分艰巨。1938年5月，来到延安不久的白求恩大夫主动请缨奔赴抗日战争第一线。在他的坚持下，中共中央同意了他的请求。6月，白求恩在部队的护送下，穿过同蒲封锁线，直奔晋察

---

① 贵阳市人民政府新闻办公室：《经霜的红叶：国际援华医疗队的故事》，五洲传播出版社2007年版，第61—62页。

② ［美］艾格尼丝·史沫特莱：《中国的战歌》，作家出版社1986年版，第514页。

冀军区所在地——五台山。"在山西省五台县的第一周,他检查了住在河北村、松岩口、河西村三个村庄的521名伤病员。此后,连续四周动手术,做了147次。"① 11月19日,白求恩带领医疗队到三五九旅后方医院检查伤病员,黄昏时抵达医院驻地后不顾疲劳,随即投入到工作中,当天即检查了255名伤员,并为7名伤员做了手术。21日,白求恩到旅卫生部驻地下石矶村,检查了20多名伤员,随赴串岭峪临时休养所检查伤员27名。在灵丘抗日前线,白求恩又先后救治了三五九旅上千名伤病员。由于他技术高超,伤员们很快得以痊愈,重返前线。②不仅如此,白求恩还利用其卓越的医疗技术,总结推广其著名的"消毒十三步法",严把细菌感染关,保护了伤员的健康;亲自设计图样,和木工、铁匠一起制作了大批托马式夹板,用于治疗骨折,使很多战士免于残疾;首次推行输血法,亲自化验血型,组织义务输血队,使危在旦夕的伤员起死回生;主动为驻地患有疝气和兔唇的农家孩子及身体畸形的农民做矫形手术,治疗各种常见病等。在其生命中最后一年的1939年,白求恩还主持了为期23天的手术工作,使300多名伤员转危为安,恢复健康。③

为弥补因白求恩医生牺牲给敌后战场的医疗卫生工作所造成的损失,1940年3月,印度援华医疗队的柯棣华、巴苏华离开晋东南,来到白求恩曾经生活和战斗过的晋察冀根据地。8月下旬,百团大战第二阶

---

① 中共党史人物研究会:《中共党史人物传》第11卷,陕西人民出版社1983年版,第761页。
② 灵丘县老区建设促进会编:《灵丘革命老区志》,山西人民出版社2005年版,第43—44页。
③ 王雁、察哈尔:《纪念白求恩》,解放军出版社2005年版,第48、50页。

段涞灵战役即将开始时，柯棣华、巴苏华分率两支医疗队到达战地。柯棣华在检查治疗了几个"医院村"的几百名伤员后，于9月23日带队在涞源乌龙沟开设手术站，直接负责东团堡战斗中的救护工作，创下了13天内接收800余伤员，手术558例的战地医疗记录。巴苏华也把救护所设在离火线5里的一个小村子里，连续两天两夜共计治疗250名伤员。此后，在不到一年的时间里，他们转战晋东南、冀西、冀南、冀中和晋察冀等抗日根据地，行程近万里，沿途手术千余次。①此外，德国医生米勒和一部分医务人员也于1940年秋天百团大战正酣之时，组成了临时战地医院，先后随三八六旅和三八五旅行动，参加了正大、榆辽战役和消灭管头村敌人据点的战斗。该战地医院设在距战场很近的村子里，战斗最激烈的时候，每天有上百名伤员被送到这所医院医治。百团大战结束后，米勒又奉命到重伤医院工作，和同事们一起对300多名重伤员进行了手术治疗。1941年，米勒还担任了晋察冀根据地的流动手术队队长，主要任务是在晋东南一带为重伤员做手术治疗，在艰苦战争条件下为保证重伤员的生命与健康安全，做出了巨大贡献。②

（二）鼠疫防控

为了摆脱战线过长的困扰，打击中国军民的抵抗意志，日军从1940年开始在中国疯狂地推行惨绝人寰的细菌战。继1940年10—11月日军飞机在浙江衢县、金华、义乌、宁波等地撒播鼠疫杆菌，危害

---

① 王雁、察哈尔：《纪念白求恩》，解放军出版社2005年版，第105、109页。

② 叶丽璓：《来自异国的朋友——在中国有过特殊经历的外国人》，解放军出版社1993年版，第313—314页。

广大军民后,1941年11月,日军又在湖南常德用飞机投下许多谷麦絮状物质,后被证实为"鼠疫细菌弹",很快在常德引发鼠疫。国际援华医疗队的医生们对日军不顾信义和人道的骇人行径强烈地予以谴责,并派出包括10名外籍医生在内的大批医务人员奔赴常德,参加扑灭鼠疫的行动。①其中来自奥地利的肯德医师在抗击这场异常惨烈的"细菌战"中做出了卓越贡献。日军空袭警报解除后,有人将日机投掷物送交常德医院,交由救护总队第二中队长钱保康偕同奥地利医师肯德进行研究。但囿于当时条件,一时无法确定日机投掷物究竟为何种细菌。肯德和中方医生随后又对死者进行尸体解剖,随即证明上述投掷物属于败血型鼠疫菌。

其后,肯德医师积极撰写了《鼠疫横行在常德》的报告并在当地报纸上发表,揭露日本发动细菌战的丑恶行径,呼吁常德军民:"要不顾财力、物力的牺牲,应该办的都要详加考虑,务使计划完成,实行步骤马上就要发生效能,尤其是常德全体市民,要立即动员起来,用防鼠疫之常识,反侵略的精神,服从纪律的美德,勇敢的情绪,大家一起从事于防疫战争,好再创造灿烂卓新的胜利史。一般军政官吏,身为民族领袖,更应当大声疾呼,开导民众知识,宣传鼠疫危险和防御的重要,不然大疫所至,恐怕玉石俱焚的呀!"然后肯德还就鼠疫防控提出了切实可行的建议:"第一步须要捕鼠,彻底地实行灭绝鼠迹,将杀死的老鼠焚烧或用水浸淹,好使鼠体附着的蚤虫同时灭绝";"另

---

① 池子华、郝如一主编:《中国红十字会百年往事》,合肥工业大学出版社2011年版,第112页。

外要谨慎食物，万不可使老鼠染指。屋内不时要施用石灰或者其他的消毒药剂，以为摧毁病菌潜伏的窠巢"；"要一面杀鼠，还要一面注射鼠疫之疫苗"。①他的报告得到了中国红十字会救护总队的高度重视。总队立即与战区有关人员研究了防疫纲要，并在管理、预防、隔离、疗治、检疫、宣传、器材等方面采取积极措施。其中，总队第六中队经过协商，决定将111医疗队调到常德建立防疫北站，472医疗队建立防疫西站，522医疗队协助隔离医院工作，并在邻近的桃源县设立防疫分站。②由于措施及时、得当，常德鼠疫终被扑灭，肯德医师完成了医务工作者的神圣使命。

（三）创办卫生机构，培养医护人才

与战地救护、防控鼠疫等直接救治军民的举措相比，更具有长远意义的是，各种国际援华医疗队及国际医学友人还积极倡导并参与了中国战区卫生学校和医院的创办，为战时中国培养了一批难得的医护人才，"留下了永远不走的医疗队"。其杰出的代表首推白求恩大夫。1938年刚到晋察冀根据地不久，白求恩就向军区卫生部提出建议：在晋察冀抗日根据地建立一所比较正规的医院，一则可以更好地治疗伤员，二则可以对全根据地的其他医务工作起示范作用。后经毛泽东批准，白求恩被任命为晋察冀军区卫生顾问，并同意了他改进军区卫生工作的意见。9

---

① ［奥地利］肯德著，温新华译：《鼠疫横行在常德》，《桃源民报》1942年4月22日。

② 贵阳市人民政府新闻办公室：《经霜的红叶：国际援华医疗队的故事》，五洲传播出版社2007年版，第96页。

月15日,白求恩改造松岩口后方医院,创建了晋察冀根据地第一个"模范医院"①。在医院落成典礼上,白求恩作了热情洋溢的讲话:"运用技术,培养领导人才,是达到胜利的道路","在卫生事业上运用技术,就是学习着用技术去治疗我们受伤的同志,他们为我们打仗,我们为回答他们,也必须替他们打仗。我们要打的敌人是死亡、疾病和残废。技术虽然不能战胜所有这些敌人,却能战胜其中的大多数"。②为了推广组织医院的技术、上药的技术、动手术的技术、给病人洗澡的技术、扶起病人的技术以及使病人舒适的技术等,白求恩不仅积极推行固定伤肢、扩创术等新的治疗方法,而且还编写出《战伤治疗技术》《战地外科组织治疗方法草案》等技术教材,在晋察冀以至整个八路军中推而广之。③他还根据其在八路军工作的经验,写出了《游击战中师野战医院的组织与技术》一书。聂荣臻称赞此书是白求恩"根据敌后游击战争的环境和具体的困难条件,把他在战地实际工作中最可珍贵的经验和他广博丰富的医学造诣融汇在一起","是他一生最后的心血的结晶,也是他给予我们每个革命的卫生工作者和每一个指战员和伤员的最后不可再得的高贵的礼物"④。

---

① 王雁、察哈尔:《纪念白求恩》,解放军出版社2005年版,第12页。
② 《在晋察冀军区模范医院开幕典礼上的讲话》,《纪念白求恩》,人民出版社1979年版,第37页。
③ 邓铁涛、程芝范:《中国医学通史》(近代卷),人民卫生出版社2000年版,第595—596页。
④ 邓铁涛、程芝范:《中国医学通史》(近代卷),人民卫生出版社2000年版,第595—596页。

白求恩逝世以后，为了纪念这位伟大的国际主义战士，晋察冀军区后方医院被命名为白求恩国际和平医院。1941年1月，晋察冀根据地聂荣臻司令员下达命令，任命印度医生柯棣华为白求恩国际和平医院院长。柯棣华在任期间除担任院长职务外，还在繁重的教学和医疗工作中积极发扬白求恩大夫"对技术精益求精"的精神，努力提高自己的医疗水平和教学质量，参加了大量的医疗救护工作。[1]仅在担任院长的两年中，他就施行手术900多次，并完成了《外科总论》《外科略论》等数十万字的讲义编写。[2]此外，奥地利犹太医生傅莱在1942—1944年两次反"扫荡"中，一边在白求恩卫生学校担任传染病防治教学工作，一边积极地同学员一起参加战地救护和部队卫生工作，并且克服重重困难，在根据地建立了生产粗制青霉素的实验室，解决了部分药品短缺的问题，为此受到毛泽东主席等中央领导的亲切接见，并最后加入了中国共产党。[3]

国际援华医疗队的其他国际医学友人也都或多或少参与了医院和卫生学校的创办，为战时中国培养了大批医护人才。在中国红十字总会救护总队的指导下，他们首先在各自所在部队帮助改善医疗条件，在尚无医疗机构的部队利用南方到处都有的竹子和庄稼的秸秆打造简易病房和病床，装备上他们带来的医疗物资，很快就使所在部队建立起有足够规

---

[1] 中共党史人物研究会：《中共党史人物传》（统战与国际友人卷：下），中共党史出版社2010年版，第414—415页。

[2] 秦宝琦：《五千年中外文化交流史》第4卷，福建人民出版社2000年版，第570页。

[3] 潘光、王健：《犹太人与中国——近代以来两个古老文明的交往和友谊》，时事出版社2010年版，第218—219页。

模的师级医院,且能实施较大的手术。据保加利亚的甘扬道回忆:"战时的医疗条件是非常差的,在救护总队部里设有许多医疗小组,由于医务人员很少,每个组只有一个医生","军队里没有受过训练的医务人员,他们就开办医疗训练班进行教学。他们还训练担架队。没有医院,他们就和中国军民一道,用竹子、茅草搭起了战地医院。他们还向老百姓和士兵宣传卫生知识,让他们知道怎样灭虱,怎样进行食用水的消毒"。[1]罗马尼亚的杨固医生等在实施战地救护的同时,又多方筹措资金,建立了师卫生学校,并亲自编写教材、制作教具,对在每个团里挑出的识字士兵和军官进行卫生保健的教育和培训,从而为提高中国军队的战时医疗水平做出了贡献。[2]

以战地救护为核心而展开的粉碎日军细菌战、创办医院和学校、培养医护人才等工作,构成了抗战时期国际援华医疗队和各种国际医学友人支援中国抗日工作的主体,生动反映了他们作为一个整体援华抗日工作的概貌。这也是所有国际援华医疗队成员为抗战胜利而认真工作、无私奉献的缩影。

三、国际社会对华医疗援助的贡献及意义

抗战时期各种国际援华医疗队和国际医学友人大都有高等医学学历,而且经历过其国内战争的洗礼,经验丰富。他们的到来,不仅提高了广大

---

[1]《贵阳文史资料选辑》(第22辑)(红会救护总队),中国人民政治协商会议贵州省贵阳市委员会文史资料研究委员会1987年7月内部印行,第24页。

[2] 刘勇:《援助中国抗战的罗马尼亚医生》,《党史博览》2006年第5期。

军民的抗战士气,而且在很大程度上降低了他们所在战区和部队死亡率的非战斗减员数量。有资料表明,"在一次疥疮大流行时,柯列然用石灰与硫黄调和制成涂剂,经过多次的试验终见疗效,又采用煮沸衣物的办法以杜绝传播渠道。在他所在部队里,最先消灭了疥疮的祸害。这种涂剂推广后,治愈了四万多例疥疮患者"①。另据记载,在云南楚雄,白乐夫队长及公谊第三队之外科,甘理安队长及甘曼妮之化验工作,倪桐华队长之看护训练班等的工作记录统计如下:内科住院52 058人,外科住院86 936人,门诊106 266人,手术1140人,化验13 544例,特别营养44 414例,预防接种18 300人,X光检查176次。②虽然记录中没有提及这些外籍医生的具体工作量,但是作为队长或担任重要职务的他们在这些工作中的贡献不可小觑。另据统计,从1938年1月至1945年10月,中国红十字救护总队的10个大队还在外籍医生的配合下对福建、江西、广东、广西、贵州、云南等地军人及逃难民众进行伤病治疗,门诊救治军人2 481 685人、平民2 002 996人,预防接种4 632 446人。③国际援华医疗队的外籍医生竭尽全力地解除病人痛苦,为中国人民救护事业做出了巨大贡献。

此外,在敌后抗日根据地工作的白求恩、柯棣华和其他国际医学友人,也在这方面做出了杰出贡献。据白求恩于1938年12月8日写给马

---

① 贵阳市人民政府新闻办公室:《经霜的红叶:国际援华医疗队的故事》,五洲传播出版社2007年版,第125页。
② 徐崇恩:《远征军救护概况》,中国红十字会《会务通讯》1944年第26期。
③ 李筑宁:《抗战时期的中国红十字总会救护总队》,贵阳市档案馆1995年内部印行,第67页。

海德的信记载：他11月行军855里，做了113个手术。11月29日和30日，驻扎在离三五九旅第八团作战前线25里的第一支前线手术队展开工作后，白求恩等在40小时内完成了71个手术，其中33%的手术4天之后没有出现任何感染症状。①另据白求恩生前的最后一封长信记载，1938年他共行军3165英里，其中有400英里是徒步穿行于山西、陕西和河北三省；共做了762个手术，检查了1200名伤员；还重组了部队的卫生系统，写作和翻译了3本教科书，建立了1所医疗培训学校。②正如1942年聂荣臻在军区扩大卫生会议上的讲话所说："就医务干部的培养与提高上来讲……国内外的医药专家给予我们很大的帮助。从国际方面来说，白求恩、柯棣华等对边区的贡献是众所周知的。"③

国际援华医疗队队员和其他一些国际医学友人将他们的美好时光献给了中国的民族解放事业，许多人甚至为此献出了宝贵的生命。1939年11月12日，加美流动医疗队的白求恩医生因在一次手术中手指感染中毒，转为败血症，后经抢救无效，光荣牺牲。④1942年3月，日本又向广西投掷了"鼠疫细菌弹"，红十字救护总队闻讯，迅速筹备组建医疗队赴广西扑灭鼠疫，高田宜医生自告奋勇参加医疗队。就在临行前，她因感冒期间匆忙注射防疫针，引起了过敏反应，不到24小时高田宜便撒手西

---

① 薛忆沩：《通往天堂的最后那一段路程》，花城出版社2009年版，第45页。
② 薛忆沩：《通往天堂的最后那一段路程》，花城出版社2009年版，第50页。
③ 刘新芝、李恒山、王慧：《一切为了人民健康——老一代革命领导人对卫生事业的关怀》，北京医科大学1998年版，第113页。
④《纪念白求恩》，人民出版社1979年版，第19页。

去。①第31医疗队的罗马尼亚籍女医生柯兰芝，1944年3月14日在云南昆明参加防疫时，因感染回归热而光荣牺牲。②

这些国际医士为中国的民族解放所做的诸多工作，得到了中国政府与社会的高度认可与称赞。1941年，国际援华医疗队的肯德医生不顾个人安危，亲临鼠疫现场，直接参加反日细菌战工作。他还奔赴前线，在白螺矶战役中立下了不朽功勋。为此，第五十三军军长周福成特致函救护总队为他请功："查贵会救护总队731队长肯德及队员等，在本军各部队对于卫生业务热心推进，尤其于白螺矶战役，协助本军军医处长张鸿范赴前线组织手术组救护治疗，使负伤官兵得以早愈。复据116师师长赵镇藩、130师师长张玉铤先后报称：肯德队长及队员等，协助战地卫生工作异常热心，星夜劳瘁，请予嘉奖。"救护总队接到公函后，特发电给第二中队："731队队长肯德工作努力，仰转嘉慰。"③1944年3月14日，罗马尼亚籍柯芝兰大夫因感染回归热病逝后，二十师官兵庄严地给她布置灵堂，用花圈装点她的灵柩，并致挽联：淋惠遽云亡，南国同声失慈母；伤残未尽起，西方何处觅美人。④如今，她长眠于她曾经

---

① 池子华、郝如一主编：《中国红十字会百年往事》，合肥工业大学出版社2011年版，第112页。

② 池子华、郝如一主编：《中国红十字会百年往事》，合肥工业大学出版社2011年版，第110页。

③ 贵阳市政府新闻办公室：《国际援华医疗队在贵阳》，五洲传播出版社2005年版，第62、66、67页。

④ 贵阳市人民政府新闻办公室：《经霜的红叶：国际援华医疗队的故事》，五洲传播出版社2007年版，第129页。

战斗过的云南建水城北门外普庵寺附近的墓地里。另据中国红十字会总会出版的《救护通讯》记载，1944年6月2日，国民政府曾下令褒奖英国红十字会医疗队队长韩正义："以外籍人员在华从事医疗队工作有年，急难扶伤，忠勇任职，于湘豫等省早著令誉，远近受其惠者，为数非其少，博爱存心，良深嘉尚。迩因调动繁剧，积劳病逝，特予明令褒扬，以彰异绩，而永仁声。"①

1939年11月在晋察冀根据地工作的白求恩大夫殉职后，延安各界代表在中央大礼堂举行追悼会，毛泽东亲致挽词："学习白求恩同志的国际精神。学习他的牺牲精神、责任心与工作热忱。"②聂荣臻转达了中国共产党中央委员会的吊唁文："加拿大共产党员白求恩同志，不远万里来华参战，在晋察冀边区八路军服务两年，其牺牲精神，其工作热忱，其责任心均称模范。……白求恩同志这种国际主义的精神值得中国共产党全体党员的学习，值得中华民国全国人民的尊敬。"③随后，朱德总司令、彭德怀副总司令在代表国民革命军第十八集团军致白求恩大夫家属电中说："加拿大共产党之优秀代表白求恩大夫，为维护正义和平，援助中国人民之解放事业，不辞艰辛远道来华，曾在敝军服务，两年于兹，功绩卓著，深得全军爱慕。"其光荣牺牲"不仅我国抗日战争一大损失，

---

① 池子华、郝如一主编：《中国红十字会百年往事》，合肥工业大学出版社2011年版，第110页。
② 王雁、察哈尔：《纪念白求恩》，解放军出版社2005年版，第63页。
③ 北京军区后勤部党史资料征集办公室：《晋察冀军区抗战时期后勤工作史料选编》，军事学院出版社1985年版，第419页。

亦世界人类解放事业之一大损失也"①。为纪念这位伟大的国际主义战士，中共中央决定将白求恩创办的模范医院于1940年春更名为白求恩国际和平医院，并沿用至今。1942年，印度援华医疗队的柯棣华大夫因积劳成疾病逝后，毛泽东和周恩来亲笔致信其兄弟姊妹道："我亲眼看到，您的兄弟怀着自愿的人道主义和国际主义精神，克服重重困难，从死亡中拯救了我们不少的伤病员……我认为我完全有权称您的兄弟为我最亲密的战友……他那种克服艰难困苦的勇气，将永远留在我的脑海里。您的兄弟将永远活在中国革命人民的心中。"②

新中国成立以后，为了铭记抗战时期援华医士们的丰功伟绩，传承他们人道主义、国际主义的伟大精神，中国政府和社会组织不仅出版了一系列纪念文集，召开过许多纪念会议或专题学术会议，而且建立了一些纪念馆、陵园与纪念碑以供中国人民瞻仰与学习。在1954年建成的第一个烈士陵园——华北军区烈士陵园内，伟大的国际主义战士白求恩大夫陵墓和纪念馆，以及为中国人民抗日战争而献身的印度友人柯棣华大夫的陵墓和爱德华大夫的纪念碑等，均赫然在列。如今这里已经成为全国爱国主义教育示范基地，每年有成千上万的市民和学生到这里来瞻仰、学习他们的国际主义和勇于牺牲的精神。③在1985年纪念世界反法西斯

---

① 北京军区后勤部党史资料征集办公室：《晋察冀军区抗战时期后勤工作史料选编》，军事学院出版社1985年版，第421页。

② 中国人民解放军白求恩国际和平医院《柯棣华大夫》编写组：《柯棣华大夫》，人民出版社1979年版，第59—60页。

③ 中国人民对外友好协会、中国印度友好协会、中国南亚学会：《中印友谊史上的丰碑：纪念印度援华医疗队》，世界知识出版社2008年版，第138页。

战争胜利40周年之际,中共贵阳市委和贵阳市人民政府在图云关原救护总队旧址立了"国际援华医疗队纪念碑"。碑文的上方有一个地球形状的圆浮雕,其上用红色大理石雕刻了一个国际红十字会的会徽,象征着国际主义和人道主义精神。[①]这是一座永不磨灭的历史丰碑,它耸立在山冈上,耸立在人们心中,并将永远激励着中国人民踏着他们的足迹勇往直前,书写国际互助与世界和平的新篇章。

作者简介:

　　李洪河　河南师范大学政治与公共管理学院教授,主要从事现代中国政治与社会研究

---

① 贵阳市人民政府新闻办公室:《经霜的红叶:国际援华医疗队的故事》,五洲传播出版社2007年版,第227页。

论共产国际在抗日战争时期与中国共产党的关系

石 雷

共产国际（又称第三国际）作为一个高度集中的国际共产主义运动指导机关，自1919年3月成立到1943年6月解散，领导世界各国工人党（共产党）进行了24年之久的世界革命。中国共产党于1922年7月加入共产国际，接受共产国际的领导长达21年，共产国际对中国革命的影响深远，中国革命无论成功还是遭受挫折都与共产国际的决策与指导是分不开的。共产国际与中国共产党关系的研究一直都是党史研究的重要领域，特别是抗日战争期间两者的关系又是整个共产国际抗日战争时期研究的重点和难点。深入总结抗战时期共产国际与中国共产党关系的历史经验、历史启示，可以为处理当今复杂的国际关系提供指导和借鉴作用。

一、抗战爆发前共产国际与中国共产党关系概述

1919年3月，世界革命和国际共产主义运动指导中心——共产国际成立。俄国十月革命的胜利，给中国人民带来了马克思主义，促进了马克思主义在中国的传播，国内出现了一批像李大钊、陈独秀这样具有初步共产主义思想的知识分子。在中国共产党创立时期，共产国际给予了中国共产党无私帮助和正确指导。在它的帮助和推动下，中国共产党成立。中国共产党成立后，共产国际不仅在人力和财政上帮助中国共产党，还帮助中国共产党制定了符合中国国情的民主革命纲领和国共合作的统一战线策略，积极促成了第一次国共合作。"在共产国际的帮助下，中国共产党顺利克服了成立初期经费不足、经验缺乏的困难，得以迅速投身于中国革命的实际斗争中，避免了不必要的曲折"①。

中国共产党成立后，共产国际积极帮助中国共产党制定了彻底的反帝反封建民主革命纲领，促成了第一次国共合作。1922年7月18日，共产国际远东局维经斯基致电中国共产党，要求中共中央委员会接到通知后，"必须立即把地址迁到广州，所有的工作都必须在菲力浦同志（斯内夫利特）紧密联系下进行"②。菲力浦就是马林。在共产国际帮助下，中国共产党关于统一战线的政策正式形成。随后，中国共产党积极配合共产国际代表鲍罗廷等人改组国民党，加快了国共合作步伐。1924年1月，国民党第一次全国代表大会的成功召开，标志着第一次国共合作正式形成。

共产国际指导中国共产党正确在国民党内开展工作。国共两党合作后，中国共产党人积极帮助国民党整顿与发展党组织，从而放松了对工

---

① 孙其明：《中苏关系始末》，上海人民出版社2002年版，第9页。
②《共产国际与中国革命资料选辑(1919—1924)》，人民出版社1985年版，第178页。

农运动的领导,忽视了自身的组织工作。对此,共产国际执委会主席团东方委员会建议中国共产党于1924年5月召开中央执委会扩大全会,"讨论加强国民党左派,加强工会和宣传工作,并在今后3个月内要开展一次扩大党员数量的运动"①。中国共产党接受共产国际意见,于1924年5月在上海召开执行委员会扩大会议。会后,党的各方面工作基本走上健康发展的轨道。共产国际对中国共产党的军事工作给予了指导和帮助,随后,中国共产党在全国组建了工人纠察队,建立了工农武装。共产国际及其代表十分重视农民和土地革命问题,多次强调农民和土地革命问题的极端重要性。指出:"中国民族解放运动基本问题乃是农民问题",要求各国共产党必须把土地问题放在首位,在工人阶级和农民同盟的基础上组织独立的革命民主政权。②这是目前形势的中心问题,"不能大胆地对待土地问题,不能果断地支持农民群众一切公平合理的经济要求,这对革命是危险的"③。要求共产党成为农民运动的指导者,并提出适当的政治经济口号,推动农民运动发展。

共产国际在指导中国共产党进行中国革命中存在的失误:1.在中国革命武装问题上的失误。共产国际要求中国共产党放弃对武装力量

---

① 姚金果、苏杭、杨云若:《共产国际、联共(布)与中国大革命》,福建人民出版社2002年版,第136页。

② 《中共中央文件选集》(第2册),中共中央党校出版社1992年版,第607页。

③ 《共产国际有关中国革命的文献资料:1919—1928》第一辑,中国社会科学出版社1981年版,第279—280页。

的领导权，放弃建立一支由自己领导的革命军队，留在国民党内加紧自己的工作，促使国民党发展成为真正的人民政党，并以此实现中国无产阶级领导权。2. 在土地问题上的失误。共产国际及其代表虽然也重视土地革命，但对于如何开展土地革命，共产国际既没有制定进行土地革命的切实可行的纲领和政策，也反对中国共产党人独立自主地领导农民进行土地革命，而是幻想依靠国民党和国民政府发动农民开展土地革命。3. 在统一战线问题上的失误。共产国际及其代表们的错误思想，助长了国民党右派的反共气焰，致使蒋介石先是试探性地制造了"中山舰事件"，尔后顺利通过"整理党务案"和发动了"四一二"反革命政变。"四一二"反革命政变发生后，共产国际错误地把武汉政府看成是城市小资产阶级与无产阶级革命的联合，把汪精卫看成是代表小资产阶级的国民党左派领袖，要求中国共产党人继续留在国民党内，全力支持以汪精卫为代表的武汉国民政府，以此来实现无产阶级对中国革命的领导。在共产国际的批评和反对下，陈独秀放弃了与共产国际相左的意见，服从了共产国际。从而在统一战线中犯了右倾机会主义错误，大革命也最终以失败而告终。由此可见，大革命时期，共产国际对中国共产党路线和方针上的指导基本上是正确的，但"也有个别的原则问题的错误"[①]。

大革命失败后，中国共产党在共产国际和苏联的指导和帮助下，实现了革命政策与策略的转变。从此，中国革命进入土地革命战争

---

① 《周恩来选集》（下卷），人民出版社1984年版，第303页。

时期。共产国际帮助中国共产党纠正了陈独秀右倾机会主义错误，制定了武装反抗国民党的方针，对中国共产党领导的土地革命给予了支持和声援，使中国共产党得到了发展、壮大。但共产国际错误地认为中国革命形势正处于高潮，将直接进入为建立工人阶级和农民专政而斗争的更高阶段，错误地提出了"第三时期"理论，发出了一系列"左"的指示，致使中国共产党在政治上日益左倾，党内出现了以瞿秋白、李立三、王明为代表的三次左倾错误，给中国革命带来了严重危害。

在大革命失败已成定局的形势下，共产国际迅速实行了政策转变，提出了武装反抗国民党反动派的政策方针，并派罗明纳兹来华帮助中国共产党实行政策转变。罗明纳兹来华后，指导中国共产党成功召开了"八七会议"，纠正了党内存在的右倾错误，改变了党内思想混乱的局面。但他认为中国革命具有"不断革命"和"无间断革命"的特点，中国革命形势在不断高涨，要求各地普遍发动旨在夺取大城市的武装暴动，制定了一系列左倾冒险主义计划。受罗明纳兹思想的影响，瞿秋白也认为中国革命形势是"高涨而不是低落"，"不论是在速度上或是在性质上，都是无间断的革命"，是"由民权主义到社会主义的无间断的革命"，认为各地农民暴动的继续爆发以及城市工人中斗争的日益剧烈，显然有汇合而成总暴动的趋势。便提出了过"左"的口号，制定了以城市为中心组织全国武装总暴动的计划，最终形成左倾盲动主义，使中国革命遭受了重大损失。

共产国际虽然帮助中共中央纠正了瞿秋白左倾盲动主义错误，但却在对资本主义社会基本矛盾和阶级力量对比缺乏科学分析、对世界革命形势做出了不切实际的主观估计后，在1928年7月召开的共产国际第六次代表大会上，正式提出了目前处于战后资本主义总危机的"第三时期"理论，要求各国共产党在党内积极开展反右倾斗争，以贯彻"第三时期"理论和其他"左"的政策，并于1929年2月8日、6月7日、8月30日、10月26日致信中共中央，指出："现在中国革命中右倾的危险特别严重"，"中国进到了深刻的全国危机的时期"[①]，要求中国共产党加紧开展反右倾、反对富农和反对一切帝国主义的斗争。这四封信的内容一封比一封"左"，直接推动了李立三左倾错误思想的形成和左倾政策的推行。但共产国际对李立三提出的"中国革命有首先爆发，掀起全世界的大革命，全世界最后的阶级决战到来的可能"的观点和制定的以城市为中心组织全国武装暴动夺取政权的计划很不满意。1930年7月23日，共产国际执委会政治秘书处召开会议，通过了《关于中国问题决议案》，批评李立三对革命形势的夸张估计，认为中国暂时还没有"全中国的客观革命形势。工人运动和农民运动的浪潮还没有汇合起来"[②]。中国仍处于资产阶级民主革命阶段，目前中国工农苏维埃政府的主要任务是"在最有保障的区域建立起真正的红军"和巩固红军，并在会后派周恩来、瞿秋白回国主持召开中共六届三中全会，纠正李立三左倾冒险主义错误。但决议仍错误地认为中国革命形势在不断高涨，右倾是党内主要的危险。这也决定了共产国际纠正李立三

---

①《中共中央文件选集》第5册，中共中央党校出版社1992年版，第614页、第791页。

②《中共中央文件选集》第6册，中共中央党校出版社1992年版，第584页。

左倾错误的不彻底。

共产国际虽然制止了李立三左倾错误的推行,但并没有从根本上对此给予纠正和清算,而是站在比李立三更"左"的立场上反对李立三的错误,并为王明推行更"左"的机会主义路线铺平了道路。在共产国际的直接干预和大力支持下,王明通过中共六届四中全会掌握了中共中央领导权。王明上台后,打着"百分之百的布尔什维克"的旗帜,以"反右倾"为纲,大力鼓吹"第三时期"理论,积极推行比前两次更"左"、理论更系统、形态更完备的教条主义路线。对于共产国际的缺点和错误,周恩来概括为:"一般号召不与各国实践相结合,具体布置代替了原则的指导,变成了干涉各国党的内部事务,使各国党不能独立自主,发挥自己的积极性、创造性。"①

1934年10月,中央红军被迫撤离中央苏区,开始长征。中国革命力量在白区几乎损失100%、在苏区损失90%的惨痛教训,使党内同志对一切照搬苏联经验,百分之百执行共产国际指示的教条主义者有了新的认识。于是,1935年1月,中国共产党在没有共产国际干预的情况下召开遵义会议,集中纠正了党在军事和组织上的错误,结束了王明左倾错误在党内的统治,确立了以毛泽东为代表的正确路线在党内的领导地位,为中国革命的胜利提供了组织保障。

二、抗日战争时期共产国际与中国共产党关系分析

1937年7月7日的卢沟桥事变,标志着抗日战争全面爆发。抗日战

---

① 《周恩来选集》(下卷),人民出版社1989年版,第301页。

争时期,共产国际通过促进和推动抗日民族统一战线形成、从道义和财政等方面支持中国抗战、支持中国共产党在敌后独立自主地开展游击战争和支持毛泽东为中国共产党领袖对中国共产党进行了积极指导。1935年7月共产国际第七次代表大会的召开及一系列新政策的制定,标志着共产国际政策转变的完成。会后,共产国际执委会和中共驻共产国际代表团为恢复同中共中央的联系,切实贯彻共产国际新政策,曾多次派人与其联系。世界反法西斯统一战线形成了,并为中国抗日民族统一战线的形成起到了重要的推动作用。

随着共产国际政策的转变,在共产国际帮助下,中国共产党也逐渐改变左倾关门主义政策,大体经过"抗日反蒋""逼蒋抗日""联蒋抗日"三个阶段建立了抗日民族统一战线。为适应苏联对外政策及共产国际政策的转变,以王明为首的中共驻共产国际代表团根据共产国际有关指示或决议精神,根据共产国际第七次代表大会精神起草了《中国苏维埃政府、中国共产党中央为抗日救国告全体同胞书》(即《八一宣言》),经斯大林和季米特洛夫批准后,1935年10月1日在《救国时报》上以中国苏维埃政府和中共中央委员会的名义正式发表。《八一宣言》的发表,极大地鼓舞了全国人民的抗日斗志和爱国热情,有力地推动了全国人民的抗日大团结,为中国共产党抛弃左倾关门主义政策,建立抗日民族统一战线起到了很好的宣传作用。

根据共产国际精神,11月28日,中共中央发表了《中华苏维埃共和国中央政府中国工农红军革命军事委员会抗日救国宣言》,重申《八一宣言》中的各项政治主张,郑重宣布:"不论任何政治派别,任何武装队伍,任何社会团体,任何个人类别,只要愿意抗日反蒋者,我们不但愿意同他们订立抗日反蒋的作战协定,而且愿意更进一步同他们组织抗日联军与国防政府。"①建议各方人士，立刻互派代表，协商具体办法。并于12月17日至25日在瓦窑堡召开政治局扩大会议(瓦窑堡会议)，讨论军事战略、全国的政治形势和党的策略路线等问题。会议通过了《关于目前政治形势与党的任务的决议》，强调："党的策略路线，是在发动、团结与组织全中国全民族一切革命力量去反对当前主要的敌人：日本帝国主义与卖国贼头子蒋介石"，认为"只有最广泛的反日民族统一战线(下层的与上层的)，才能战胜日本帝国主义及其走狗蒋介石"②，正式确立了以"抗日反蒋"为基础的抗日民族统一战线政策。

1936年12月12日，震惊全国的西安事变爆发。西安事变发生后，中国共产党在未接到共产国际关于事变的来电前，就已确定了和平解决事变的方针，并派周恩来为首的代表团赴西安同国民党代表进行谈判。随后，共产国际来电也表示要和平解决事变。中国共产党接受共产国际建议，使事变最终得到和平解决，并为国共第二次合作创造了重要条件。西安事变和平解决后，共产国际给中共中央发来了一系列指示，催促中国共产党尽早转变策略，实行"联蒋抗日"方针。共产国际执委会书记处自1937年1月2日致电中共中央后，19日再次致电中共中央，强调："现在党的主要任务是争取切实停止内战，首先是争取使国民党和南京政府放弃消灭红军的政策"，"同张、杨军队的合作，应服从于这

---

①《中共中央文件选集》第9册，中共中央党校出版社1992年版，第568页。

②《中共中央文件选集》第9册，中共中央党校出版社1992年版，第588页。

一主要任务的需要"①。为促进国民党政策的彻底改变，建立抗日民族统一战线，中共代表遵循共产国际有关指示的基本精神，从1937年2月到9月，就红军改编、边区政权、各党派合法地位等问题同国民党代表举行了6次正式谈判，最终达成合作协议。9月22日，国民党中央通讯社发表了中共中央7月15日提交的旨在联蒋抗日的《中国共产党为公布国共合作宣言》。23日，蒋介石在庐山发表承认中国共产党合法地位的谈话。至此，在共产国际的帮助和中国共产党人的努力下，国共两党终于实现了第二次合作，建立了广泛的抗日民族统一战线。

抗日战争一爆发，共产国际执委主席团就发表了告国际无产阶级宣言，指出："中国人民的解放战争，是世界无产阶级和一切先进人类反对野蛮法西斯主义的压迫的总斗争之最重要的组成部分"②，号召各国工人阶级和一切真正拥护民主、和平的人士，用一切方法援助中国人民，并把西班牙的反法西斯战争和中国人民的抗日战争作为共产国际支持的重点。1937年10月3日，共产国际执委会书记处在《关于援助中国和西班牙人民的决议》中指出："各国人民反对日本侵略中国"，就是各国人民"保卫和平"的斗争，是"反对本国法西斯的自卫战争"；号召各国人民群众尽一切力量，"使日本法西斯军国主义在中国遭到失败"，把日本侵略者赶出中国去；为了更好地开展运动和协调援华活动，主张

---

① 杨云若、杨奎松：《共产国际和中国革命》，上海人民出版社1988年版，第396页。

② 向青：《共产国际与中国革命关系史稿》，北京大学出版社1988年版，第223页。

"要在欧美各国（条件允许的地方）设立专门的援华委员会"，制定各国共产党支援中国人民的行动纲领，通过各种形式，全面援助中国人民抗击日本侵略者。[1]共产国际总书记季米特洛夫也多次发表文章与声明，动员各国人民支援中国人民的抗日战争。在共产国际的号召下，各国共产党和广大人民群众开展了声势浩大的援华运动，有力地支援了中国人民的抗日战争。抗日战争时期，共产国际和苏联不仅从道义上支持中国革命，还在人力、物力、财力等方面给予了中国革命无私援助。

抗日战争爆发后，共产国际支持毛泽东为中国共产党领袖，从而为促进马克思主义中国化，争取抗战胜利提供了政治保障。共产国际对毛泽东的认识经历了一个过程。共产国际领导机关最早是通过《湖南农民运动考察报告》这篇文章注意到"毛泽东"这个名字的。《湖南农民运动考察报告》发表后，"迅速引起共产国际代表的重视，并被译成俄文送往莫斯科"，共产国际领导人看后，对此"大加赞许"，并从1927年5月开始在共产国际机关刊物《共产国际》的俄文版、英文版和中文版及《革命东方》等杂志上广为译载、介绍。共产国际总书记布哈林还在共产国际执委会扩大的第八次全会上关于中国问题的报告中，引用了毛泽东在文章中的说法，并大加赞赏。[2]共产国际在1935年7月召开的第七次代表大会上，把毛泽东的名字排在了共产国际总书记季米特洛夫、共产国际名誉主席台

---

[1] 中共中央党史研究室第一研究部编：《共产国际、联共（布）与中国革命文献资料选辑：1931—1937》，中共党史出版社2007年版，第506—507页。

[2] 杨奎松：《毛泽东与莫斯科的恩恩怨怨》，江西人民出版社2002年版，第13页。

尔曼的后面，成为与这两位当时国际共产主义运动中最杰出的领导人并列的唯一一位中国共产党领导人，还在毛泽东未参加的情况下，选举毛泽东为共产国际执委会委员，充分表现了对毛泽东的重视。

1937年11月，王明从莫斯科回国。季米特洛夫曾当着中共代表团其他成员的面，特别提醒王明说："你回中国去要与中国同志把关系弄好，你与中国同志不熟悉，就是他们要推你担任总书记，你也不要担任。"当年担任俄文翻译的师哲后来回忆说，季米特洛夫讲过，他曾提醒王明："你回去并不代表国际，而且你长期离开中国，脱离中国革命实际，所以回去以后要以谦逊的态度，尊重党的领导同志，中国党的领袖是毛泽东，不是你，你不要自封领袖。"[①]王明回国后，以钦差大臣自居，打着共产国际的旗号，反对中国共产党在统一战线中坚持独立自主原则；强调"一切经过统一战线""一切服从统一战线"；要求中国共产党处处对国民党妥协退让，系统提出了一系列右倾投降主义的主张。以毛泽东为代表的中国共产党人对王明进行了抵制，并派任弼时前往莫斯科向共产国际汇报中国抗战的真实情况和中国共产党政策，争取共产国际领导人对中国革命实际情况的了解和对中国共产党已形成的抗战路线、战略方针的理解与支持。

1938年7月，王稼祥回国前夕，季米特洛夫特地召见他，就中共领导核心的团结以及中共领袖人选问题谈了几点意见。他强调指出："中国共产党的领导人毛泽东同志是久经考验的马克思主义者，中国目前仍

---

① 师哲：《在历史的巨人身边》，中央文献出版社1991年版，第142页。

然应该坚持与国民党又合作又斗争的原则,警惕重复第一次国共合作的悲剧。"还说:"你们应该告诉中国共产党全体党员,在中国革命实践斗争中,应该承认毛泽东同志是中国共产党的领袖。请告诉王明等人,不要再争吵了。"他要求中共中央"要在毛泽东的领导下解决""党内团结问题"。①1938年7月6日,苏联《真理报》破天荒地刊登了毛泽东和朱德的照片,发出了肯定毛泽东领导地位的讯号。

抗日战争时期,"在抗日问题上,苏联把国民党当做中国可依靠的主要力量,但苏联并未忘记中国共产党"②。共产国际由于考虑问题的出发点不同等原因,还与中国共产党在抗日民族统一战线、皖南事变、苏德战争和延安整风运动上存在着意见分歧。1939年冬,周恩来在莫斯科疗伤。12月29日,他向共产国际执委会提交了长达116页的《中国问题备忘录》,就中国抗日战争的形势、抗日民族统一战线、国共合作、党的工作与八路军、新四军的工作及中共七大的准备工作等作了详细报告。次年1月,周恩来又在共产国际执委会全体会议上作了口头报告,一些人听后担心中国共产党以乡村为中心,离开工人阶级太远。周恩来解释说:"我们在农村经过长期斗争锻炼,有毛泽东同志领导,完全可以无产阶级化。"③中国共产党把国际主义与民族主义相结合,在充分

---

① 王稼祥:《国际指示报告》(1938年9月),载《文献和研究》1986年第4期。
② [俄]A.M.列多夫斯基著,陈春华、刘存宽等译:《斯大林与中国》,新华出版社2001年版,第260页。
③《周恩来选集》(上卷),人民出版社1980年版,第178—179页。

尊重共产国际领导地位的同时，从求同存异的愿望出发，加强了与共产国际的沟通。从而消除了误会，促进了双方的相互了解。

斯大林对中共存有偏见，他不承认中国共产党是真正的共产党。1927年7月9日，他在致莫洛托夫和布哈林的信中说："我们在中国没有真正的共产党，或者可以说，没有实实在在的共产党。"①1940年秋，斯大林对即将赴华担任蒋介石总军事顾问的崔可夫说，中国是一个农民国家，中国工人阶级在数量上，甚至在组织性方面，都大大不如农民阶级。中国共产党对成长中的工人阶级估计不足，而这不能不给中国共产党的意识形态、口号及其对革命政治任务的理解方面打下烙印。中国共产党中的民族主义倾向相当严重。②1944年6月10日，斯大林同美国驻苏大使哈里曼谈话时说："中国共产党并非真正的共产党，他们是冒牌的共产党，就像人造黄油与真正的黄油那样。"③1945年7月，斯大林与宋子文会谈时表示，中国共产党是"非共产主义者"④。上述情况表明，斯大林由于拘泥于党的工人阶级成分而对中共的性质得出错误的结论。在上述偏见下，斯大林"怀疑我们不是真正的马克思主

---

① 《共产国际、联共（布）与中国革命档案资料丛书》第4卷，北京图书馆出版社1998年版，第406页。

② ［苏］瓦·伊·崔可夫：《在华使命：一个军事顾问的笔记》，新华出版社1980年版，第34页。

③ ［美］赫伯特·菲斯：《中国的纠葛》，北京大学出版社1989年版，第159页。

④ 《徐永昌日记》第8册，（台北）"中央研究院"近代史研究所1992年手稿影印本，第136页。

义者"①，斯大林和共产国际对中国共产党不满，甚至认为毛泽东是狭隘的爱国主义者和民族主义者，而不是坚持无产阶级国际主义的真正共产党人。

随着中国抗日战争形势的复杂化和中国共产党在政治上的日益成熟，共产国际越来越无法解决中国共产党所面临的具体问题。于是，以毛泽东为代表的中国共产党人试图摆脱共产国际束缚，从中国国情出发，独立自主地处理本国事务；试图破除党内存在的教条主义和经验主义的工作作风，把马克思主义基本原理同中国革命的具体实际相结合，实现马克思主义中国化。这时候，共产国际与中国共产党就某些问题难免会出现意见分歧。以后，由于苏德战争和共产国际解散问题已提上日程，共产国际和中国共产党联系就越来越少了，关系也日趋冷淡。

三、对抗日战争时期共产国际与中国共产党关系的思考

在抗日战争时期，随着中国革命形势的日渐复杂、中国共产党及其领导干部的成长和政治上的日益成熟，共产国际与中国共产党关系发生了实质性变化。中国共产党逐渐摆脱共产国际的控制，从中国实际出发，独立自主地探索适合中国国情的革命道路，并提出了"马克思主义中国化"的科学命题。共产国际也逐渐解除了对各国共产党的思想禁锢和组织控制，不再干涉中国共产党的内部事务，有利于马克思主义中国化的开展。所以，要完全理清抗日战争时期共产国际与中国共产党关系并不是件容易的事。

---

① 《周恩来选集》（下卷），人民出版社1984年版，第302页。

中国的革命和建设必须坚持独立自主原则。共产国际在成立之时就确立了高度集中的领导体制，要求各国共产党服从其领导、无条件地执行其指示，甚至某些严重脱离实际的错误指示。抗日战争时期，共产国际忽视中国革命的具体实际，仅从苏联的现实需要出发，反对中国共产党在统一战线中坚持独立自主原则，要求中国共产党对国民党妥协、退让，以换取统一战线的巩固和国共两党的合作抗日，以致助长了国民党蒋介石的反共气焰，掀起了第三次反共高潮和皖南事变惨案的发生，使中国革命遭受了重大损失。以毛泽东为代表的中国共产党人在尊重共产国际意见的同时，从中国革命的实际出发，对王明的错误言行进行了抵制，提出和确立了抗日民族统一战线中的独立自主原则，并把其付诸实践，成功打退了国民党顽固派掀起的反共高潮，坚持、巩固和扩大了抗日民族统一战线，促进了抗日战争的顺利开展。对此，毛泽东明确指出："'统一战线中的独立自主'这个原则的说明、实践和坚持，是把抗日民族革命战争引向胜利之途的中心一环。"①

抗日战争时期，中国共产党坚持独立自主原则，正确处理了与共产国际和苏联之间的关系。中国共产党既尊重共产国际、拥护共产国际的领导，又不迷信共产国际、唯共产国际是从，而是从中国实际出发，对共产国际的指示和意见采取了正确的执行、错误的抵制的态度。当共产国际对中国共产党有误解或双方出现意见分歧时，中国共产党主动加强了与共产国际的沟通，在求同存异的基础上尽可能与其取得一致意见。如：

---

① 《毛泽东选集》第 2 卷，人民出版社 1991 版，第 394 页。

当共产国际要求中国共产党在统一战线中效仿法国共产党的做法,"一切经过统一战线""一切服从统一战线",党内出现右倾错误时,中共中央派任弼时到莫斯科向共产国际说明中国抗战的实际情况,加强与其沟通和寻求共产国际的理解与支持;当共产国际对延安整风运动心存误解时,毛泽东致信共产国际总书记季米特洛夫详细说明情况等。这不仅表达了中国共产党对共产国际的尊重,还加强了双方的相互了解,有利于中国共产党正确处理国共两党关系,巩固抗日民族统一战线。这一时期,苏联对中国抗战在人力、物力、财力等方面给予了无私援助,中国共产党也发扬国际共产主义精神,在苏联遭到德国法西斯猖狂进攻时,不顾其面临的实际困难,通过坚持抗战和派兵牵制日军,有力地配合了苏联作战,体现了两国人民之间的友好与互助。

中华人民共和国成立后,在社会主义建设中,中国共产党继续坚持独立自主原则,从中国实际出发,独立自主地建设有中国特色的社会主义政治、经济和文化,并通过坚持独立自主的和平外交政策,维护了国家的主权独立和领土完整,独立自主地发展了同其他国家的和平外交关系,提高了中国在国际上的地位。对此,邓小平在中国共产党第十二次全国代表大会开幕词中强调指出:"中国的事情要按照中国的情况来办,要依靠中国人自己的力量来办。独立自主,自力更生,无论过去、现在和将来,都是我们的立足点。"[①]对于如何正确处理政党与政党之间的关系,邓小平指出:"我想有一点最重要,就是任何大党、中党、小党,

---

[①]《邓小平文选》第3卷,人民出版社1983版,第3页。

都要相互尊重对方的选择和经验,对别的党、别的国家的事情不应该随便指手画脚。"①"一定要尊重各国的党、各国的人民,由他们自己去寻找道路,去探索,去解决问题,不能由别的党充当老子党,去发号施令。""我们反对人家对我们发号施令,我们也决不能对人家发号施令。这应该成为一条重要的原则"②。概括起来,就是确立了独立自主、完全平等、互相尊重、互不干涉内部事务的四项原则,这四项原则已成为中国共产党发展同其他各国政党关系的依据。

结论

抗日战争时期共产国际与中国共产党关系的研究是共产国际与中国革命关系史研究中的重点和难点。抗日战争时期是一段比较特殊的历史时期。中国共产党既要抗击日本帝国主义的侵略,又要恰当处理与国民党、共产国际和苏联的关系,以促进中国抗日战争的顺利开展;中国共产党既对共产国际心存感激,又试图摆脱共产国际的控制,独立自主地探索中国革命道路和推动马克思主义中国化。

对于共产国际与中国革命、中国共产党的关系,毛泽东总体评价为:两头好,中间差。周恩来进一步解释为:"两头好,也有一些问题;中间差,也不是一无是处。"③照毛泽东的话说,就是:"列宁在世的时候好,后来季米特洛夫负责的时候也比较好。"④而季米特洛夫是在1935—1943

---

① 《邓小平文选》第3卷,人民出版社1983年版,第236页。
② 《邓小平文选》第3卷,人民出版社1983年版,第319页。
③ 《周恩来选集》(下卷),人民出版社1984年版,第300页。
④ 杨奎松:《毛泽东与莫斯科的恩恩怨怨》,江西人民出版社2002年版,第55页。

年担任共产国际总书记的。可见,抗日战争时期是共产国际与中国共产党关系比较"好"的时期,但两者之间"也有一些问题"。这一时期,共产国际与中国共产党关系的特点大致可以归纳为:共产国际既对中国共产党进行了积极指导和无私帮助,又与中国共产党存在着意见分歧;共产国际既宣称一般地不干涉各国共产党内部组织上的事务,又干涉中国的内部事务,甚至在组织上还有些干涉;共产国际既为中国共产党提出和实现马克思主义中国化提供了重要的外部条件,又对马克思主义中国化抱有偏见。

实践证明,中国共产党领导中国革命和建设的历史,就是不断推进马克思主义中国化的历史。以毛泽东为代表的中国共产党人从中国革命的具体实际出发,通过总结正确处理共产国际与中国共产党关系的历史经验,对马克思主义中国化的科学内涵、实现途径和基本原则作了深刻论证,纠正了党内外部分同志的错误认识,实现了马克思主义与中国实际相结合的第一次历史性飞跃,为中国革命和建设指明了方向。毛泽东指出:"马克思列宁主义的普遍真理一经和中国革命的具体实际相结合,就使中国革命的面目为之一新。"①

对抗日战争时期共产国际与中国共产党关系进行研究,有助于我们更客观、公正地认识这一时期的中苏关系。借助原有的和新解密的档案文献资料,我们对抗日战争时期共产国际与中国共产党关系进行细致梳理和研究,不仅有助于我们理清这一时期两者之间错综复杂的关系,而

---

① 《毛泽东选集》第3卷,人民出版社1991年版,第796页。

且对我们科学总结历史经验教训、深刻理解和把握中国共产党人在复杂的环境中坚持推进马克思主义中国化事业具有重要的意义。加强抗日战争时期共产国际与中国共产党关系的研究，有利于我们总结和借鉴中国共产党独立自主探索革命道路，更好地把马克思主义基本原理同我国改革开放和现代化建设的具体实际相结合，推进当代中国的"马克思主义中国化"，正确处理各种复杂的国际关系，加快有中国特色的社会主义现代化建设步伐。

作者简介：

石　雷　中共中央党史研究室研究员

抗战时期马克思主义中国化叙事与中共主流意识的构建

张富文

抗战时期，马克思主义中国化话语叙事的形成与中共主流意识形态的构建二者具有内在一致性。马克思主义中国化话语叙事的形成并成为中国共产党全党共识的过程实际上就是中共形成自主内发性主流意识形态的过程。这一问题的研究对加深马克思主义中国化的研究以及社会意识变动中主流意识形态的建设具有重要的理论意义和现实价值，而学术界对这一问题的研究并不深入，笔者就这一问题谈一些浅薄之见，以抛砖引玉，并就教于学界同仁。

一、马克思主义中国化叙事的提出与共产国际政策的转变

马克思主义中国化话语叙事的形成对中国共产党具有重要的意义，虽然从马克思主义传入中国开始，早期中国共产党人就自觉不自觉、有意无意地进行着马克思主义中国化的工作，但当时中国共产党处于幼年时期，再加上历史条件所限、理论准备不足以及共产国际政策的限制，一度出现照抄照搬马克思主义本本和苏联革命经验的情况。毛泽东在1930年5月的《反对本本主义》中，就初步认识到马克思主义本本与中国国情结合的重要性，这一正确的认识并没有受到当时中共中央的重视，经过革命实践的艰苦探索,中共中央领导集体逐步认识到马克思主义与中国革命实际结合的重要性。形成正确的认识,与成为党内的主流话语以及被广大党员接受直至成为全党的共识还有很大的差距,要抹平这一差距,需要历史契机。这一历史契机就是共产国际政策的转变。共产国际七大明确提出独立自主的政策及其随后领导方式的转变为马克思主义中国化命题的提出提供了非常重要的外部条件,这一外部条件在一定意义上具有决定意义。

马克思指出:"理论在一个国家实现的程度,总是取决于理论满足这个国家的需要的程度。"[①]列宁结合苏俄具体国情,明确提出:"马克思主义的活的灵魂:对具体情况作具体分析"[②],"具体的政治任务要在具体的环境中提出。一切都是相对的,一切都是流变的,一切都是变化的"[③]。但是,长期以来,中国共产党作为共产国际的一个支部,按照共产国际的相关规定,不仅要不折不扣地执行共产国际的一切指示,而且还要接受共产国际的监督和审查。因此,就不难理解为什么中国共产党党内容易出现教条主义,为什么会出现把苏联经验神圣化,把共产国际的指示绝对化,因而,新民主主义革命时期中国共产党犯的很多错误都有共产国际因素。

中国革命要想成功,必须要靠中国同志了解中国情况才能取得胜

---

① 《马克思恩格斯文集》第1卷,人民出版社2009年版,第12页。
② 《列宁全集》第39卷,人民出版社1986年版,第128页。
③ 《列宁专题文集:论辩证唯物主义和历史唯物主义》,人民出版社2009年版,第338页。

利,要坚持马克思主义基本立场、基本观点、基本方法,产生与中国革命具体实际相符合的具体化的马克思主义。鉴于共产国际与中国共产党的上下级关系,要做到这一点,共产国际的态度与政策至关重要。1935年出现了转机,共产国际七大明确提出各支部国"独立自主"的问题,提出共产国际帮助各国共产党正确利用本国经验以及世界共产主义运动经验,但不要机械地把一国经验搬到别国去,不要用呆板格式和笼统公式去代替具体的马克思主义的分析。①共产国际的上述精神很快传达到中国共产党,这为马克思主义中国化命题的提出提供了"法理"基础。中央领导集体也逐渐认识到:复杂性与多变的中国革命情况要求实现马克思主义本国化。因此,马克思主义必须与中国革命实际相结合,逐渐成为中共领导集体的共识。毛泽东批评了"圣经上载了的才是对的"教条主义错误倾向②,要求以"列宁和斯大林对这个经验的理论综合作为指南的,但这并不是说,我们应该在我们的条件下机械地运用这个经验"③。当时,作为党内负总责的张闻天也多次提出了马克思主义本国化、民族化的思想。他指出:"某一种经验,在某些具体条件下是正确的,但在另外一种条件下就会变成不正确。那种机械的模仿与抄袭,不但对于当前的具体工作无益,而且是极端有害

---

① 《共产国际有关中国革命的文献资料》第3辑,中国社会科学出版社1990年版,第313页。
② 《毛泽东选集》第1卷,人民出版社1991年版,第154页。
③ 中共中央文献研究室、中央档案馆:《建党以来重要文献选编》(1921—1949)第13册,中央文献出版社2011年版,第470页。

的。"[①]党内其他领导同志也提出相关思想。

马克思主义中国化命题的提出，是一个循序渐进的过程，是在外因与内因交互作用下，瓜熟蒂落、水到渠成的必然结果。马克思主义中国化命题被明确提出之前，作为中国共产党的领导者——共产国际工作方式和相关政策的转变至关重要。正是在此基础上，中国共产党自身的自主性更大，能够更加独立地解决自身问题。在共产国际"独立自主"政策以及马克思主义本国化思想的指导之下，以毛泽东为代表的中国共产党人根据中国实际探索出的中国革命道路及经验也具有了合法性。革命的运动有利于产生革命的理论，反过来在实践斗争中形成的理论也更能推动革命实践的发展。因此，基于中国革命斗争实践的实践经验与历史经验，需要上升为理论的高度，而当时中共中央集体对马克思主义具体化的广泛认同，中共中央集体自主化社会主义革命理论的价值自觉，为呼之欲出的马克思主义中国化奠定了思想基础。马克思主义中国化思想的酝酿、发酵、奠基，为中国共产党形成中国化的指导思想创造了条件，为主流意识的构建提供了丰富的思想资源。

二、马克思主义中国化叙事的形成与对中国化马克思主义的认知

思想与实践、理论与实践总会有距离。共产国际七大虽然明确提出独立自主的方针政策，但是在执行的过程中并不是那么完全、彻底。1937年11月，王明被共产国际和斯大林派回中国国内，以达到完整执行所谓的统一战线政策，王明不顾中国抗战的实际以及国共两党的实际情况，把共产国际与斯大林的指示奉为金科玉律，犯了严重的教条主义错误，在国共抗

---

① 《张闻天文集》第2卷，中共党史出版社1993年版，第189页。

战中明确提出"一切经过统一战线"、"一切服从统一战线",完全放弃以毛泽东为代表的中央领导集体的正确的"独立自主"方针,再加上王明"钦差大臣"的身份,党内指导思想出现混乱,毛泽东的正确主张甚至遭到部分人的抵制。中国的革命将要走向何方?中国的抗战将要走向何处?很多党员干部陷入迷茫。僵局的打破,正确方向的重新确定是1938年党的六届六中全会开始的。毛泽东在六届六中全会上的政治报告《论新阶段》中明确提出了"马克思主义中国化",马克思主义中国化话语叙事的形成以及中共中央领导集体的大力支持,中国化马克思主义的主流意识逐步确立,最起码在中央层面基本形成共识。

马克思主义中国化话语叙事的形成以及中共六届六中全会的召开与任弼时代表中共中央向共产国际汇报工作以及王稼祥回国传达共产国际支持以毛泽东为代表的中共中央领导集体密不可分。任弼时对国共重新合作的特点、障碍和八路军在抗战中的地位和作用等情况向共产国际作了详尽的汇报,使共产国际与斯大林了解了中国国内抗战的真实情况。共产国际通过决议,确认中国共产党的政治路线是正确的,赞同中共加紧巩固和扩大八路军、新四军,大力开展敌后游击运动,坚持统一战线以及党在政治上、组织上的独立性的正确策略。在王稼祥回国前夕,季米特洛夫接见了王稼祥和任弼时。他表示,在中共中央内部应支持毛泽东的领导地位,王明缺乏实际工作经验,不应争当领袖。[①]回到中国国内,

---

① 王稼祥:《回忆毛泽东同志与王明机会主义路线的斗争》,《人民日报》1979年12月27日第2版。

王稼祥传达了共产国际肯定抗日民族统一战线以来中共中央取得的巨大成绩,要求在中共中央领导机关中,要以毛泽东为首解决统一领导问题。[①]这就为中国共产党六届六中全会的召开与马克思主义中国化话语叙事的形成提供了良好的政治条件和政治氛围。

毛泽东在《论新阶段》的政治报告中首次明确提出了马克思主义中国化的命题。在报告中,毛泽东指出:"马克思主义的中国化,使它在每一表现中带着中国的特性,即是说,按照中国的特点去应用它,成为全党必须解决的问题。"[②]张闻天在《关于抗日民族统一战线与党的组织问题》中强调了组织工作和宣传工作要"中国化"问题,对马克思主义中国化话语叙事给予回应与支持。陈云表态:对"泽东、洛甫的报告都同意"[③]。王明也表示赞同:"马列主义理论中国化问题——马列主义理论民族化,即是将马列主义具体应用于中国,是完全对的。"[④]张浩(即林育英)在讲到职工运动时,也强调"工作方法方式的民族化、中国化、通俗化"[⑤]。此后,中共中央领导人刘少奇、朱德、陈毅、任弼时、周恩来、邓小平都依次表达了对马克思主义中国化命题的认同。因此,马克思主义中国化话语叙事在党的六届六中全会已经形成,并且在党内高层达成共识。中共中央领导集体马克思主义中国化价值自觉的形成,使中共领导集

---

① 王稼祥:《国际指示报告》(1938年9月),《文献与研究》1986年第4期。
② 中央档案馆编:《中共中央文件选集》第11册,中共中央党校出版社1991年版,第658页。
③《陈云传》(上),中央文献出版社2005年版,第254页。
④《王明言论选辑》,人民出版社1982年版,第637页。
⑤ 中央档案馆编:《中共中央文件选集》第11册,中共中央党校出版社1991年版,第737页。

体认识到中国化马克思主义对于指导中国革命的重要性,这有利于摆脱教条主义,为确立中国化的指导思想提供了话语体系。在此以前,中国共产党对立足中国国情,形成自己的主流价值体系缺乏统一认识,党的六届六中全会以后,中国共产党在马克思主义的指导下,形成自己主流意识的自觉性得到强化。

三、马克思主义中国化叙事的传播与对中国化马克思主义的认同

马克思主义中国化的话语叙事形成了,虽然在中共中央高层达成共识,但理论提出与群众掌握理论还有很遥远的距离,其中最关键的是能否被群众接受。当时马克思主义中国化话语叙事的传播也面临同样的问题。党的六届六中全会之后,中共领导集体以及一些党内理论家为马克思主义中国化话语体系的传播做出了重要贡献,经过延安整风这场马克思主义教育运动,使全体党员对马克思主义中国化达成了共识。

党的六届六中全会之后,党内对待马克思主义中国化重现了两种趋向:一种是认同、支持并且宣传马克思主义中国化并以此来指导实际工作的趋向;另一种是口头承认马克思主义中国化,但实际不以为然,在实际工作中存在严重教条主义的倾向。第一种倾向是主流,代表着马克思主义中国化叙事的传播,对中国化马克思主义的认同成主流趋势。中共中央领导人和党的理论工作者彭真、张闻天、艾思奇、杨松、张如心、邓拓等都依次不同程度地表达了对"马克思主义中国化"的赞同,并且积极地进行阐述、传播。1940年,张闻天提出:"使马列主义中国化,创造中国的马列主义作品。"① 1940年7月,杨松在一篇文章中也提出

---

① 《张闻天文集》第3卷,中共党史出版社1994年版,第57页。

"把马列主义中国化了和中国化着"①。1941年1月,艾思奇指出,马克思主义中国化要"化"出结果即中国化的马克思主义,中国"已经产生了一些发展马克思主义的理论","有了自己的马克思主义"②。1941年3月,张如心提出毛泽东的讲演与著作是"马列主义中国化最好的体现"③。第二种教条主义的倾向虽然不占主流,但危害很大。党的六届六中全会提出马克思主义中国化的命题之后,在党内进行了宣传教育,并且通过干部教育的方式,让广大党员干部切实掌握马克思主义中国化的内涵与实质,希望他们能够灵活地运用马克思主义解决中国实际问题,但成效不大,教条主义不仅存在,而且很有市场,危害很大,这严重威胁中共主流意识的确立,很多人言必称希腊,一谈到理论仅服膺马、恩、列、斯,而不认可中国在长期革命斗争中形成的中国化的马克思主义,认为除马、恩、列、斯的理论之外,中国没有马克思主义。教条主义者对中国革命的认知还停留在马、恩、列、斯的著作与苏联的间接经验层面,特别是"皖南事变"的发生,更加刺激了毛泽东,他认为从党内来说,皖南事变是教条主义造成的。鉴于教条主义的危害极大,因此,以毛泽东为代表的中央领导集体决定以整风的形式来彻底解决这一问题。延安整风是一场马克思主义教育运动,从马克思主义中国化的话语叙事形成视角来看,它解放了广大党员的思想,使他们从教条主义

---

① 杨松:《关于马列主义中国化的问题》,载《中国文化》第1卷第5期,1940年7月。
② 《艾思奇文集》第1卷,人民出版社1981年版,第485页。
③ 张如心:《论布尔什维克的教育家》,载《共产党人》1941年第16期。

的禁锢中解放出来,端正了党内的党风、学风和文风,对教条主义、主观主义、宗派主义进行了深刻批判,使理论联系实际的基本原则得到确立,这从根本上为马克思主义中国化,为中共主流意识的确立与指导思想的中国化创造了各种条件。正是在此意义上,有学者指出,延安整风进一步落实了党的六届六中全会提出的马克思主义中国化的战略任务。①

广大党员经过延安整风,深刻认识到马克思主义中国化的必要性,认识到以毛泽东为代表的中国共产党人的正确探索经验,中国化的指导思想呼之即出。在延安整风运动中及其以后,中国化的马克思主义——毛泽东思想逐步得到认可。1942年7月1日,邓拓撰写的长篇社论《全党学习和掌握毛泽东主义》,首次使用"毛泽东主义"这一特定概念(后来,这一提法没有得到毛泽东认可,认为不宜提毛泽东主义)。尽管如此,它也推动了马克思主义中国化话语叙事的传播,使广大党员对毛泽东思想增进了解。1943年6月5日,邓小平在北方局太行分局和一二九师直属机关干部大会上的讲话中指出:"中国共产党很久以来特别在遵义会议以后,以毛泽东为首的中央是独立解决与处理本国问题的,而且是非常正确的。党的历史发展再三地教导我们,凡是以教条主义方式对待马列主义就会使革命遭受损失。我们永远是马列主义者,但更重要的是,我们运用马列主义的原则使之切合于中国实际。"②1943年7月6日,

---

① 李东朗:《延安整风与马克思主义中国化》,《理论学刊》2007年第12期,第19页。

② 中央文献研究室:《邓小平传(1904—1974)》(上),中央文献出版社2014年版,第523页。

刘少奇在《清算党内的孟什维主义思想》中,使用了"毛泽东同志的思想"与"毛泽东同志的思想体系"两个概念。①1943年7月8日,王稼祥在《中国共产党与中国民族解放的道路》一文中首次使用了"毛泽东思想"这一提法,提出毛泽东思想"是创造的马克思列宁主义,它是马克思列宁主义在中国的发展"②。经过延安整风,马克思主义中国化的话语叙事在传播过程中,克服了把马克思主义教条化的错误倾向,使广大党员从骨子里认识到教条主义的错误,随着全党马克思主义理论水准的提高,思想意识的解放,中国共产党内生源发的主流意识形态——毛泽东思想受到大家由衷地拥护和赞同。

四、马克思主义中国化叙事的共识与中国化指导思想地位的确立

马克思主义中国化话语叙事的传播,马克思主义与中国革命具体实际相结合的基本原则在广大党员干部头脑中开始确立,随着延安整风的推进,党的领导集体与广大理论工作者的大力宣扬与阐释,马克思列宁主义与中国革命实际相结合的毛泽东思想逐渐作为指导思想被广大党员干部接受,特别是中共七大把毛泽东思想作为指导思想写入党章,更加从合法性上确立了毛泽东思想的指导地位,从此,中国共产党完全实现并开始了指导思想的中国化,中共自主内生性的主流意识形态完全确立。

马克思主义中国化命题提出以后,随着思想认识的深化,党的许多领导同志和理论工作者从不同的角度对毛泽东思想进行阐述。1942年1

---

①《刘少奇选集》上卷,人民出版社1981年版,第300页。
② 施昌旺:《王稼祥传》,安徽人民出版社2003年版,第312页。

月,朱德在《纪念党的二十一周年》一文中指出:"我们党已经有了自己最英明的领袖毛泽东同志。他真正精通马列主义的理论,并且善于把这种理论用来指导中国革命步步走向胜利。"①陈毅也提出毛泽东同志创立了正确的思想体系②。1943年7月1日,中共中央总学委发出通知,要求全体干部和党员"学习毛泽东同志的思想……团结在以毛泽东同志为首的党中央周围"③。1943年8月2日,周恩来在《在延安欢迎会上的演说词》中指出:"毛泽东同志的意见,是贯串着整个党的历史时期,发展成为一条马列主义中国化,也就是中国共产主义的路线!"④1944年1月10日,中央对晋察冀分局干部扩大会议的指示中提出,建设正确的思想——毛泽东同志的思想,以达到统一党的思想。邓小平在1945年3月六届七中全会闭幕前夕提出:每个党员要"更加学习马列主义与毛泽东思想"。他第一次将马列主义与毛泽东思想并提。与此同时,马克思主义中国化叙事在各解放区也得到广泛传播,中共主流意识形态——毛泽东思想得到广泛认同。1943年8月,晋察冀边区在《一年来宣传工作的检查和目前党的中心任务》中指出,我们不但要有一般马列主义理

---

① 中共中央文献研究室:《文献和研究》(1982年汇编本),人民出版社1983年版,第146页。

② 温乐群、黄伟:《巨人对巨人的评说》,辽宁人民出版社1997年版,第117页。

③ 中共中央文献研究室:《文献和研究》(1982年汇编本),人民出版社1983年版,第148页。

④ 中共中央文献研究室、中央档案馆:《建党以来重要文献选编》(1921—1949)第20册,中央文献出版社2011年版,第512页。

论做依据,而且要有中国的共产主义——毛泽东思想做我们思想建设的指南。11月15日,冀鲁豫边区机关报《战友报》发表的专论《加紧宣传毛泽东思想》强调,各级党的机关、全体党员,要清算自己的非毛泽东思想。同月,冀鲁豫中央分局宣传部在《五大文献的讨论大纲》中,将毛泽东思想正式载入边区党的文件中,并对其内容及形式作了阐述。1944年1月至10月,晋察冀分局聂荣臻等领导同志的报告以及相关文件,特别是由该局出版的《毛泽东选集》中《编者的话》十分明确地提出,毛泽东同志的思想要在党内外广泛持久地宣传。中共六届七中全会通过的《关于若干历史问题的决议》中指出:"我党经过了自己的各种成功和挫折,终于在毛泽东同志领导下,在思想上、政治上、组织上、军事上,第一次达到了现在这样高度的巩固和统一。"[①]这是中共中央第一次做出的关于毛泽东思想历史地位与指导作用评价、定位的决议,为中共七大把毛泽东思想正式确定为党的指导思想,做了思想上、理论上的准备。这样马克思主义中国化不仅在中共中央层面,而且在各个解放区都得到广泛的认可,毛泽东思想的指导地位也逐步成为共识,中国化的指导思想在党内逐步确立,中共主流意识形态也基本确立。刘少奇在中共七大上作的《关于修改党章的报告》中,明确使用了"毛泽东思想"这一科学概念。[②]毛泽东思想不仅被全党接受,而且作为党的指导思想写入了

---

① 中共中央文献研究室、中央档案馆编:《建党以来重要文献选编》(1921—1949)第22册,中央文献出版社2011年版,第88页。

② 《刘少奇选集》(上卷),人民出版社1981年版,第332—333页。

党章。这标志着马克思主义中国化的话语叙事已经完全成为全党的话语体系，中国化的马克思主义——毛泽东思想成为中国共产党的主流意识形态。

综上所述，抗日战争时期，特别是中共六届六中全会以来，毛泽东明确提出马克思主义中国化这一全新的话语叙事，在实事求是思想路线的指导之下，经过延安整风，有力地抵制了自建党以来党内存在的教条主义，使全党对马克思主义中国化这一全新的话语体系由认知到认同最终内化为每个党员的知识体系，进而转化为他们的话语体系，从而在取得广泛共识的基础上，构建并确立了中共自主意识下的主流意识形态。从此，中国共产党开始了本土指导思想的历史生成，并用中国化的马克思主义来加强主流意识形态建设，党的价值观自信也完全树立。历史辉映未来，这对于当下在剧烈社会意识变动中加强主流意识形态建设，强化价值观自信，并增强核心价值观的凝聚力、向心力具有重要的经验借鉴意义。

作者简介：

张富文（1981—）　男，汉族，河南商丘人，河南理工大学马克思主义学院副院长，副教授，博士，硕士生导师，主要从事马克思主义中国化、中共党史等方面的研究

毛泽东《论持久战》著作的翻译和传播

宋毅军

1937年7月中国抗日战争全面爆发以后,毛泽东于1938年发表著名军事著作《论持久战》,这对指导中国人民在东方主战场取得抗日战争的彻底胜利,发挥了重大作用。《论持久战》这部著作发表以来,已经被翻译成多国文字,成为世界军事论著中的经典之作。据说,在当时的英国首相丘吉尔、美国总统罗斯福的案头上,都放着《论持久战》英文本。那么,最初的英译本是如何翻译,又是怎样出版和发行的?

1938年5月至6月,毛泽东在延安抗日战争研究会上作了《论持久战》的著名讲演。陈云听后,感到这篇讲演对全党、对全国抗战都有重要的指导意义。便建议毛泽东是不是在更大的范围内给干部们讲一讲。毛泽东接受了建议。但是,时间、听众都很有限。于是他决定把讲稿整理出来,先在党内印发。后来又决定印成书公开发行,这样,不仅能够在抗日根据地,而且还可以在国民党统治区发行。程思远曾回忆说:"《论持久战》刚发表,周恩来就把它的基本精神向白崇禧作了介绍。白崇禧深为赞赏。认为这是克敌制胜的最高战略方针。后来白崇禧又把它向蒋介石转述,蒋也十分赞成。在蒋介石的支持下,白崇禧把《论持久战》的精神归纳成两句话：'积小胜为大胜，以空间换时间'。并取得了周公的同意，由军事委员会通令全国，作为抗日战争中的战略指导思想。"

与此同时，为了让世界上更多的国家和人民了解中国革命的重要性、艰巨性、长期性，中国共产党决定将该著作尽快翻译成英文传播到国外去。把翻译《论持久战》工作任务交给女地下党党员杨刚。杨刚1905年1月30日出生在江西萍乡，1927年免试入北平燕京大学英文系读书。1928年秘密加入中国共产党，为北平学生运动的领袖之一，不久被捕入狱。出狱后，继续在党的领导下从事革命文化工作，是北方"左联"发起人和组织者之一。在上海从事革命活动并参加"左联"工作，与鲁迅、茅盾等文学巨匠关系甚密。其间，她结识了史沫特莱和斯诺，还应斯诺的要求用英文写了一部革命题材的小说《肉刑》，发表于1935年的《国闻周报》。她还和萧乾一起协助斯诺编译中国现代短篇小说选《活的中国》，这是中国新文学被介绍到国外较早的一个译本。1935年，她翻译的英国女作家简·奥斯汀的长篇小说《傲慢与偏见》，由上海商务印书馆出版，这是该书在中国的第一个中译本，以后的多种版本均以此为蓝本。抗战爆发后，根据党的要求，她频繁地转战于武汉、南京、上海、香港、桂林、重庆等地，忘我地投入到党的抗日救亡宣传工作和党的统一战线工作之中。1944年，她又以特别记者身份赴美，担负起中共留美党员工作组的领导重任。

杨刚接受《论持久战》的翻译任务时，只有三十多岁，当时的公开身份是《大公报》驻美记者。美国女作家项美丽是她的好友之一，也是杨刚能够顺利完成《论持久战》翻译任务的关键人物。1928年她在纽约亨特女子学院教书。1935年初，项美丽来到上海以后，她很快与中国文化界人士有了广泛的接触，并结交了许多中国朋友，其中她最早认识的就有当年的上海才子邵洵美。

邵洵美,祖籍浙江余姚,1906年出生于上海,是诗人、翻译家,有"文坛孟尝君"(泰戈尔)之称。1923年初毕业于上海南洋路矿学校,同年东赴欧洲留学,入英国剑桥大学攻读英国文学。1927年回国,是狮吼社、中国笔会等诸多团体的重要成员。早期主编有《狮吼》《金屋》等杂志,1933年创办上海时代图书公司,出版有《论语》《时代》等九大刊物及《新诗库丛书》《自传丛书》等,其影响延续至今。抗战期间,1938年9月1日创办并主编《自由谭》,即 Candid Comment Chinese Edition(《直言评论》中文版),旗帜鲜明地提出"追求自由"。他是诗人,从某种意义上来说是标准的文人;他也是位出版家,曾从德国进口当时最先进的印刷机器,且散尽万金,出版了诸多报刊和书籍;但是从国家利益的角度来说,他最大的贡献是凭借《自由谭》向读者推荐了毛泽东的《论持久战》,称它是一部"人人能了解,人人能欣赏,万人传颂,中外称赞"的作品。他熟识许多在上海的英美人士,他们都活跃在政界、商界、文化界。当年上海滩上有个著名的外国女交际家弗立茨夫人,她因拥有巨大财富,阔气非凡,她喜欢中国京剧,于是特地出钱组织了一个京剧团。她为了让她的京剧团有个专门演出的场所,不惜花巨款建造了一个大戏院,它就是至今闻名上海的兰心大戏院。邵洵美与弗立茨夫人熟识,弗立茨夫人每次开宴会必将邵洵美请到。因为邵洵美与梅兰芳是好朋友,弗立茨夫人通过邵洵美也把梅兰芳请进了团里。

从事写作是项美丽的工作。项美丽为写作来到中国,到上海后,她即将所见所闻和寻访搜集得来的材料,每月写成一二篇通讯或特写稿寄发《纽约人》。

得知杨刚冒险翻译毛泽东著作,项美丽把她掩护在自己家里。杨刚有了相对安全和安静的空间,她全力以赴地投入到翻译工作中。通宵达旦,辛苦工作,出色地完成了《论持久战》这部辉煌著作的翻译任务。为保证译文准确性,她常请邵洵美一起斟酌字句。邵洵美在读了毛泽东的《论持久战》后兴奋不已,在《自由谭》杂志发表短论称:"这本《论持久战》的小册子,洋洋数万言,讨论的范围不能说不广,研究的技术不能说不精,含蓄的意识不能说不高,但是写得'浅近',人人能了解,人人能欣赏。万人传诵,中外称颂,绝不是偶然事也。"为了赶时间,在全文还没有译完的情况下,即送 Candid Comment(即《自由谭》英文版)开始连载,邵洵美并为此加按语:"近十年来,在中国的出版物中,没有别的书比这一本更能吸引大众的注意了。"由此,《论持久战》在上海的外国人中先传播了起来。在连载的同时,邵洵美又出版了英文版《论持久战》单行本。1939年1月20日,毛泽东专门为英文版《论持久战》写了《抗战与外援的关系》的序。

毛泽东说:"上海的朋友在将我的《论持久战》翻成英文本,我听了当然是高兴的,因为伟大的中国抗战,不但是中国的事,东方的事,也是世界的事……希望此书能在英语各国间唤起若干的同情,为了中国的利益,也为了世界的利益。"邵洵美又亲自将这篇序译成英文(也有说是杨刚译),列在单行本前面。

杨刚等党内同志决定把这部译稿的秘密印刷和其后的散发工作郑重地托付给了邵洵美,邵洵美冒着危险勇敢地承担起了这个任务。为此,杨刚在为英译本写的前言里特地写了感谢邵洵美的话。

再说邵洵美在接下任务后,就将译稿秘密委托给与上海时代图书公司素有往来的一家印刷厂。前后历时两个月印出书,32开本,共500册。封面白底红字印着英文书名《论持久战》以及著作者"毛泽东"几个字,朴素大方。为掩人耳目,500册书全装在项美丽的自备车里,邵洵美则亲自开车,运到项美丽住所先藏起来。书秘密发行了,通过策划,决定分几个渠道散发出去。一部分由杨刚承担;一部分由项美丽利用她的特殊身份作掩护,托时任德国驻上海领事馆见习领事华尔夫(Peter Wolf)送出去;还有一部分则是由邵洵美和他的助手王永禄"暗销"出去的。每当清晨和深夜,邵洵美驾驶着豪华的轿车悄悄上路了,在上海西区虹桥路、霞飞路等外国人聚居的僻静马路上开来逛去,像有钱公子哥儿闲得无聊的玩乐之举,实际上,等到四周不见人时,邵洵美就迅速把车停下,王永禄则拿上早就准备好的书敏捷地跳下车,飞奔到外国人的住宅或公寓门前,往每个信箱中都塞进一本书,又立即返身上车而去。事实上,《自由谭》因连载《论持久战》受到广大读者欢迎的同时,也受到了日本人的特别注意。一个自称是日本某通讯社记者的人约见了项美丽,询问《自由谭》的编辑、出版情况,并警告她要改变办刊方针,对日本要"友善"……

就这样,这本薄薄的32开本的小册子,由于不断地辗转传播,在上海的外国人中间很快流传开去,然后又通过他们带到国外,引起了世界上热爱和平人士的广泛关注。一位外国记者读了《论持久战》后评论说:"《论持久战》发表后,不管中国人对共产主义的看法怎样,不管他们代表的是谁,大部分中国人现在都承认毛泽东正确地分析了国内和国际的因素,并且无误地描述了未来的一般轮廓。"《论持久战》英文本在海外的发行,得到了国际上的积极响应和高度评价。

杨靖宇等抗联将领通过共产国际渠道,得到了毛泽东《论持久战》等军事著作,他们认真学习,了解全国抗战形势,坚定夺取全国抗战胜利的决心和信心。毛泽东在《论持久战》中,用辩证唯物主义观点,正确分析了全面抗战爆发以来的形势，客观论证了中日双方有利和不利条件，科学预见了抗日战争的发展阶段，对于指导抗日战争胜利具有重要意义，产生了深远影响。1939年，杨靖宇等抗联将领用报告精神教育和鼓舞指战员们。他说：毛主席去年作的《论持久战》重要报告已经传到了我们东北。"毛主席分析了全国抗战的形势，还提到我们东北农民参加抗日武装斗争。毛泽东同志说，如果全国农民也都像这样组织起来，就能使日本军队一天忙二十四小时，使之疲于奔命。当然我们面前的困难是很大的，但我们能战胜它。东北这么大，这是我们的家乡。现在不是日本军队包围着我们，而是日本军队被中国人包围着。他们跑不掉了，一定要完蛋。"

东北抗日联军将领们认为，毛泽东在指明"中日战争的长期性表现于战争的三个阶段"时，首先揭示出战争阶段的特点：战争开始时，敌是优势的、进攻的，我是劣势的、防守的。第二阶段则变为敌攻受挫，更不能不分散其兵力，防守其占领区。敌人这一时期的表现是兵力消耗和损失，政治、经济内外情势困难则逐渐增加，而我方的表现是英勇抗战和各方面向前进步。接着就是敌人困难增加，而我之进步增加，配合着国际有利于我不利于敌的形势，就能够变更敌优我劣的现状，进到了全局有利于我的局面。就是使敌我均衡——相持的形势，变为我优敌劣的反攻形势。"这是毛泽东同志依列宁主义的观点，就中日战争整个进程而给以现实的和可能的一种估计，并不是机械运动的公式。"所以毛泽东同志特别说明：战争的枢纽在乎相持阶段，必须用尽一切努力去停止敌之进攻，使敌之进攻在一定时间内停止在一定的地区。同时相持阶段出现后，用尽我之一切努力去准备反攻所需之一切条件去渡入反攻。

上海解放后，时任上海市委宣传部部长的夏衍，因邵洵美曾出版毛泽东的《论持久战》英译版要专程登门造访。夏衍对邵洵美在抗战时期的大胆举措甚为欣赏，当然同为文人他们亦有旧谊。不久，北京要成立新华印刷厂，因缺少设备，夏衍还代国家征购了邵洵美的那台德国进口印刷机。

作者简介：

宋毅军　中共中央文献研究室研究员、副巡视员

毛泽东与八路军的"软实力"

茅永怀

"软实力",也称"软力量",源自美国哈佛大学教授约瑟夫·奈,他在1990年《外国政策》杂志上发表了 *Soft Power* 一文。该文将一国综合国力分成硬实力和软实力两种形态。硬实力指处于支配地位的要素总和,包括基本资源、经济、军事、科技力量等;软实力指凝聚力、文化被普遍认同的程度和参与国际机构的程度等,通常包含文化影响力、意识形态影响力、制度安排影响力和外交事务影响力。

八路军的"软实力",是抗日战争时期中国共产党领导的八路军与根据地人民,在抵御外来侵略和争取民族独立解放的人民战争中,坚持抗战,充分发挥誓与国家共存亡的中流砥柱作用而形成的一种精神向心力和社会影响力;是共产党、八路军与根据地人民在抗击日本侵略者的民族战争中形成的一种思想凝聚力和行动感召力;是八路军这个独特群体在特定的历史时期所创造的有价值的物质财富和精神财富的总和。它激励和鼓舞着八路军和根据地人民顽强抗击日本侵略者,最终取得了全民族抗战的胜利,也使全中国人民弘扬和传承这一宝贵财富,迎来了各民族的解放和新中国的诞生,开创了社会主义现代化建设的新纪元。

尽管"软实力"的概念直到1990年才由美国哈佛大学教授约瑟夫·奈提出，但早在20世纪三四十年代，中国人民的伟大领袖毛泽东就已经对中国共产党的政治纲领和革命的前途、道路进行了系统化、理论化的思考与整理，提出了新民主主义论。他提出了新民主主义的文化纲领，即民族的、科学的、大众的文化，积极打造中国共产党领导下的人民军队和根据地的"软实力"，并以此提升八路军和根据地的"硬实力"。在科学理论的指导下，毛泽东领导八路军和根据地人民为八路军"软实力"的孕育、发展、弘扬和传承，为人民军队的发展壮大，为夺取全民族抗战的伟大胜利，立下了不可磨灭的功勋。

一、聚焦先进性，用马克思主义、爱国主义思想武装军队

"软实力"有正面和负面之分，正面的"软实力"具有先进性，它推动事物向健康正确的方向发展；负面的"软实力"是落后的，会阻碍事物的健康发展。八路军必须全心全意服务于党的路线方针政策，服务于全国人民的根本利益。因此，处在抗日战争时期的八路军"软实力"就应当"是民族的。它是反对帝国主义压迫，主张中华民族的尊严和独立的"[①]。

全国抗战爆发后，中国革命进入争取民族解放斗争的新时期。党的总任务是动员和团结全国各族人民及一切抗日力量，结成最广泛的抗日民族统一战线，把日本侵略者赶出中国。

根据抗日战争的特点，毛泽东、党中央在洛川会议上明确提出了全

[①]《毛泽东选集》第2卷，人民出版社1991年版，第706页。

面抗战路线和持久战的战略方针。根据这一路线和方针,八路军、新四军和党领导的其他抗日武装力量义无反顾地开赴抗日战场,一方面同国民党军队合作抗战,与国民党军队进行战略、战役乃至战斗的协同与配合;另一方面,坚持开展独立自主的抗日游击战,大胆挺进敌后,放手发动群众,建立抗日根据地,开辟广大的敌后战场,有力地打击了日本侵略者,成为全国抗战的中坚力量。战争进入战略相持阶段后,中国共产党所领导的敌后战场逐渐成为全国人民抗击日本侵略者的主战场。

在抗日民族统一战线的特殊条件和敌后分散游击的复杂环境中,人民军队的迅猛发展,新成分的大量增加,不可避免地给革命队伍在思想上带来不适应党的事业需要甚至是消极腐朽的东西。在这种情况下,党中央始终把加强部队的思想教育作为中心环节,坚持用马克思主义、爱国主义教育军队,提高官兵的思想觉悟,以更好地适应在思想战线上面临的新挑战。1937年8月,在毛泽东领导下,中国共产党提出《抗日救国十大纲领》,主张实行"抗日的教育政策","改变教育的旧制度、旧课程,实行以抗日救国为目标的新制度、新课程"。[①]1938年10月,在中共六届六中全会上,毛泽东在《论新阶段》报告中将教育政策明确为"实行抗战教育政策,使教育为长期战争服务","在一切为着战争的原则下,一切文化教育事业均应使之适合战争的需要"。[②]

在红军主力改编为八路军的过程中,各部队增设了抗日课程,把毛泽

[①]《毛泽东选集》第2卷,人民出版社1991年版,第356页。
[②]《毛泽东同志论教育工作》,人民教育出版社1958年版,第33页。

东的《为动员一切力量争取抗战胜利而斗争》和党的《抗日救国十大纲领》等作为基本教材,通过教员上课,召开誓师大会,列举日本法西斯暴行等多种形式,深入进行抗日民族统一战线的思想教育,提高改编的自觉性。各级领导和机关干部及时深入部队,做了大量深入细致的思想工作。

1937年12月22日,中央军委总政治部发出《关于新战士教育工作的指示》,要求各部队加强对新战士的军事、政治教育,使之很快成为熟练战士。根据毛泽东在中共六届六中全会的报告中提出的"整理现有军队,补充缺额,同时增编新的军队,加紧教育训练,以利持久作战"[①]的任务,确定从1939年开始,部队由发展为主改变为巩固为主,由重数量的发展改变为重质量的提高,在大发展的基础上进行整军,提高部队的战斗力。

1940年,八路军在1939年开展整训的基础上,分两期对50个团开展整训,各部队把加强共产党的建设放在首位,把加强政治思想教育作为整军工作的中心环节。整训期间,着重组织官兵学习毛泽东的《新民主主义论》《抗日民族统一战线政策》《三大纪律八项注意》等著作和文件,认真进行形势任务教育、无产阶级思想教育、人民军队革命传统教育和党的方针政策纪律教育等活动,组织各级干部参加党校、抗大分校、随营学校、教导队、教导团和各类培训班学习,提高了官兵的政治思想觉悟和文化水平,更加坚定了抗战必胜的信心。

---

①《中国人民解放军军史》编写组编:《中国人民解放军军史(1937年7月—1945年9月)》第2卷,军事科学出版社2010年版,第119页。

1942年至1945年，八路军参加了全党的整风运动。各部队结合自己实际，加强思想教育，纠正和克服主观主义、宗派主义、党八股等错误思想作风，大大提高了马列主义、毛泽东思想水平，维护了全军的团结和统一，有力地促进了军队建设，为夺取抗日战争的最后胜利奠定了坚实的思想基础。

在毛泽东和中国共产党的领导下，在八路军"软实力"的引领和感召下，全国各族人民的爱国主义热情像火山一样迸发出来，像山洪一样势不可挡，中华民族实现了空前的觉醒，形成了包括工人、农民、知识分子、商业和手工业者以及各民主党派等各党派、各民族、各阶层，港、澳、台同胞和海外侨胞参加的声势浩大的全国抗战的新高潮。纵观中国历史，从来没有像全国抗战这样，把人民动员得如此广泛，教育得如此深刻。这是"战争史上的奇观，中华民族的壮举，惊天动地的伟业"①。

二、增强凝聚力，实行官兵一致、拥政爱民

我军政治工作的三大原则是人民军队区别于一切剥削阶级军队的根本标志，也是人民军队团结自己、战胜敌人的政治基础。实行官兵一致，正确处理军队内部关系，才能形成生动活泼的政治局面，激励广大官兵高度的革命责任感和主人翁精神，使官兵之间、上下级之间，患难与共，生死相依，始终保持高度统一，这是人民军队强大战斗力的源泉。实行军民一致，就是履行全心全意为人民服务的宗旨，秋毫无犯，拥护政府，爱护人民，密切军政、军民关系，巩固和发展军政、军民团结。人民军

---

① 《毛泽东选集》第2卷，人民出版社1991年版，第474页。

队只有紧紧依靠人民,才能战胜强敌,实现民族的独立与解放。官兵一致,军民一致,是人民军队特有的"软实力"。

1937年9月25日,八路军第一一五师在山西平型关首战中,歼灭日军精锐板垣师团1000余人,取得了抗日史上对敌歼灭战的重大胜利。而当时在华北的国民党军队有70余万人,他们不但未能阻击日本侵略军向河北、察哈尔、绥远进犯,而且望敌生畏,节节败退,致使侵略者的气焰更加嚣张。在这样急迫的形势下,毛泽东于1937年9月29日发表了《国共合作成立后的迫切任务》。他尖锐地指出,国民党实行"单纯的政府和军队的抗战",没有"唤起民众",其结果就是"政府和人民隔离,军队和人民隔离,军队中指挥员和战斗员隔离。统一战线没有民众充实起来,前线危机就无可避免地只会增大,不会缩小"[1]。又指出:"现在国民党军队的制度还是老制度,要用这种制度的军队去战胜日本帝国主义是不可能的。""必须加以改变","改变的原则就是实行官兵一致、军民一致。现在国民党军队的制度是基本上违反这两个原则的"。毛泽东在这篇文章中,还客观地指出:"中国共产党领导的红军,在今天,对于整个抗日战争,还只能起先锋队的作用,还不能在全国范围内起决定的作用,但是它的一些政治上、军事上、组织上的优点是足供全国友军采择的。这个军队也不是一开始就像现在的情形,它也曾经过许多的改造工作,主要是肃清了军队内部的封建主义,实行了官兵一致和军民一致的原则。这个经验,可

---

[1] 《毛泽东选集》第2卷,人民出版社1991年版,第366页。

以供全国友军的借鉴。"①

1937年10月25日，毛泽东在《和英国记者贝特兰的谈话》一文中，对抗日战争的情况和教训作了进一步的论述，并对八路军的政治工作作了新的科学的概括。他指出："八路军的政治工作的基本原则有三个，即：第一，官兵一致的原则，这就是在军队中肃清封建主义，废除打骂制度，建立自觉纪律，实行同甘共苦的生活，因此全军是团结一致的。第二，军民一致的原则，这就是秋毫无犯的民众纪律，宣传、组织和武装群众，减轻民众的经济负担，打击危害军民的汉奸卖国贼，因此军民团结一致，到处得到人民的欢迎。第三，瓦解敌军和宽待俘虏的原则。我们的胜利不但是依靠我军的作战，而且依靠敌军的瓦解。"②

1938年5月26日至6月3日，毛泽东在延安抗日战争研究会上作了《论持久战》的长篇演讲，又重新提出军队政治工作的三大原则。他提出了"军队的基础在士兵"的著名论断，指出："军队的基础在士兵，没有进步的政治精神贯注于军队之中，没有进步的政治工作去执行这种贯注，就不能达到真正的官长和士兵的一致，就不能激发官兵最大限度的抗战热忱，一切技术和战术就不能得着最好的基础去发挥它们应有的效力。"③他还指出，官兵关系弄不好，不是"方法不对"，而是"根本态度"问题。要使官兵一致的原则实行有效，必须从尊重士兵这种根本态度出发。他还提出了"兵民是胜利之本"这个著名论断，深刻指出：

---

①《毛泽东选集》第2卷，人民出版社1991年版，第370—371页。
②《毛泽东选集》第2卷，人民出版社1991年版，第379页。
③《毛泽东选集》第2卷，人民出版社1991年版，第511页。

"战争的伟力之最深厚的根源，存在于民众之中。日本敢于欺负我们，主要的原因在于中国民众的无组织状态。克服了这一缺点，就把日本侵略者置于我们数万万站起来了的人民之前，使它像一匹野牛冲入火阵，我们一声唤也要把它吓一大跳，这匹野牛就非烧死不可。""军队须和民众打成一片，使军队在民众眼睛中看成是自己的军队，这个军队便无敌于天下，个把日本帝国主义是不够打的。"①

密切军政、军民关系，实行军政一致、军民一致，是人民军队的光荣传统，也是克敌制胜的法宝。但是，由于军阀主义、宗派主义等旧思想旧作风残余的影响，加之游击战争高度分散的环境、纪律教育放松等原因，少数干部和战士不适当地强调军队的特殊性，把军队凌驾于政府和人民之上，不尊重根据地政府，甚至违犯根据地政府的法令，超越军队权限擅自代行政府职能，甚至侵犯群众利益，违反群众纪律。同时，由于抗日根据地遭到严重经济封锁和发生自然灾害，部队供给时常遇到困难，部分指战员对政府和根据地人民体谅不够，存在埋怨情绪。这些现象若不加以彻底解决，将会影响军政、军民团结，不利于敌后抗战的坚持和部队的发展。

为克服军队中不尊重政府、违反群众纪律的现象，进一步密切军政、军民关系，在中共中央、中央军委和毛泽东的领导与推动下，从1942年底开始，陕甘宁边区部队首先开展了拥政爱民运动。1942年10月19日至1943年1月14日，在中共中央西北局高级干部会议和陕甘宁边区部

---

① 《毛泽东选集》第2卷，人民出版社1991年版，第511—512页。

队军政干部会议上,军队干部和地方干部各自检查了军政、军民关系上存在的问题。为了克服缺点,加强军政、军民团结,建设和巩固抗日根据地,经军队和地方政府商定,分别在部队和地方开展"拥护政府,爱护人民"和"拥护军队"的运动。

  据此,1943年1月15日,陕甘宁边区政府公布了《拥护军队的决定》、《拥军公约》和《"开展拥军运动月"的工作指示》。1月25日,八路军留守兵团司令部和政治部发布《关于拥护政府爱护人民的决定》(以下简称《决定》),要求边区部队必须提高全军拥护政府、爱护人民的认识,使党政军民更加团结一致。同时,《决定》还对驻守陕甘宁边区部队如何落实拥护政府、爱护人民的指示提出了具体要求。同日,八路军后方留守兵团政治部发出《关于拥政爱民运动月的工作指令》,规定1943年2月5日至3月4日为全边区部队拥政爱民运动月。

  1943年2月1日,八路军后方留守兵团公布了《拥政爱民公约》,其内容包括服从政府法令,保护政府、帮助政府、尊重政府,爱惜公共财物,不侵犯群众利益等10条。这是人民军队历史上的第一个拥政爱民公约。从此,陕甘宁边区出现了军队拥政爱民的热潮。

  八路军留守兵团拥政爱民和陕甘宁边区拥军优抗的成功经验很快被推广到敌后各抗日根据地。1943年5月8日,《解放日报》发表《拥军运动和拥政爱民运动的经验》的社论,号召各抗日根据地部队学习和借鉴陕甘宁边区部队开展拥政爱民运动的做法。10月1日,毛泽东在为中共中央起草的《开展根据地的减租、生产和拥政爱民运动》的指示中,明确地指出:应准备于明年正月普遍地、无例外地举行一次拥政爱民和拥军优抗的广大规模的群众运动。要求军队方面,重新宣布拥政爱民公约,自己开检讨会,召集开有当地党政干部参加的居民联欢会,有损害群众利益者，实行赔偿、道歉。以后应于每年正月普遍举行一次。10月14日，毛泽东在西北局高级干部会议上又强调：一切问题的中心是老百姓的问题，武装的人民(军队)与非武装的人民要打成一片，必须要有政策来实现，只要军队能拥政爱民，政与民是会爱军队的。12月10日，中共中央发出《关于拥政爱民拥军运动的指示》，指出："明年阴历正月全月为拥政爱民月及拥军月。"在中共中央和毛泽东的指示下，各根据地的军队领导机关都先后发出指示，重新公布拥政爱民公约，使拥军爱民运动蓬勃地开展起来。拥军爱民运动与拥军优抗运动的广泛开展，使根据地军民达到了空前的大团结，有效地保障了对敌斗争的开展。从此，拥政爱民运动便成为军队新的光荣传统，始终坚持、继承和发扬下来。

1944年，八路军以春节期间的拥政爱兵运动月为重点，普遍大规模地开展了拥政爱民运动。运动月期间，八路军一是深入进行思想政治教育，提高广大指战员拥政爱民的自觉性。采取召开干部会议、军人大会、上课和座谈讨论以及召开拥政爱民模范大会等方式，组织干部战士认真学习关于拥政爱民的指示、决定、条例和公约等文件，进行单位和个人的自我检查，表扬好人好事，批评违犯政府法令、政策和群众纪律的不良思想行为。进一步明确了人民军队的性质、宗旨、三大任务，纠正了尊重政府和人民不够的思想表现。二是制定、颁布拥政爱民公约，严格执行部队纪律和制度。八路军各军区均结合本部队实际情况，制定了拥政爱民公约。公约内容大都包括：坚决执行政府政策法令，尊重政府工作人员；积极作战，保卫政权，保护人民生命财产；爱护人民利益，不拿人民一针一线；对人民要和气，尊重人民风俗习惯等。

人民军队的拥政爱民运动，从1943年春节开始，由八路军留守兵团逐步发展到八路军各部队,涌现了太行军区马定夫爱民模范连和晋绥军区拥政爱民模范连等一批拥政爱民的先进单位及个人,积累了丰富的经验。其中最重要的一条经验是,军队严于律己是搞好拥政爱民运动的关键。

"软实力"和"硬实力"是相互促进、相辅相成的,正能量"软实力"的增强会反作用于"硬实力",使"硬实力"大大增强。在毛泽东的领导下,由于坚持官兵一致、军民一致、拥政爱民,八路军的"软实力"显著增强,从而推动了"硬实力"的增强,部队战斗力大大提高。

三、着眼感召力,坚持瓦解敌军、宽待俘虏

瓦解敌军的原则,是毛泽东军事思想的重要组成部分。毛泽东曾明确规定瓦解敌军和宽待俘虏是我军政治工作的三大原则之一。《三大纪律八项注意》中关于"不虐待俘虏"的规定,是毛泽东为我党制定的一项重要政策。我军广大指战员,既把它当作党的政策坚决执行,又把它当作革命纪律自觉遵守,使之成为我军瓦解敌军,壮大自己,扩大我党我军在国内国际政治影响的重要武器,也是我人民军队十分重要的"软实力"。

"不虐待俘虏"是党的一项重要政策。毛泽东指出:"我们的胜利不但是依靠我军的作战,而且依靠敌军的瓦解。"[1]无产阶级革命要彻底破坏旧的国家机器,首先和主要的是要破坏它的军队。中国革命的敌人是异常强大的。在我们党开始武装斗争的时候,蒋介石的反动军队数

---

[1]《毛泽东选集》第2卷,人民出版社1991年版,第379页。

量之多超过了中国任何一个历史时期的军队，超过了世界上任何一个国家的常备军。不破坏这支反动军队，革命是不能胜利的。因此，除了战争中消灭敌人以外，瓦解敌军的工作也就成为我军的重要工作。而瓦解敌军最有效的方法就是宽待俘虏。

1937年10月6日，八路军总政治部发出《关于敌军工作的指示》中指出："平型关战斗及游击部队经验，日军非拼死不肯缴枪，这虽然由于民族隔阂和日本军阀的欺骗，过去华军不但没有进行敌军政治工作，而且以残暴手段对付俘虏，也是使敌宁死不缴枪的重要原因。因此，开展敌军中的政治瓦解，削弱敌人战斗力并推动友军学习，这一工作是目前政治工作的一项重要任务。"[1] 10月25日，八路军总指挥部进一步下达命令："1. 对于被我俘虏之日军，不许杀掉，并须优待之；2. 对于自动过来者，务须确保其生命之安全；3. 在火线上负伤者，应依阶级友爱医治之；4. 愿归故乡者，应给路费。"[2]

毛泽东非常重视瓦解敌军的工作，不仅将之列为我军政治工作三大原则之一，而且十分关注战场上的实际工作。1937年10月25日，他对英国记者贝特兰说："瓦解敌军和宽待俘虏的办法虽然目前收效尚未显著，但在将来必定会有成效的。"[3] 当贝特兰问及日本俘虏回到自己的部队以后日方就把他们杀了，故而中共的俘虏政策未必见效时，毛泽东回答："这是不可能的。他们越杀得多，就越引起日军士兵同情于华军。

---

[1]《中共中央文件选集》第11卷，中共中央党校出版社1991年版，第379页。
[2]《中共中央文件选集》第11卷，中共中央党校出版社1991年版，第379页。
[3]《毛泽东选集》第2卷，人民出版社1991年版，第379页。

这种事瞒不了士兵群众的眼睛。我们的这种政策是坚持的，例如日军现已公开声言要对八路军施放毒气，即使他们这样做，我们宽待俘虏的政策仍然不变。我们仍然把被俘的日本士兵和某些被迫作战的下级干部给以宽大待遇，不加侮辱，不施责骂。向他们说明两国人民利益的一致，释放他们回去。有些不愿回去的，可在八路军服务。将来抗日战场上如果出现'国际纵队'，他们即可加入这个军队，手执武器反对日本帝国主义。"①

根据毛泽东的指示，八路军总政治部多次发出大力开展对日宣传工作的指示，要求各级政治机关着重抓住目前日本士兵的情绪，以鼓动其反战思乡、减弱其战斗意志、瓦解其部队为主要目标，提出与日本士兵利害相关的口号，以"日本士兵所能容易接受"为原则，分别制定了关于"促进回国心念""促进阶级觉悟""暴露战争宣传""俘虏政策"等方面的宣传口号，如"立即结束战争""一同请愿回国"等等。

日本士兵和下层军官的反战、厌战情绪，从1938年末就有了苗头，但那时还是个别现象。随着我敌后抗日根据地的不断扩大和抗日游击战争的不断发展，日本军队不可战胜的神话被击得粉碎，日军从刚开始发动侵华战争的不可一世的骄狂中，陷入战争的深重苦恼之中。

1939年9月，一二九师游击队在夜袭白晋路时，从战利品中发现了署名"东京大阪久留米京都师团及满洲军政部内派遣兵士反战同盟"的日军内部的反战传单，号召士兵们"掀起国内战争吧！集中火力向横暴的军阀决一死战！"传单中还说："看，当我们的血迹流遍战场的时候，

---

①《毛泽东选集》第2卷，人民出版社1991年版，第379页。

中国民众无疑地会坚决抗战到底。我们的撤退，就会停止财阀与军阀的双簧剧。我们的战争一中断，全国人民的生活就会好起来。"①

此后，日军中自杀事件与向我投诚事件也相继发生。针对日军内部反战、厌战的倾向，一二九师广泛开展了敌军宣传攻势。他们利用散发日文传单、书写日文反战标语、赠送慰问袋、阵地喊话等形式，对日军进行瓦解工作。

1941年3月25日，一二九师政治部下发了《关于加紧樱花时季的对敌工作的训令》，指出："三、四月间为敌国樱花季节，是日本人民生活习惯上重大的行乐例事。必须抓紧这一良机进行宣传，以引起其厌战及思乡情绪，涣散其战斗意志。"训令要求"各旅至少要做一种以樱花为主题的信和一种宣传品"；"接近敌人的部队，可折些桃花杏花，交群众送给日军长官，并附信及中国古诗"；"在情况许可下，各旅可派出武装宣传队"。②

八路军的政治攻势很快在日军中引起反响。一些日本中下级军官，收到桃花、杏花后，用水供养起来，收到慰问袋以后，悄悄珍藏起来，看着我们的传单，暗自伤情，悄然落泪。还有的日军士兵设法给八路军写了回信，表示感谢。

日本士兵中的反战组织于1939年11月7日在晋东南抗日根据地建立。由日本兵杉本一夫、小林武夫、高木敏夫等人发起，在山西辽县麻

---

① 《新华日报》(华北版)，1939年9月27日。
② 谭一青：《军事家毛泽东》（上），中国青年出版社2013年版，第374页。

田镇成立了日军士兵觉醒联盟,成为日军中反战运动的先声。1940年,"觉联"先后在晋冀豫、山东、冀南、冀鲁豫和太岳成立了五个支部,到1942年3月,盟员发展到50多人。

随着日军俘虏的增多,他们成立了"日本人反战同盟"组织。他们对日本士兵的争取工作取得了很明显的成效。一些日本反战同盟的战士,一边随军作战,一边协助我军敌工组织进行瓦解敌军的工作,他们书写对日军宣传用的传单,对新来的日军俘虏进行管理与教育,协助敌工部训练班组织日军俘虏的学习,等等。这些来自日军内部的士兵对于日军的宣传瓦解工作显然更有成效。他们针对日军内部的矛盾,在宣传单上写上了"不许打嘴巴"、"不能检查信件"等等,还把这些内容拿到日军碉堡附近去喊话、歌唱。结果,这些传单与喊话十分成功,"不许打嘴巴"的传单一散,那里的日军部队很快就进行"不要打嘴巴"的训示;当传单点名批评当地士兵认为很坏的军官时,那个军官很快便老实了。从被俘的日军士兵口中得知,许多士兵都喜爱这些传单。

1943年,八路军转入攻势作战以后,对日军的政治攻势有了进一步发展。日军厌战、反战和失败情绪不断增长,逃跑、投诚者日益增加。到1945年10月,八路军、新四军和华南抗日游击队共俘虏日军6213人,其中自动投诚者756人。

在日军反战同盟的积极工作下,一些日本士兵收藏着反战同盟发出的通行证,主动投降的人也增多了。他们的活动曾经引起日本当局的恐慌。1945年6月,日本司法省刑事局长发出一项指示说:"作为在国外的共产主义分子,最需要警惕的是'在华日本人民解放联盟'。他们在苏联和中国共产党的支持下,当前正在开展反军反战活动,对在华的皇军官兵及日侨进行左翼的战败思想宣传和争取工作。同时,他们与国内的左翼分子联系，等待国内革命形势的成熟。若对此警惕稍加怠慢，他们就极有可能成为国内共产主义运动的尖兵。"①

八路军对日本士兵的争取工作，还曾引起赴延安的美军观察组成员的浓厚兴趣。他们在发回的军事报告中强调：中国共产党在对日心理战方面获得了极大的成功。日本军队几乎从来不向美国军队投降，尽管军事情报局总部朝他们头上散了那么多传单，还运用了麦迪逊大街最有效的广告手段，但是被活捉的日本人常常不予理睬。然而在延安，日本人投降了，他们穿着我军的制服，完全自愿地尽心尽力为八路军做一切事情。

正如毛泽东在抗战初期预计的那样，抗日战争的后期，八路军中确实出现了由日本士兵组成的抗日的"国际纵队"。

争取伪军的工作，是我军在抗日战争时期瓦解敌军的一个重要方面。伪军是日本帝国主义在侵华战争期间，为补充日军军力的不足，采取以华制华的政策，由汉奸及国民党投降分子等少数民族败类组织和指挥的汉奸队伍。伪军的番号有绥靖军、治安军、皇协军、和平建国军等等，其总数最高时达到 100 多万人，其中大部分是投降的国民党军。伪军的战斗力远不如日军，但由于他们熟悉中国情况，在中国社会中有多种联系，其在日本占领区的危害程度在某些方面甚至超过日军，群众十分愤恨。但是，在伪军中，除了极少数死心塌地为日军卖命的汉奸走狗之外，

---

① [日] 香川孝志、前田光繁著，蔡静译：《八路军中的日本兵》，时事出版社 1985 年版，第 123 页。

绝大部分士兵是被迫参加伪军的贫苦群众，在政治上有很大的盲目性和动摇性。同时，他们也受到日军的歧视与欺凌，与日军存在着许多矛盾，这就给我军争取伪军的工作提供了有利条件。

1939年5月13日，八路军总政治部发出《关于加强伪军工作问题》的指示，指出："我们瓦解伪军的政策应更加强化与积极起来"，要求"团及支队以上的政治机关部队，应即挑选政治上比较可靠、有军事常识、有社会关系、有胆量、稍有活动能力的人，分批训练，设法打入伪军下层，抢枪、组织逃跑与反正"；"协同地下党在可能被敌占领的区域内积极布置对伪军的上下层工作，求得事前打下基础，建立伪军中的向心作用"①；等等。

1940年12月，毛泽东在《论政策》一文中进一步强调："应该坚决地镇压那些坚决的汉奸分子和坚决的反共分子，非此不足以保卫抗日的革命势力。但是决不可多杀人，决不可牵涉到任何无辜的分子。对于反动派中的动摇分子和胁从分子，应有宽大的处理。对任何犯人，应坚决废止肉刑，重证据而不轻信口供。对敌军、伪军、反共军的俘虏，除为群众所痛恶、非杀不可而又经过上级批准的人以外，应一律采取释放的政策。其中被迫参加、多少带有革命性的分子，应大批地争取为我军服务，其他则一律释放；如其再来，则再捉再放；不加侮辱，不搜财物，不要自首，一律以诚恳和气的态度对待之。不论他们如何反动，均取这

---

① 中共中央文献研究室、中央档案馆编：《建党以来重要文献选编(1921—1949)》第16册，第301页。

种政策。这对于孤立反动营垒,是非常有效的。"①

根据上述指示,八路军各部队根据各地伪军的不同情况,对伪军采取打拉结合的政策,开展强大的政治攻势,以加强争取伪军、瓦解敌军的工作。

八路军在华北敌后开展广泛的抗日游击战争,对华北前线伪军有很大的震动。不少伪军主动向八路军投诚,相当一批伪军抱着在日本人那里混饭吃的思想,并不想为日本人卖命。不少伪军认为自己是中国人,多少还有些民族意识。有些伪军下层军官,常常偷看共产党出版的抗日报刊,有的还对毛泽东的《论持久战》产生了兴趣,还有的伪军军官趁日本人不在的时候就叫部队唱抗日救亡歌曲。

晋冀鲁豫区的八路军开展了好几次对日伪军的政治攻势,有"中国人民大团结,反对奴化运动",有"良心大检查"和"检举死心汉奸"等运动。在这些运动中,一些深入敌占区活动的武工队给伪军"点红点和点黑点",即做了有利于抗战的事在名字上点红点,做了坏事在名字上点黑点。黑点多的伪军,武工队便作为死心汉奸给以镇压。这个方法很快推广开来,影响很大。有些武工队还给伪军发"回心抗日证""公民证"等,促使他们多做有利于抗日的好事。一些武工队还定期到鬼子据点给伪军们上课,进行抗日宣传。

在八路军强大的政治攻势和伪军伪组织内部工作的推动下,各地伪军伪组织中普遍出现了不少既为日军工作应付敌人,又暗中接受我之宣

---

① 《毛泽东选集》第2卷,人民出版社1991年版,第767页。

传，同情我之抗日主张，并在不同程度上接受我们布置的任务为我工作的人员，即所谓"两面派"的人员。

根据毛泽东关于"我们应当承认两面派的地位，控制他使他不完全倒在敌人方面来反对我，这是很必要的认识"[①]的指示，各部队都把提高一般的两面派使之成为革命两面派作为工作重点。一般的做法是及时了解情况，针对不同对象的不同特点，定期见面，给以政治教育，并注意帮助解决他们的困难，从感情上团结他们，同时给予工作，从中考察他们，批评坏的，表扬好的，掌握动向，防止叛变等。

八路军争取和发展革命两面派的工作卓有成效。在冀南军区，到1942年，在伪军伪组织中建立的秘密关系已有1397个，并利用这些关系，建立了几条通过平汉路的秘密交通线和许多秘密交通站。在晋东南和顺县的一个伪军中队，经我武工队在其内部的秘密工作，发展了若干共产党员以后，整个中队都被我军所控制。八路军部队或零星过路人员路过他们驻守的据点，只要鸣枪三响，他们就主动出来为八路军放哨，护送过路。在日军进行大"扫荡"时，他们也想办法掩护我军。许多日军都被他们巧妙地骗过去了。伪军集体杀死据点里的日本守军，然后反正投向八路军的事例，也时有发生。

所有这些，都为孤立和打击日本侵略者，争取更多的支援以赢得抗日战争的最后胜利创造了重要条件。

---

① 中央档案馆编：《中共中央文件选集（1941—1942）》第13册，中共中央党校出版社1991年版，第191页。

抗日战争是一场全面的民族解放战争，八路军的"软实力"是激励中国人民坚持抗战、争取胜利的巨大精神力量。毛泽东高度重视八路军的"软实力"建设，做了大量论述，牢牢把握了八路军"软实力"的前进方向，这对于最终打败日本侵略者，争取民族独立解放起到了重要作用。历史是一面镜子，今天，在我们全面建设小康社会的重要进程中，从八路军"软实力"的建设和发展历程中汲取营养，提升建设有中国特色的社会主义"软实力"，显得尤为重要。

作者简介：

茅永怀　中共中央党史研究室第一研究部，《抗日战争时期全国重大惨案》、《抗日战争时期八路军人员伤亡和财产损失档案资料选编》副主编

朱德与抗战初期的国共军事合作

董志铭

朱德,在抗战期间,既是八路军、新四军的总司令,同时也担任过国民党第二战区副司令长官,被国民政府授予上将军衔,他是抗战期间军衔最高的中共将领。当时中共将领实行官兵一致,对军衔并不放在心上,但这意味着朱德是得到国共两军一致高度认可的高级将领。之所以如此,是因为朱德凭借高超的抗日游击战争的战略战术水平,在抗日战场上指挥八路军和部分国民党军,纵横驰骋,功勋卓著;也因为他光明磊落、无私无畏,善于团结国民党军共同抗日,彰显了共产党人的博大胸襟。

全国抗战爆发后,朱德率领八路军挺进华北前线,加入国民革命军第二战区(晋绥)序列。其间,他模范地执行党的抗日民族统一战线政策,真诚团结国民党友军,积极配合正面战场作战,为开辟国共两党和全国军队共同抗击日本侵略者的良好战略局面做出了自己独特的贡献。

一、以总力战思想力促两军合作抗日

全国抗战爆发前夕,朱德就多次强调国共两党和全国军队团结的重要性,为推动国共两党军队走向抗日合作做了大量的准备工作。1937年

五六月间，朱德几次在党的会议上发言，强调军队要正确开展统一战线工作，争取团结国民党军队共同抗日。指出：从历史经验来看，我们对国民党军队工作有两个值得吸取的教训，一是在大革命时期只做上层工作，二是在大革命失败后只做下层工作，只做破坏工作。现在我们对上层和下层都要去做工作，不做破坏工作，而要争取大多数。在抗日战争中，会有一些人在战场上逃脱，也会有一些军队变质，但同时也会产生新的军队。我们要为产生新的军队准备力量，现在就开始准备。还说：国民党军队抗日，我们就联合他们一起去干。①

在这期间，朱德还开始提出了符合中国情况的总力战思想。1937年6月12日，中革军委决定设立军事研究委员会，深入研究对日抗战、目前军事教育、国内战争经验教训各项问题，并拟出具体意见提交执行机关。这个委员会的主任由朱德担任，其他成员有毛泽东、林彪、萧劲光、李德。朱德认真主持军事研究委员会的工作，并要求各兵团也组织了研究机构，推动红军指战员对新的军事知识的学习。经过深入研究和总结，朱德开始提出了符合中国情况的总力战思想，并在全国抗战爆发后陆续整理发表在《实行对日抗战》《抗敌的游击战术》《论抗日游击战争》等军事理论著作中。他在这些著作中指出："抗战不是那么容易的事情，也许有着超出我们想象之外的困难，它将是一个持久的、艰苦的抗战。这需要我们动员与集中全国一切人力、智力、财力与物力以赴之！我们应该把握住抗战的

---

① 《朱德年谱（新编本）》（1886—1976）（上），中央文献出版社2006年版，第640—641页。

胜利条件。"要"团结一切力量,动员一切力量,武装一切力量,奔向全国一致对日抗战的总目标!"一定要善于发挥政治、经济、人员、武器和交通等等要素的特质,要适当地运用它们,用其所长去其所短,并"在这五个要素的具体条件和敌我的对比之下来定出具体的战略战术"。抗日游击战争只有"依据这些条件,善于把它们密切联系,配合运用","才能得到胜利"。符合中国情况的总力战思想的提出,标志着朱德军事思想的重要飞跃。对此,他后来回忆说:"当我们由内战进入抗战时,面对着的敌人是日本军队,我们便不固执内战的经验,而是加以必要的改变和提高,充分研究敌情来下决心,来决定战法。"①

朱德总力战思想的提出,为推动国内和解、团结抗战,实现国共两党和全国军队共同抗日起到了积极作用。对于中国共产党及其领导的人民军队而言,要与日本打总力战,就要努力巩固和扩大抗日民族统一战线。通过统一战线使全国人民,首先是军队,团结得像一个人一样,以高度地凝聚、发挥整个民族的力量,不使日本有可以分裂中国的机会。对于国民党及其军队来说,则要懂得今天的问题是亡国不亡国的问题,决不可以一己之私利,惧怕统一战线的巩固扩大,惧怕人民群众的发动。

二、在南京国防会议上纵论抗日方略

西安事变和平解决后不久,中共中央就致电国民党五届三中全会,正式提出了联合抗日的五项"国策"和四项保证,主动表示:"红军改名为国民革命军,直接受南京中央政府与军事委员会之指导。"在此前后,

---

① 《朱德画传》(1886—1976),四川人民出版社2006年版,第234页。

中共中央派出周恩来、博古、叶剑英等与国民党领导人直接谈判红军改编问题。蒋介石虽然希望红军早日参战，但不肯承认红军的独立地位。他坚持红军改编为三个师，分别直属行营，分割使用，不成立统一的指挥机关，政治机关只管联络，无权指挥。这样的要求，自然是中国共产党和红军无法接受的。朱德一针见血地指出："中国要打败日本，必须靠全国的工人和农民的力量。唯有中国共产党才能开展这场群众运动。因此，南京必须跟我们合作。这场战争必定是一场总体战，甚至全中国四万万人都不够。国民党如果以为只要用它的精锐正规军再加上西方帝国主义的援助就行了，那它是打错了算盘。那它是不明白，一个半殖民地的国家是不能打败现代化的日本军队的，只有群众性的人民抗战才能打赢这场战争。"①

1937年7月底，北平、天津相继沦陷，华北战势进一步恶化。但南京方面还在幻想和犹豫。此时，朱德已经赶赴红军前敌总指挥部所在地陕西省泾阳县云阳镇，枕戈待旦。他与彭德怀联名致电蒋介石，强烈呼吁他下决心发动全国抗战，同时表示"德等改编完成，待命出动，誓以热血为国效死"。8月初，蒋介石密邀毛泽东、朱德、周恩来去南京共商国防问题。中共中央反复考虑，决定毛泽东暂时不去。朱德去不去，意见不完全一致。朱德认为他自己目前去南京较为有利。因为蒋介石防范中共的心结很难打开，要使其最后下决心联合红军共同抗日，很有必要再促一下，再推一把。

---

① 《朱德年谱（新编本）》（1886—1976）（上），中央文献出版社2006年版，第642页。

在朱德的坚持下，中共中央同意派朱德、周恩来、叶剑英前往南京参加国防军事会议。

8月11日，朱德在南京政府军事委员会军政部谈话会上发言，系统阐述了抗日战争的战略战术。他指出：抗日战争在战略上是持久的防御战，在战术上则应采取攻势。在正面集中兵力太多，必受损失，必须到敌人的侧翼活动。敌人作战离不开交通线，我们则应离开交通线，进行运动战，在运动中杀伤敌人。敌人占领我大片领土后，我们要深入敌后作战。目前用兵方向主要是华北，但从目前情况判断，敌人必然会进攻上海，以吸引我国兵力。在抗战中应该加强政治工作，发动民众甚为重要，在战区应由下而上及由上而下地把民众组织起来。游击战是抗战中的重要因素。游击队在敌后积极活动，敌人就不得不派兵守卫其后方，这就牵制了它的大量兵力。应该开办游击训练班，使军队逐步学会游击战争。①

朱德从总体战的高度，把中国抗战分为正面防御、运动战和游击战三种基本战法，使国民党军队的高级将领耳目一新，对制定全国抗战的战略方针产生了积极影响。最终，国民政府将国防军事会议成果形成了《抗战方略》，提出"持久战""消耗战"。会上，朱德还预言，日军将侵略上海。为加紧进行红军改编工作，朱德提前离开南京，于19日回到红军前敌总指挥部所在地陕西省泾阳县云阳镇。果然不出朱德所料，8月13日，日军突然进攻上海，淞沪会战就此爆发。日军侵略军兵锋直

---

① 《朱德年谱（新编本）》（1886—1976）（上），中央文献出版社2006年版，第656—657页。

指当时中国首都南京。蒋介石迫于战争形势的压力，与中共就红军改编后设立统一的总指挥部，由朱德、彭德怀分别担任正、副总指挥，充任战略的游击支队等达成协议，并于22日正式颁布任命。至此，国共两党军队的合作抗日正式形成。

三、不放松有利条件下的运动战

就在朱德宣誓就职、率领八路军慷慨出征之时，侵华日军成立了华北司令部，兵力增至30多万，沿平汉、津浦两铁路南进，以平汉路为主要突击方向，夺取河北、山西、山东和豫北地区。在这种形势下，中央军委决定八路军开赴山西抗日前线，由朱德直接指挥参加阎锡山负责组织的太原会战。

9月21日，朱德率领八路军总部到达山西省会太原。此时的太原已经是一片紧张的气氛，时有溃军及家眷向南撤退。八路军总部首长分头行动。朱德前往雁门关以西的太和岭拜访第二战区司令长官阎锡山，与他会商八路军的游击区、军队驻扎和兵力使用等问题。阎锡山同意八路军的新部署，赞同八路军进行独立自主的山地游击战，朱德也同意在有利条件下配合友军进行运动战。他认为，抗战不是专靠某一种战术就可以取得胜利，而应随时随地，依人员、武器、政治、经济、交通条件，来决定采取适当的战术，辩证地活用它，切忌机械地误解，以为某一种战术最有利，某一种战术应完全放弃。[①]这就突破了洛川会议关于独立

---

① 《朱德年谱（新编本）》（1886—1976）（上），中央文献出版社2006年版，第744—745页。

自主的山地游击战的规定。一贯实事求是的毛泽东吸收了朱德等前线指挥员的意见，很快就把八路军的战略方针重新概括为"基本的是游击战，但不放松有利条件下的运动战"，并强调："这个方针是完全正确的，反对这个方针的人们的观点是不正确的。"①

见过阎锡山后，朱德连夜率八路军总部机关入驻五台县南茹村。驻扎下来后，他向总部各位首长扼要介绍了与阎锡山会见的情况，就与彭德怀等紧急研究战况，发布训令，决定在山西开展群众游击战争。训令强调八路军要"支持华北局面，尽可能保障山西持久战"，"应以机动灵活的袭击，求得消灭敌人小部，兴奋友军，转变呆板死守的战术，造成持久胜利的发展"②。在八路军的战略部署上，朱德吸取了国民党军节节防御、死打硬拼的教训，把三个师分别摆在了敌人的侧后方，既能随时在有利条件下配合国民党军作战，又有利于进行独立自主的山地游击战。国共两党军队在华北并肩抗日的帷幕由此拉开。

山西四面环山，地势险要，历来是兵家必争之地。日军的侦察工作很专业，结论是要统治华北，必先图晋绥；欲图晋绥，必先争太原；欲争太原，必先夺大同或平型关。作为中国一方的防御主帅阎锡山，对日军这个用兵套路的大概也能把握住。但是日军占领南口、张家口后，是先取西北的大同，还是先取东北的平型关？阎锡山的算计出了问题。他认为日军为运送部队、军火，发挥机械化部队的优势，一定会先取大同，

---

① 《毛泽东选集》第2卷，人民出版社1991年版，第500页。
② 《朱德军事文选》，解放军出版社1997年版，第272—273页。

并据此部署了大同会战计划。然而,从平绥路南下的日军精锐坂垣师团却由蔚县、广灵、涞源直驱平型关方向,打了阎锡山一个措手不及。情急之下,他的第一反应是向朱德求助,要求八路军出兵配合作战。朱德突然接到阎锡山发来的电报时,一直在考虑八路军能不能早点参战,参战后能不能打赢,怎样才能打赢的问题。事有凑巧,林彪、聂荣臻率领第一一五师主力已到达平型关东南的上寨村。朱德决定抓住战机,立即与彭德怀联名向林、聂发出电令:"一一五师应即向平型关、灵丘间出动,机动侧击向平型关进攻之敌,但须控制一部于灵丘以南,保障自己之右侧。"[①]林彪、聂荣臻接到命令后雷厉风行,立即在上寨村召开战场动员会,部署平型关战斗。平型关战斗一举歼灭日军1000余人,缴获大批军械物资,打破了"日军不可战胜"的神话,极大地振奋了全国军民抗战必胜的信心。连一向反共坚决的何应钦也表扬八路军"因受我两方夹击,我朱德部尤予敌以重创,敌即向蔡峪口溃退"[②]。

平型关战斗结束的第二天,朱德就赶往第一一五师驻地,参加总结八路军首次与日军作战的经验教训,并将其提升为指导八路军以劣势武器战胜现代化日军的战略战术。朱德按照他原来要争取华北一亿人口的战略设想,除了布置八路军主力继续与国民党军队配合外,立即组织了支队和工作团向敌后发展,着手建立晋察冀、晋西北、晋东南三个战略性根据地。

[①] 《朱德军事文选》,解放军出版社1997年版,第275页。
[②] 何应钦:《八年抗战之经过》,第11页。

四、指挥忻口会战中的"模范游击战"

10月上旬,日军在平型关遭受八路军的有力打击后稍事整顿,就向忻口附近的国民党军阵地发起猛烈进攻。忻口作为晋北通往太原的门户,是保卫太原的最后一道防线。阎锡山急忙从五台山返回太原,制定保卫太原、组织忻口会战的计划,并向周恩来、朱德提出请八路军参加忻口会战。

朱德给毛泽东发出一封电报,建议第一二九师迅速出动,前来配合国民党军队作战。经商定,忻口会战由第二战区副司令长官卫立煌任前敌总指挥,参战部队总兵力28万人,分为四个集团军:朱德指挥右翼集团军的八路军主力及国民党三个师;卫立煌指挥中央集团军的国民党两个军又一个旅;杨爱源指挥左翼集团军的国民党三个师;傅作义指挥总预备集团军的国民党四个军,策应各方,守卫太原。毛泽东接到了周恩来的报告,很快就复电表示同意,并要周转告阎锡山:九龙关、娘子关两点须集结重兵坚守,以使主力在太原以北取得胜利。这是忻口会战能否胜利的关键之一,可惜阎锡山没有很好地派重兵去把守,战役开始了才慌慌张张派兵到那儿,最后导致娘子关战局失利,太原失守。这是后话。

为了灵活机动地从侧面打击与钳制敌人,配合卫立煌正面防守作战,朱德和八路军总部做出两翼游击作战的部署:第一一五师在晋东北、察南以北和冀西地区截断平型关、蔚县至张家口的交通线,并直接威胁平汉、平绥两铁路的交通;第一二〇师在忻口到大同晋北一带,活动于广武、雁门关、太和岭之间地区。此外,第一二九师的先头部队在代县、崞县以东地区执行侧击南犯日军后方的任务。部署完毕,朱德于12日向中央军委报告了华北形势和八路军的战略方针,提出:我们目前应以一切努力,争取以山西为主来支撑华北战局的持久,使友军一下子不过黄河，消耗日军力量，逐渐提高友军胜利信心，渐次改造友军，推进民主，扩大（八路军）本身。晋东南、冀西的广大地区虽十分重要，但如果局势发展到不利时期，主力转向晋西或晋东南，此地域只能留适当兵力，派得力干部主持。第二天，毛泽东复电认为这一"部署是正确的"[①]。

10月13日，忻口会战正式打响。国共两党军队并肩作战，密切配合。卫立煌指挥正面守军英勇顽强，浴血奋战，朱德指挥八路军各部在日军侧翼和后方积极作战，切断日军交通线，以迟滞、阻止其二线部队调动增援和物资供应。特别是第一二九师的陈锡联团奇袭日军阳明堡机场，毁伤敌机20余架，摧毁了忻口日军重要的空中支援力量，对前线支援的力度极大。消息传到国民党军营，全体官兵一致高呼："中华民族万岁！"忻口会战打得非常激烈。敌我双方反复争夺，多次形成胶着状态。卫立煌部第九军军长郝梦麟、第五十四师副师长刘家骐等高级将领先后壮烈牺牲。朱德在指挥八路军主力频频出击的同时，要求各部继续抽调兵力组成游击支队向敌后挺进，迫使日军分兵层层设防，以减缓卫立煌的正面压力。由于猛攻忻口受阻，日军转而集中了七八万兵力沿正太路向晋东进攻，娘子关守军连续告急。朱德深知娘子关对山西战局的影响，急令刚到山西的第一二九师主力和第一一五师星夜驰援。随后，他本人率领八路军总部也为了守卫娘子关向第一二九师靠拢。虽然在八路军赶到之前娘子关就丢了，但第一二九师救出了陷于日军包围的友军曾万钟部1000余人，还援救了其

[①]《朱德传》（修订本），中央文献出版社2006年版，第501—502页。

他一些友军部队,并收容了他们的大批溃兵和伤兵,然后集中送还各友军部队。

为防止日军切断忻口国民党友军的退路,朱德又指挥第一二九师、第一一五师在正太路上接连伏击日军,取得了七亘村、黄崖底和两次广阳伏击战的胜利,为忻口和太原的国民党友军向南转移赢得了宝贵时间。就这样,国共两党军队经过长达23天的艰苦作战,取得了歼敌近万人的重大胜利,创下华北战场大举歼敌的最高纪录。

卫立煌后来感慨地对周恩来说:"八路军把敌人几条后路给截断,对我们下面的部队作战帮了大忙。"全国各地的群众团体纷纷募集款项慰劳前方将士,南京军事委员会还对八路军袭击阳明堡机场发放2万元奖金。朱德和八路军总部专门制定了奖金分配办法,以激励全军指战员更加提高作战勇气。

五、积极争取阎锡山等国民党将领坚持华北抗战

忻口会战期间,尽管八路军一直给国民党部队鼓劲,并接连打击日军侧后,给敌以重创,但还是难改溃败的事实。在坂垣师团的强大攻势下,困守孤城的傅作义也下达了撤退命令,太原古城落入敌手。太原失陷之后,国民党军队退出山西和华北大部分地区,第二战区司令长官部、山西绥靖公署等重要机关也纷纷南撤临汾。阎锡山的晋绥军损失掉了七成,情绪非常低落。

当时,华北抗战掩护着整个大西北,保卫着最重要的国际交通,同时牵制着日军半数以上的兵力,还使日本无法开发华北的地下矿产以支持其战争消耗。朱德懂得华北抗战的重要战略地位,指出:"坚持华北抗战是中日战争的枢纽的重要构成因素,我们不能抛开它去想象抗日战争的胜利。""华北抗战有着决定中日战争的胜负的伟大意义","如果我们丧失了华北,便会没有了中国"。①在华北抗战的危急时刻,朱德毅然决定八路军向南进入太行山,在华北敌后实施战略展开,继续与日军周旋。同时加强与第二战区联络和沟通,积极争取阎锡山等国民党军队将领留在华北坚持抗战。

1938年1月,蒋介石在洛阳召开第一、第二战区将领作战会议,主要讨论徐州会战、坚持华北抗战与保卫武汉等问题。朱德、彭德怀和八路军3个师长出席,并就抗日问题与蒋介石谈话沟通。蒋同意了朱德提出的改造军队、发动民众的意见。洛阳会议做出两项决定:一是准备在津浦路南段同日军进行会战;二是要求山西部署反攻太原。很快,占领太原的日军在完成对部队的整编、补充后,看到中国军队频繁调动准备反攻,便抢先发动攻势,从北面、东面分两路向晋南大举进攻。

阎锡山负责指挥的第二战区的作战压力很大,有的将领认为晋南的仗不好打,提出要退到黄河以南去把守潼关。2月中旬,阎锡山在临汾附近的土门镇召开军事会议,朱德前往参加。会议期间,朱德鼓励阎锡山说:你不要以为你的军队垮了,不得了了,就没办法了。我们是持久抗战,不在一城一地的得失。我们是让开点和线,退到敌后打游击,让敌人去占领一些点和线,分散他们的兵力,它越多占领一些地方,补给线越长,那样我们就越有机动的余地,可以越打越强。不要以为你那旧军垮了就怎么样,旧军还有底子,同时要赶快组织新军。希望阎长官

---

① 《朱德军事文选》,解放军出版社1997年版,第390、399页。

和我们一起坚持敌后。①本来，阎锡山退到临汾的时候，其主力部队已经垮掉了一大半，想继续在山西坚持住，光靠晋绥军孤军奋战已经不可能了，只有依靠八路军通过游击战来拖住日军。朱德的这一番话在阎锡山的内心重新燃起了希望，也坚定了阎锡山和八路军合作抗日的信心。

土门会议决定把第二战区所属部队划分为东、南、西三路军，任命朱德为东路军总指挥，除了指挥八路军的第一一五师、第一二〇师、第一二九师，阎锡山、卫立煌又拨出七个半师的国民党军归他指挥。开始，中共中央不希望朱德领命，提出由彭德怀出面应对，但阎、卫坚持要朱德就任此职才肯罢休。考虑到危难之际要维护全国军队合作抗日的大局，中共中央最后决定朱德组织野战司令部同彭德怀一起前去指挥。为了更好地团结这些拨归的国民党部队共同抗日，朱德指示八路军各师要给他们以必要的照顾和帮助，不要使他们受到日军的意外袭击，也不要把他们派到过分艰苦、过分复杂的环境，特别是不要趾高气扬地看不起他们。另一方面，朱德又提醒要防止他们中有些人以吃喝、金钱等来引诱八路军指战员走上邪路。

1938年8月，朱德在回延安参加中共六届六中全会途中，专程转道到晋西吉县古贤村拜访阎锡山，与他协商成立八路军驻第二战区司令长官部办事处的有关事宜，并提出由王世英任主任，负责八路军同阎锡山的第二战区抗日联络和统战工作。这些，无疑是促进阎锡山始终留在抗

---

① 《朱德年谱（新编本）》（1886—1976）（上），中央文献出版社2006年版，第747页。

日阵营内部，坚持华北抗战的巨大正能量。

华北抗日游击战之所以如火如荼地开展起来，特别是山西在抗战初期之所以成为国共合作的模范地区，很大程度上得益于朱德对推进国共两军团结抗战的不懈努力。

作者简介：

董志铭　国防大学军队建设与军队政治工作教研部教授

太行抗战建国学院始末

李树生

太行抗战建国学院是晋冀豫区党委与晋冀鲁豫边区政府共同创办和领导的一所高等学府，也是晋冀鲁豫边区政府所领导下的层次最高、规模最大的培养后备干部的院校。学院是在抗日战争最艰苦的时期创办起来的一所新型学校。这所学校使许多爱国青年确立了无产阶级的世界观，坚定了紧跟共产党、毛主席干革命的信念；使一大批爱国青年通过学校学习，成为抗日战争、解放战争以及新中国成立后的社会主义革命和建设的有用人才；学校从成立到撤销，培养了一大批中下层军政领导骨干，为争取抗战胜利输送了一支有觉悟有文化的干部队伍，对太行抗战与太行山的文化事业起到了很大的作用。

抗战建国学院的建立

1940年8月，根据北方局黎城会议精神，成立了冀南太行太岳联合办事处，为培养一批优秀的、有文化的青年干部，积极投身到抗战的洪流中来，冀太联办主任杨秀峰同志根据他在冀西和冀南创办河北抗战建国学院、冀南抗战建国学院的经验，提出了在太行创办一所培养抗战后备干部的学校。根据杨秀峰同志的提议，冀太联办专门召开了办公会议，对这一提议进行了认真的讨论，得到了大家的一致赞同，决定成立太行抗战建国学院，并决定立即组建学院领导机构进行筹建，由冀太联办主任杨秀峰任名誉院长，张柏园任秘书长，王振华任教育长，马溪山任总务长。

经过紧张的筹备，学院在辽县（今左权县）泽城村的一所庙院里正式成立。9月初，太行抗战建国学院举行了开学典礼。抗战建国学院培养目标是：为巩固和建设抗日根据地培养区以上各方面人才，学生来源是抗日根据地各县或区推荐的优秀青年学生。学院在创办之初，先办了一个师范班，所以该院当时对外也称边区师范，主要培养小学教师。学制为半年左右。主要课程有本院研究室编著的《社会发展史》和毛主席著作《论持久战》《新民主主义论》等文章，以及时事政策教育和国际国内形势教育等内容，军事教育学习《游击战争》等著作。学生学习期满毕业后即分配到各抗日根据地参加工作。

1941年7月至8月，晋冀鲁豫边区临时参议会召开，并产生了晋冀鲁豫边区政府机构，9月1日，晋冀鲁豫边区政府正式开始办公。边区政府成立后，专门针对教育事宜召开会议，并对学院的领导班子进行了调整，杨秀峰兼任名誉院长，边区政府委员、原学院教育长王振华同志任院长。

为了扩大培养文化人才的数量，边区政府还决定太行抗战建国学院扩大招生，招收为抗日救国而跑到根据地的青年和参加革命在机关团体工作而年龄小、文化低的同志，以及根据地的高小毕业生等小知识青年，经过学习培训把他们培养成抗战建国干部。在原来开设师范班的基础上，又开设了有县政府科长和区长参加的行政干部班，培养行政干部。第一期招收学生近百人，在开学典礼的会上，杨秀峰名誉院长和晋冀鲁豫边区政府教育厅长罗青等到会，分别发表了重要讲话。学院由秘书长张柏园与研究室赵文敏，政治部杨克夫、崔耀先等组成党团，负责全学院的党政工作。党团归属晋冀豫区党委，区党委宣传部部长彭涛以及赵迪之等具体负责联系指导工作。学院各部门和学生中的党员分设党支部，由政治处主任杨克夫任党总支书记。政治部有数名政治工作人员，负责机关和学生的政治思想工作。学院的教师队伍有上级从白区特别邀请来的思想进步的教育工作者，也有根据地从事教育工作的优秀人才。由数十名爱国进步的高级知识分子组成学院研究室，负责编写教材和进行教学工作。研究室还担负着抗日根据地其他教材的编写任务。

办学的目的主要是培养抗日军政干部，同时为了从敌占区吸引大批青年到根据地来参加革命。初建时，还开设了短训班，所设课程以抗战理论和技术教育为主，施以教育两三个月即行分配。学校办得较为正规，学制也有所变化。师范部学生在校学习时间为一年，所设课程主要是政治、教育理论、方针政策和组织管理，兼学政治经济学和哲学常识；行政干部部学生在校学习半年，所设课程有国语、数学、物理、化学、生理卫生、历史、地理、政治等。为适应游击环境，特开设军事课。教师和学生均采取军事编制，实行行动军事化、教学游击化。学院教师多是学识渊博、思想进步、教学水平较高的大学毕业生。学生来源主要由各县选送，也有抽调的在职人员及部分社会知识青年。并根据学生的文化程度和年龄，将文化水平较低或年龄较小的分到中学部，学生毕业后，基本上回原县分配工作。学院是在抗日战争最艰苦的时期创办起来的一所新型学校，从成立到后来合并，虽然仅存在3年多时间，却为抗日战争、解放战争以及新中国成立后的社会主义革命和建设培养了一批人才。

学习与劳动生产相结合

太行抗战建国学院在教学安排上，主要注重了教学，以努力提高学员的思想素质和文化素质。但由于共产党领导的抗日力量的不断壮大和"百团大战"的威慑,引起了日本侵略军的恐惧。1941年后,日军调整了作战部署,把矛头进一步指向了八路军领导下的太行敌后抗日根据地。为了摧垮太行根据地,日军调集重兵,加紧了对根据地的"包围"、"分割"与"封锁",实行惨无人道的烧光、杀光、抢光的"三光"政策。日军的军事、经济封锁,加上国民党顽固派的反共摩擦和百年不遇的自然灾害,1941年以后的两年多时间里,太行根据地的抗日斗争,进入极端困难时期。根据地遭到日寇的"蚕食",面积缩小1/5,根据地财政经济濒于枯竭,军需民用都成了大问题。日军经常不断地对太行区腹心地区进行"扫荡",抗战学院一直处于动荡之中。文化课学习的时间一直缩短,不到全部时间的1/3,但学生还是尽最大努力学文化知识,语文、数学、历史、地理、物理、动植物、生理卫生等基础课都学了一些,而且有很大收获。

为了提高教学质量,抗战学院从政治思想工作入手,结合学校实际,调动了学生的积极性。第一,学员到抗院,都迫切要求能提高自己的文化水平,学习自觉性很高,只要学校安排文化课程,学员都如饥似渴地抓紧学习;第二,讲的是初中、初师文化课,学员大部较今天的初中学生年龄要大,理解接收能力较强;第三,老师讲课理论联系实际较好,课程实用性较强。如讲生理卫生,就讲人的骨骼、消化、循环、呼吸等各系统的情况。讲动植物,就讲猴子、牛、马、猪、羊等。由于以上原因,虽然学习文化时间不长,但收获不少,为以后到工作实践中锻炼,奠定了一定的文化基础。

抗院是在极端困难的战争环境中办学的。学校经常转移,没有固定校舍,常住在庙宇和农家,大树荫下作课堂,膝盖、马扎就是书桌和板凳,古书纸拆开的背面装订起来是学员的作业记录本。学习与劳动生产相结合，不仅是党的教育方针所规定，而且也是抗日时期办学补助学校经费，解决师生生活困难所必需。学校师生的伙食为每人每天四两小米，五分钱菜金。学校除教育学员认识劳动创造世界、劳动最光荣等基本理论外，同时积极响应党中央号召，开展大生产运动，组织师生参加了劳动生产的实践。

为解决粮食蔬菜不足的问题，学校组织师生到百里以外的辽县拐儿镇、武乡大平、黎城王家庄、西井四方垴山等地开荒种红萝卜、土豆、荞麦等作物。师生分班轮流去生产劳动。在学校所在地的山村附近，师生们亲手开荒地、种南瓜、莴苣、茄子、豆角等，增强了劳动观念，增长了劳动生产知识，也改善了生活。1942年冬，抗院初一班在黎城鸽子峧住时，师生一同上山砍柴，一面解决做饭用柴之困难，一面烧木炭，以便寒冬取暖之用。另外，在日军对根据地封锁之下，食盐困难，学校和边区贸易公司联系，组织学员在课余时间打毛衣，向敌占区出口换盐。同时，也组织学生挖硝土，自己动手熬制土盐，以改善学生生活。

思想政治教育是主导

太行抗战建国学院办学的总方针是：一切为抗战服务。开学典礼会上，中共晋冀豫区党委书记李雪峰前去祝贺，并结合太行抗战形势，向全体师生讲解《论持久战》，批驳"速胜论"和"亡国论"。学院名誉院长、冀太联办主任杨秀峰讲述了晋冀鲁豫边区需要政治思想好、有文化、积极投身抗战的人才，并抽时间到学院来亲自讲授辩证唯物论，还邀请北方局宣传部长李大章来讲哲学和政治常识，晋冀鲁豫边区政府委员兼秘书主任、杨秀峰同志的夫人孙文淑讲统一战线，晋冀鲁豫边区文联主任徐懋庸讲抗战文艺和革命史，边区政府教育厅长罗青讲国际政治。

在太行抗战建国学院，思想政治教育一直占首要位置，时事政治形势教育、反对个人主义的整风学习、反特斗争和最后的个人总结，都贯穿着一条红线，用无产阶级思想来改造学员的世界观。

1942年冬，抗战学院的学员们到黎城县赵家山村参加了"减租减息"斗争和"冬学"运动。大家一面学习，一面工作，把学习的成果用到工作上，从实践中来认识社会、从社会实践中来提高自己，收到了良好的效果。时间不到一个月，大家觉得收获很大。学院经常组织晋冀豫区党委、晋冀鲁豫边区政府领导去讲课，还不时邀请八路军总部、中共中央北方局、一二九师主要领导到校做报告。他们的报告，用马克思主义的世界观，对当时的国际国内形势作了深刻的分析，指出反法西斯必胜，抗战必胜，使学员们进一步树立了坚持抗战的信心和决心。同时也讲到了抗战胜利后，中国的两大党——共产党、国民党，前途如何，在学员思想上仍然存在着糊涂观念。学员联系戎伍胜、邢肇棠等人的报告，从邢肇棠写的《时事两面观》和新中国成立前民族资产阶级办的《东方杂志》上的文章中，看到了国民党的腐败，认识到只有共产党才代表了中华民族的利益，只有共产党才能救中国。

在解决了只有跟着共产党走才有前途的问题之后，发现一些同学认为只有跟共产党走才有个人前途。学校领导又及时地结合整风学习，组织大家学习全心全意为人民服务、反对个人主义等文章，克服为个人找出路而跟共产党走的问题。学员结合实际、联系思想实际开展批评与自我批评，有效地明确了为人民服务的观念，树立了为人民服务的思想。

总的来看，树立了抗战必胜的信心，认识了只有共产党才能救中国的真理，确立了为人民服务、反对个人主义的观点，这是学院进行思想教育的伟大成果。给广大学员以后在积极参加抗日战争、解放战争和社会主义建设中发挥骨干带头作用，奠定了良好的思想基础。

军事化、战斗化的生活

学院的生活是战斗化和军事化的。每天早晨号声一响，就起床跑步，院长和总队长、教导主任、教官们也一起参加。夜间大家熟睡时，常常紧急集合。号声一响，十分钟就要把背包打好，参加夜间演习。当时生活十分艰苦，吃起饭来，也像战斗一样，哨子一吹，就放下饭碗集合。学员们编了顺口溜，用北伐时打倒列强的调子，愉快地哼唱："小米干饭，小米干饭，辣椒萝卜白菜，辣椒萝卜白菜，吃个饱，吃个饱。"晚上，十几个人挤在一间小地铺上睡觉，铺的是谷草，枕的是砖头。如果半夜去厕所，回来后就很难再躺下。刚入学时，男学员有的穿着长衫，女学员有的穿着旗袍或短裙，还有的抹着脂粉。这种情况很快就被改变了，一是从思想上解决了小资情调，二是艰苦生活的锻炼，没有了打扮的条件，后来一律穿灰军装，打裹腿。女学员全剪成短发，戴上军帽，一个个像英俊的小伙子。

在抗日战争的战斗环境里，抗院始终贯彻了军事化、战斗化的教学思想。在日军"扫荡"的间隙里学习文化、政治、军事；在反"扫荡"中学习游击战争、学习打仗。学生一入学，每人都发两颗手榴弹，少数骨干学员还配发有步枪、马枪，每个师生均发有可装五斤面粉的炒面袋。在军事课里，有挖战壕、射击、投手榴弹、夜间紧急集合、急行军等课程，在讲解讨论学习之后，配以实践演习，有不定时间的夜间紧急集合转移。要求学员在听到紧急集合号声或哨声之后的五分钟内，穿好衣服，打好背包，带上武器，进行夜间转移。每早上进行军事操练，每天晚上全体学员集合，听取教导员进行一二十分钟的一天生活"点评"，表扬好的，指出明天和今后要注意的问题。这种军事化、战斗化的学校生活，为战争环境所必需，也服务了战争，赢得了战争。在反"扫荡"战斗中，老师、同学多次化整为零，分散在深山之中，同群众、民兵生活在一起，战斗在一起，胜利地完成了反"扫荡"的战斗任务。

抗战建国学院的终结与合并

由于是战争环境，敌人每年要有几次大的"扫荡"，从春季"扫荡"到夏季、秋季、年关"扫荡"，这四次大"扫荡"已经成为固定的之外，还有不定期的突然袭击，对根据地进行"围剿"。所以，学生班中除负责教学的任务外，还设有负责军事行动的队长。1942年5月，日军组织了以辽县、涉县、武乡为中心的"铁壁合围"。反"扫荡"中，为了保存自己，抗战学院果断决定立即分散撤离，干部班转移至赞皇；师范班（边区师范）转移到平顺。不久，边区师范又转移来到武乡，分为两个队，一队住安乐庄牛丙南家西房，负责人赵文敏；二队住李坪李鸿家，负责人张超，学生学习在村东龙王庙。班主任王同民、魏五高，老师孟一民、张德甫、郑雪樵等都来到武乡。

抗日战争处于最困难的时期，日军经常"扫荡"，学校地址经常变动。学生的生活极为艰苦，用粮和烧柴全靠自己动手。在这样艰苦的战争环境中学习，学生们的学习劲头却很高，刻苦认真。1942年秋，晋冀豫区党委和边区政府实行精兵简政，决定把太行抗战建国学院、太行一中、太行二中、太行三中这四所学校的一部分师生分配了工作，留下的一部分师生合并为太行联合中学，由抗院的王振华和一中的李棣华分别任正、副校长。

抗院高师班的学生全部分配了工作，抗院初一班和初二班同学除部分分配工作外，与太行三中合并成为太行联合中学第三队（队主任苏贯之），移武乡神南村。两个月后，太行联合中学三个队七个班约300余名师生全部集中住到涉县悬钟村，开始了以时事形势教育为主要内容的思想教育运动。秋季，晋冀豫区党委抽调一部分师生赴陵（川）高（平）县、林南县随军开辟新区，留校师生赴黎城县王家庄、西井四方垴山，组织开垦荒地，进行生产和耕种，一边劳动，一边坚持学习。根据抗日形势的发展和需要，1944年底到1945年初，学员全部由太行区党委分配了工作。1945年春，学校也由悬钟迁往涉县长乐村与行政干校合并，称为太行行政干校。

作者简介：

李树生　武乡县人大常委会副主任、武乡县三晋文化研究会会长

论八路军与华北抗战

郝雪廷

抗日战争是中华民族的壮举,是战争史上的奇观,是惊天动地的伟绩。在这长达八年的争取民族解放的伟大战争中,国共两党、两军实现第二次合作,对抗战的坚持和胜利都做出了重大的贡献。而在这场决定中华民族生死存亡和前途命运的神圣战争中,共产党领导的八路军不仅走上了抗日最前线,依托山西,在华北坚持敌后游击战争,牵制了大量的日军,并以顽强的作战精神,同日军进行了殊死的搏斗,写下了抗战史上最辉煌、最壮丽的篇章。本文试图就此作一探讨。

走上抗日最前线,显示出中共为争取民族独立解放的最大决心

早在1935年,中共就向国民党政府提出了红军接受改编,走上抗日前线的要求。但是以蒋介石为首的国民政府一直坚持"攘外必先安内"的错误政策,一方面削弱了国防力量,另一方面也更使日本侵略者肆无忌惮。七七事变发生后,不到一个月,日军不仅占领了北平、天津,之后又以平津为基地,沿平汉、同蒲、平绥、津浦等铁路,兵分四路向华北地区发动大规模的侵略,其战争计划是以平绥、津浦分东西两翼钳制配合,平汉、津浦两线实施中央突破。先取太原,后夺山西,这样便可固守平津，在此基础上，占领华北，进取中原，继而吞并全中国。这就是日军"一个月拿下山西，三个月灭亡全中国"的狂妄计划。此刻，以五台山为中心的晋东北已经成为抗日的战略中枢。根据两党谈判进程，我工农红军早在1937年6月份就开始着手改编的准备工作，时刻准备着开赴抗日前线。1937年8月4日，毛泽东、洛甫又致电正在南京与国民党蒋介石进行谈判的周恩来、叶剑英等，提出："红军依冀察晋绥四省交界地区为中心，向沿着平绥路西进、沿平汉路南进之敌实行侧面的游击战，另以一部向热察冀边界地区活动，威胁敌后方。"①

中共中央以最诚恳、最实在的态度，提出了红军改编后走上抗日最前线的请求，表现出中共在保卫国家、争取民族独立解放事业中的博大胸怀。根据两党谈判协议，1937年8月22日，国民政府军事委员会公布将陕北红军主力改编为国民革命军第八路军。改编后的八路军马上东渡黄河，开赴华北抗日战场。此时，正值日军以精锐之师进攻南口，发动平绥路南口和张家口战役，从而打开入晋门户。南口至张家口是敌军西进南下的战略焦点。中共中央为了配合友军保卫华北，针对敌人的战略意图，力求占领战略要地，决定八路军全部进入恒山山脉，并以此为战略依托，向燕山山脉发展，即以晋东北为根据地向察南、热南、冀东发展。这一部署的要旨，是深入平、津敌军的侧后，分割敌关东军与平、津敌军的战略联系，从侧后出击，钳制敌军的正面进攻。如果友军能够在此地区坚持一定时间，八路军则能在燕山山脉展开。那时，八路军将在山西北部、河北北部、察哈尔、热河以至辽宁南部发展广大的游击战

---

① 魏宏远主编：《华北抗日根据地纪事》，天津人民出版社1986年版。

争。按此战略设想,敌人的战略计划将遭到破坏,华北抗战将出现有利形势。但时局变化却出人意料,八路军一一五师平型关战斗的胜利,虽大长国人志气,但由于国民党军队的恐战,国民党军队以80万大军与日军20万兵力对垒[①],竟然连连败退,脆弱的防线迅速被敌突破,华北战局急转直下。这样,根据敌人新的进攻方向,和国民党军队的败退位置,毛泽东和党中央又迅速改变和调整了原来的战略部署。1937年9月17日,毛泽东致电八路军总部提出:"红军全部在恒山山脉创造游击根据地的计划在上述敌我情况下,已根本上不适用了。"[②]为战略部署更有利于打击敌人,中央要求:"(1)我一二〇师应集结于太原以北忻县待命,准备在取得阎之同意下,转到晋西北管涔山等地区活动。(2)我一二九师于适当时机,进至吕梁山脉活动。(3)我一一五师则以自觉的被动姿势及时进入恒山山脉南段活动,如敌南进,而友军又未能将其击退,则准备依情况逐渐南移,展开于晋东南之太行、太岳两山山脉之中。(4)总部进至太原附近,依情况决定适当位置。"[③]

从如上党中央和毛泽东紧紧追逐日军的进攻方向和作战意图,来确定自己的位置,主动调整战争的总体布局,可以看出:中共中央从抗日大局出发,选择既有利于侧击敌人,又有利于保存自己;既有利于配合正面战场作战,又有利于形成独立自主态势的地区来布置八路军的兵力,从而,依仗山西,以我军游击战术的优势,来弥补友军的战略失误。

---

① 张国祥著:《山西抗日战争史》,山西人民出版社1992年版。
② 张国祥著:《山西抗日战争史》,山西人民出版社1992年版。
③ 张国祥著:《山西抗日战争史》,山西人民出版社1992年版。

八路军从民族利益出发,以三师之众,全部开到了抗日最前线,充分显示出了中共为民族独立解放而牺牲的决心。

收拾残局,在抗战中创建和发展根据地

由于国民党军队的软弱和溃退,1937年11月8日,太原失守。至此,华北的大城市全部沦陷,国民党军队在华北的正面战场宣告失败,整个华北的抗战局势发生了历史性的转折。正如毛泽东所说:"在华北,以国民党为主体的正规战争已经结束,以共产党为主体的游击战争进入主要地位。"①

八路军总部遵照中共中央、中央军委及毛泽东主席制定的战略方针,并结合前线的实际,积极调整各师的作战区域,部署创建敌后抗日根据地工作,令一一五师一部以五台山脉、一二〇师以管涔山脉、总部率一二九师以太行山脉、一一五师主力以吕梁山脉为依托,分兵发动群众,开展游击战争,创建抗日根据地。这样,在很短的时间内,敌后就出现了晋东南、晋东北、晋西南、晋西北四大区域的根据地,一方面来响应和配合友军与日军作战,另一方面也成为中国共产党在敌后的战略支点,尤其是这几片根据地成为八路军在敌后赖以生存的前沿阵地。以后,八路军以此为中心实施战略展开,在华北创建了晋察冀、晋绥、晋冀豫和山东四大根据地,形成了广阔的华北敌后战场。特别是依托山西创建的三大"晋"字头根据地,成为华北抗战的主要基地。

由于国民党军队采取了单独防御的内线作战形式,难以抵抗猖狂进犯的侵略性极强的日本军队,因而导致处于内线作战的国民党军队节节

---

① 《毛泽东选集》,人民出版社1952年版,第358页。

败退，华北的大片国土沦陷敌手。八路军仅以东渡黄河的3万余兵力，来支撑整个华北的局势，确实是件非常困难的事情。就在这样的形势下，中共中央、中央军委和八路军总部全面分析了战争的势态：抗日战争的基本形势是敌强我弱；从军事力量上来讲：日军陆军平时常备兵力21个师团，40多万人，战争爆发后，以平时步兵常备兵为基础，还有预备役73万人，后备役88万人，加上第一、第二补充役，共35个师团，约为90万，日本征兵最高数额达450万人，并有强大的空军和海军，而我国陆军只有182个师，46个独立旅，9个骑兵师，6个骑兵旅，4个炮兵旅，20个独立团，总兵力为200万军队，而且空军和海军几乎是空白。[①]再加上武器装备的因素，我国处于明显的劣势地位。这是客观的情况。但是，我们应该看到，中国当时是拥有4亿人民的大国，全国人民已被日本侵略者的铁蹄所震醒，人民普遍要求救亡图存，这可以说是中华民族抵抗外来侵略的最大优势所在。八路军利用游击战战略，不仅可以动员后方的人民群众起来与敌斗争，而且也动员了曾被沦陷敌手、亲身经历过日军蹂躏因而对日军更为憎恨的人们，从而最大限度地组织起广大的民众，投身于伟大的抗日战争之中。

八路军和华北地方党组织一道，把有组织的正规部队分散到被敌人占领的敌后去发动民众、组织民众，这就使敌后已经觉醒起来的人民摆脱了群龙无首的局面，形成了组织体系完备的抗日力量。人民群众一经组织起来，就会发挥出各种智慧和能量。创造出诸如地道战、地雷战、麻雀战等多种作战形式，并建立了各种形式的游击队、武工队等。特别

---

① 解力夫著：《抗日战争实录》，河北人民出版社1990年版。

是在山东,从1937年10月以后的半年里,先后发动了12次大的民众武装起义①,并全部编入八路军序列,形成人民战争的奇观和无敌于天下之势。在这样的形势下,战略上处于外线作战的八路军则向敌人展开了广泛的进攻。

抗战初期,国民政府拥有200多万正规军,却被日军打得几乎一溃千里,丧失了大片的国土,而八路军仅渡过黄河的3万余兵力,却能靠敌后游击战争,以山区为依托,建立了一块又一块的根据地。更重要的是,我八路军创建的根据地并不是国民政府划分给的防区,而是国民党军队溃退以后我军从日本侵略者手中夺回来的。八路军成为支撑华北战场的最主要力量,根据地形成了燎原之势,到1938年10月短短一年的时间里,在华北先后创建了晋察冀、冀中、平西、晋西北、晋西南、大青山、晋冀豫、冀南、冀鲁边、鲁西、胶东、鲁中、鲁南等许多抗日根据地。根据地的扩大,华北地方党组织的配合,广大民众的发动,八路军部队得到很大的发展,短短一年里,八路军就成为拥有16万之众的强大集团军②,成为坚持华北抗战的主力军。

牵制和打击日军,始终以抗日为己任

在中国共产党的正确领导下,八路军深入华北敌后,在这一日军主要占领区的心脏地带,高举团结抗日的大旗,始终以抗日为己任,同日本侵略者进行了长达八年的艰苦卓绝的斗争。八年中,八路军为民族解放事业做出了重大牺牲,这是有目共睹的,其结果并没有为来势凶猛的

---

① 肖克主编:《八路军·综述》,解放军出版社1994年版。
② 肖克主编:《八路军·综述》,解放军出版社1994年版。

侵略者所吞噬，反而，发展壮大到百万之众，这本身就是一个伟大的胜利。事实充分证明，八路军既是华北民众的发动者，华北抗战的组织者，又是敌后游击战争的缔造者，敌后战场的开辟者。他们深入敌后，浴血奋战，在极其恶劣的条件下，不畏艰难，使根据地逐渐发展壮大，创造了举世瞩目的辉煌战绩。他们为民族解放抛头颅、洒热血，所表现出的崇高斗志和不屈不挠的献身精神，成为鼓舞全国各阶层民众坚持抗战，争取抗战最后胜利的精神支柱。

八路军开辟的敌后战场是抗击日本侵略者的重要战场，它有力地牵制了日军的向南进攻，配合了国民党正面战场的作战。根据战争初期的分工，八路军担任在日军侧后出击敌人的任务，国民党军队负责正面战场的作战，于是渐渐形成了正面与敌后两种方位不同的战场。"没有正面主力军的英勇抗战，便无从顺利地开展敌后方的游击战争。"反过来，敌后游击战争又"钳制了大量的敌军，配合了正面主力军的抗战"[①]。正面战场和敌后战场在战役上直接配合虽为数不多，但两者在战略上相辅相成则是非常明显的。由于两者的配合，特别是八路军抵抗日本侵略者所起的重大作用，中国抗战才得以坚持，才使日军深陷长期战争的泥潭。这种积极配合的行动，有力地推动了整个抗战朝着胜利的方向发展。这种配合的事例是不胜枚举的。平型关大捷之后，八路军相继进行了宁武、雁门关、阳明堡、七亘村、广阳、黄崖底等一系列战斗，有力配合了正面战场忻口战役的作战，成为两党两军合作的一个光辉典范。更为

---

① 毛泽东：《〈八路军军政杂志〉发刊词》，载《八路军军政杂志》（创刊号）。

突出的要数百团大战。1940年5月，当日军先后对南昌、长沙、桂南、宜昌等地发起攻势，并以空军轰炸成都、贵阳、昆明和衡阳等城市，其目的在于攻占重庆，以威逼蒋介石政府与其和谈，并且打通粤汉线，实施太平洋战争计划。我八路军于8月份开始，先后投入105个团的兵力，在华北发动了以破袭敌交通线为主的百团大战，进行大小战斗1824次，毙、伤、俘日伪军4.5万，破坏铁路470公里，公路1500公里，消灭敌据点2900多个[1]，沉重地打击了敌人，有效地配合了正面战场的作战。日军不得不从华中战场上抽调大量的军队回师华北。从而，使日军感到"肩负着中国事变的重担而又对南方行使武力，这是极端冒险的行动"[2]。正如毛泽东所说："几年内，我党开辟了一个广大的解放区战场，以至于能够停止日军主力向国民党战场作战略进攻至五年半之久，将日军主力吸引到自己周围，挽救了国民党战场的危机，支持了长期的抗战。"[3]日军南进计划终于被八路军所打乱。正因为八路军与国民党军队的积极有效配合，才扭转了中国抗战的危局。

战绩卓著，书写了中国抗战史上最辉煌的一页

在长达八年的抗日战争中，八路军一直是活跃在华北敌后的一支中坚力量。华北战场是中国抗战的主要战场之一。八年中，八路军始终站在华北抗日最前线，抗击和牵制了日军侵华兵力的1/3至1/2。在条件极端艰苦的情况下，与日伪军作战约10万次，消灭日伪军125万多人，缴

---

[1] 肖克主编：《八路军·综述》，解放军出版社1994年版。
[2] 日本防卫厅战史室编：《华北治安战》，天津人民出版社1982年版。
[3] 《毛泽东选集》，人民出版社1952年版，第896页。

获长短枪45万支，机枪7400挺，各种炮1280门。八路军用鲜血和生命书写了中国抗战史上最辉煌的一页。八路军共伤亡近40万人，其中牺牲团职以上干部880余人，尤其是八路军副参谋长、前方总部参谋长左权于1942年5月反"扫荡"中不幸以身殉国，成为八路军在抗战中牺牲的最高将领。这充分说明了八路军为战胜日本侵略者所做出的重大贡献。[1]

八年抗战中，八路军在中国共产党的领导下，深入华北敌后，广大军民克服了重重困难，坚持了长期抗战，把敌人的后方变成前线，不仅有力地打击了日军的疯狂进攻，同时也牵制吸引了大量的日军。据日方统计：1939年日军在华兵力共38个师团，而在华北就有18个师团，几乎近半。1940年4月，日本决定将在华兵力85万压缩到70万到75万，从6月份的编制和驻华地区兵力分布看，华北是25万余人，占华北、华中、华南总兵力的34%。[2]百团大战后，1941年，日本又从华中调来两个师团，这样华北与华中相比，仅差几万人。彭德怀曾讲："日本侵华一共27个师团，19个独立旅团，2个骑兵旅团，3个重炮旅团，以及其他一些配属部队，在华北战场不下40万，占进攻中国总兵力的2/5强。"[3]到1945年4月，在华日军（满洲的未计在内）40个师团58万人中，解放区战场抗击了22.5个师团，32万人，占56%。[4]这对支援和配合国民

---

[1] 肖克主编：《八路军·综述》，解放军出版社1994年版。
[2] 日本防卫厅战史室编：《中国事变陆军作战史》，中华书局1979年版。
[3] 彭德怀：《咬紧我们的牙关克服接近胜利的困难》，华北《新华日报》1942年1月1日。
[4] 《毛泽东选集》，人民出版社1952年版，第944页。

党正面战场都产生了极大的作用,对坚持全国抗战,有着非常重大的意义。同时,八路军在战争中发展,在战争中壮大,从改编时的4.5万人,发展到抗战胜利时拥有102万人的大军。[1]不仅如此,八路军为支援华中新四军,先后派出彭雪枫、黄克诚率兵南下,组成八路军第四、第五纵队,共3.6万余人,与新四军共同抵抗日军进攻和顽军摩擦。"皖南事变"后,重建新四军军部,八路军第五纵队、第四纵队分别编为新四军第三、第四师,八路军教五旅改编为新四军独立旅。八路军主力南下,使华中增添了新的生力军,为华中抗战奠定了基础。八路军的发展壮大和在战争中取得的辉煌战果,极大地增强了广大民众斗争的勇气和胜利的信心,对取得抗日战争的胜利有极其重大的历史意义。

综上所述,在八年抗战中,八路军在中国共产党的正确领导下,坚持敌后游击战争,创造和建设敌后抗日根据地,在辽阔的抗日战场,英勇杀敌,浴血奋战,成为全民族抗战的中流砥柱,是取得抗战胜利的决定性力量。它的丰功伟绩,将永载中国革命的光辉史册。

作者简介:

郝雪廷　武乡县八路军太行纪念馆研究部主任

---

[1] 肖克主编:《八路军·综述》,解放军出版社1994年版。

华北抗日根据地的干部教育工作

赤 桦

能不能培养教育出一支政治立场坚定、业务能力过硬的优秀领导干部队伍来,在很大程度上决定着一个革命政党,乃至一个国家的事业是否能够顺利发展、日益强盛。因此,中国共产党成立伊始,就十分重视干部的教育工作。华北抗日根据地包括河北、察哈尔、绥远、山西、山东五省大部分及热河、辽宁、江苏三省一小部分,形成了晋察冀、晋西北、晋西南、晋冀豫和山东抗日根据地等大块敌后抗日根据地,是中国共产党领导的八路军在敌后开辟的主要战场,牵制和消耗了大量的日军,为我党培养了大量的高素质革命干部,为赢得华北敌后战场抗战的胜利乃至整个抗日战争的胜利做出了重要贡献。

一、华北抗日根据地加强干部教育的历史紧迫性

抗战一开始,毛泽东在陕北公学开学典礼的讲演中,就高度强调干部教育的重要性,指出:"我们要造就大批的民族革命干部。他们是有革命理论的,他们是富于牺牲精神的,他们是革命的先锋队。只有依靠成千成万的好干部,革命的方针与办法才能执行,全面的全民族的革命战争才能出现于中国,才能最后战胜敌人"。正因为如此,八路军领导下的华北抗日根据地在长期的抗战过程中,根据严峻的形势以及八路军自身建设的需要,始终重视干部教育、大抓干部教育。

(一)严峻的抗战形势的需要

抗日民族统一战线建立后,经两党协商,中国共产党领导的红军主力改编为八路军,开赴华北抗日前线,深入敌后开展敌后游击战争,建立敌后抗日根据地。这就需要发动群众,动员群众。这一过程中,"干部就是决定的因素"①,是组织民众进行抗日宣传的主导力量。但随着战事的激烈及新的抗日根据地不断建立和扩大,包括华北在内,各抗日根据地都面临着干部匮乏的状况,这种情况很难适应急剧变化的形势和抗日斗争的需要。正如,毛泽东指出的:"中国共产党是在一个几万万人口的大民族中领导伟大革命斗争的党,没有多数才德兼备的干部,是不能完成其历史任务的……现有的骨干还不足以支撑斗争的大厦,还须大量地培养人才。"②"要驱逐日本帝国主义出中国,争取抗战胜利,就必需大大增加抗战力量,改变敌我力量强弱的对比,才能达到这个目的。增强抗战力量的工作和方法很多,然而其中最好最有效的方法是办学校,培养抗日干部。"③为此,必须把干部教育提升到抗战胜利的高度来认识。

(二)巩固敌后抗日根据地建设的需要

中国共产党领导的抗日军民发动游击战争的主要地区就是日军大举

---

① 《毛泽东选集》(第2卷),人民出版社1991年版。
② 《毛泽东选集》(第2卷),人民出版社1991年版。
③ 《毛泽东对抗大的指示》,载《八路军军政杂志》第1卷第4期。

深入中国内地后，在其后方留下的广阔的地区。要在敌后开展并坚持持久广泛的游击战争，就必须建立巩固的革命根据地作为保存、发展自己和消灭敌人的战略基地。1937年11月，毛泽东在《上海太原失陷以后抗日战争的形势和任务》中指出："在华北，以国民党为主体的正规战争已经结束，以共产党为主体的游击战争进入主要地位。"[①]根据党中央和毛泽东的战略部署，华北抗日军民在敌人后方开辟了许多大块的抗日民主根据地，为保障抗战的胜利做出了重大贡献。但是，由于华北各抗日根据地，包括晋、冀、鲁、豫、绥、察六省的边区，交通不便，经济薄弱，文化教育也比较落后。尽管其中河北省经济较富饶，而且邻近北平、天津等城市，文化教育事业比较发达，但七七事变后，北平、天津、保定、太原、济南等铁路沿线的大中城市相继沦陷，城乡的中小学统统停闭，大量知识分子失业，过着黑暗恐怖的生活。为改变各根据地的落后面貌，提高群众的文化知识，发动群众投入抗战，必须实施干部教育，培养大量干部充实到各个根据地从事政治、经济、文化、军事的领导工作。只有根据地人民群众的文化水平提高了，群众的生活条件改善了，才能组织大量的群众支持抗战，巩固根据地的建设和发展，发挥人民战争的威力。

（三）加强八路军的自身建设的需要

红军主力改编为国民革命军后，部队在思想认识上出现了许多复杂的情况：一些干部战士在感情上难以接受，认为改编就是向国民党投降；有少数人对独立自主的原则缺乏清醒的认识，丧失了对国民党的警惕性。

---

① 《毛泽东选集》（第2卷），人民出版社1991年版。

这些思想在干部队伍中造成较大的影响，并在相当长一段时间里发生着作用。另一方面，八路军干部整体素质偏低。无论是新干部还是老干部，面对抗战时期纷繁复杂的形势与任务，干部素质与形势要求均有很大距离。老干部方向明确、立场坚定，具有较强的组织纪律性和丰富的工作与实际斗争经验，但他们文化素养和政治理论水平低下。新干部尽管具有高涨的抗战热情和较高的文化素养，但革命的意志品质还不够坚强，缺乏实际工作经验，理论难以和实践相结合。面对上述这些干部状况，加强对干部的教育和培养就显得尤为重要。只有加强干部教育，才能从根本上肃清各种错误思想，坚持抗日民族统一战线及各项方针原则，提高广大干部的政治和理论素养，解决干部的思想统一问题。

二、华北抗日根据地干部教育的主要情况

为了适应抗战的需要，党中央制订了"干部教育第一"的方针，明确了以马克思主义为指导，以研究中国革命实际问题为中心，将教育与生产劳动相结合的原则。华北抗日根据地依据这些要求，结合自身实际，开展了卓有成效的干部教育。

（一）创办干部学校和干部训练班，大批培养干部

毛泽东指出："抗日民主根据地的教育任务，第一为抗战培养干部，每个根据地都要尽可能开办大规模的干部学校，越大越多越好。"八路军挺进华北敌后，在建立的各个抗日根据地上创办了许多干部学校，为充实革命队伍，保证党对抗日战争的领导，做出了重大贡献。1938年1月10日，晋察冀边区军、政、民代表大会在河北阜平召开，选举产生了晋察冀边区行政委员会。会上，通过了军事、政治、经济、财政、文教、群众运动等决议案。在文化教育决议案中，提出边区的教育文化事业要为抗日战争服务，将干部教育放在首位，要广泛地设立各种干部学校和干部训练班，大量培养抗日干部和抗战急需的专门技术人才，来夺取抗日战争的最后胜利。此后，华北各抗日根据地的干部学校和干部训练班如雨后春笋般地涌现和发展起来。除了由中央和地方共同领导的华北联合大学外，在晋察冀抗日根据地创办了抗大第二分校、白求恩卫生学校、河北抗战学院、抗战建国学院、冀中民运干部学校、群众干部学校、政治学校、曲阳县干部学校、冀中"五一"学院、定襄学院、蒙藏学校等。在晋冀豫抗日根据地创建了行政干部学校、抗大六分校、抗大太行分校、太岳分校、筑先抗战学院、太行抗战建国学院等。在晋西抗日根据地创建了抗日军政大学七分校、军政干部学校、晋西北抗战学院、晋西青年干部学校、晋西行政干部学校、晋西北财经干部学校、晋西民运干部学校等。在山东抗日根据地创建了抗日军政干部学校、抗大一分校、山东财政经济学校、山东抗战建国学校、胶东建国学校、胶东抗日军政干部学校、鲁西抗日军政干部学校、胶东财经学校、清河财经学校、清河建国学校和滨海建国学院等。据不完全统计，到1941年8月，华北抗日根据地高级专科以上学校有18所，中等学校有21所。1942年是整个华北敌后根据地最困难的一年。当时，各抗日根据地都实行精兵简政政策，各干部学校都压缩了编制，减少了招生。1943年，随着华北敌后抗日战争形势好转，开始由内线作战转向外线作战，各根据地干部学校教育开始进入恢复和发展阶段。

（二）在进行学校教育的同时，还兴办了各种类型的干部训练班

这些训练班或是提高干部业务和文化水平的训练班；或是根据党的工作需要而临时举办的"一事一训"的训练班。学习时间一至两个月不等，学习内容或者是一个问题，或者是一个工作任务，或者是学习业务等。如1937年8月，保东特委举办的"游击战争干部训练班"；1937年11月八路军驻晋办事处在临汾办的"学兵队"；1938年12月在阳城办起来的华北军政干部训练班等。由边区党政机关办的抗日干部训练班或干校也很普遍,主要培训各种类型的基层干部,还培训救亡团体与自卫队的干部。例如,太行路东干部学校就是其中突出的一个,其前身是1938年初辽县办的抗日干部学校,有工、农、青、妇、儿童团及政民、师资等多种班次,为辽县培训了数以千计的工农干部,也吸收了部分知识分子。1939年秋,改为山西省三区专署路东干部学校,学校设有五种班次,学员近300人。到1943年,区委党校先后培训了数千名党员干部及一些非党干部,加上原来各地委党校的培训成果,使太行、太岳的县、区级干部和半数以上的基层支部骨干受到了党的教育。

(三)实施干部在职教育,最大化地培训干部

抗日战争时期,由于恶劣的战争环境、紧张的军事斗争和艰难困苦的物质条件,不可能开办许多干部学校,绝大多数干部也不可能脱离工作岗位到学校学习,只能利用战争间隙在其工作岗位上进行必要的与可能的在职教育。为此,中国共产党在抓好干部集中培训的同时,提出大力加强在职干部教育。1939年3月,党的干部教育部公布《延安在职干部教育暂行计划》,要求把参加学习的在职干部分为甲、乙、丙三类,甲类为担任负责工作的老干部;乙类为文化水平较高而党龄较短的新干部;丙类为政治、文化水平较低的干部,依据各类干部的实际分别实施不同的教育内容。同年4月,《新华日报》发表社论,提出干部在职学习的4种办法:"(一)在实际中学习;(二)读书;(三)向群众学习;(四)适当地给予干部独立负责工作的机会,来锻炼干部、教育干部。"[①]1940年1月3日,中共

---

① 《新华日报》(华北版),1939年4月17日。

中央书记处发出《关于干部学习的指示》，要求"建立在职干部平均每天学习两小时的制度"①。同年3月24日，中共中央书记处发出《关于在职干部教育的指示》，提出把在职干部分为四类，规定了四类干部的学习科目，并宣布5月5日（马克思生日）为学习节。1942年2月28日，政治局通过《中共中央关于在职干部教育的决定》强调："在目前条件下，干部教育工作，在全部教育工作中的比重，应该是第一位的。而在职干部教育工作，在全部干部教育工作中的比重，又应该是第一位的。"②进一步明确了在职干部教育的重要地位。在这些方针的指引下，华北各抗日根据地普遍形成了浓厚的学习氛围，取得了良好的学习效果。晋察冀边区党委和政府于1940年元旦提出了在职干部教育及建立两小时学习制度。同年6月，八路军129师在军队中建立了教育部门，规定了部队干部每天两小时的学习制度。边区党政机关民众团体也建立了这种制度。经过一年的学习，各级党、政、军干部在政治理论学习和法令政策理解方面，都有了很大的进步。1942年5月24日，中共北方分局发出《关于执行中央在职干部教育决定的指示》，要求所有党、政、群众团体的在职干部，都须把业务教育放到第一位，采取小组学习制，业务教育时间的比重应占全部学习时间的十分之四。政治教育应以干部之政治水平与工作岗位的条件等来具体地规定。为解决各根据地一直在解决工农干

---

① 中央档案馆编：《中共中央文件选集（1939-1940）》（第12册），中共中央党校出版社1991年版。

② 中共中央组织部编：《干部教育工作重要文献选编》，党建读物出版社1999年版。

部轻视文化学习的问题，规定在职干部的文化学习由地方政府教育部门负责，按规定标准学习文化课，要求通过学习，分别达到初小或高小毕业的程度。各根据地党组织建立起来的干部在职教育制度，对提高干部的政治、文化素质起了重大作用。

三、华北抗日根据地干部教育的特点

华北敌后抗日根据地幅员广大，人口众多，虽然受敌人的包围分割，但相对集中，由于经常受到敌人大规模的"扫荡"，国民党政府在华北地区的统治比较薄弱。这些特点使得华北抗日根据地干部教育形成了自己的特色。

（一）注重理论联系实际，有明显的抗战教育特点

华北抗日根据地的干部教育始终与长期抗战相联系，战争需要什么就学什么，根据地需要什么就学什么。无论教育的形式还是内容都强调从实际出发，因地制宜，为长期抗战服务。在教学形式上，根据地的干部教育适应抗战形势与对敌斗争的变化，采用多种多样的学习教育形式，包括各种各样的干部学校与训练班以及干部在职培训等。在教育的内容上，结合抗战对干部进行经常性的政治、军事教育，讲授抗日根据地的发展与巩固对坚持长期抗战的意义，宣传抗日民主政权的组成与作用，总结反"扫荡"斗争的经验教训，提高粉碎敌人"扫荡"的决心和勇气，组织学员到农村进行社会调查，了解根据地建设的新情况、新经验，以加深对理论和党的路线方针政策的理解，等等。通过一系列的宣传教育，使根据地的干部成为发动群众，组织群众，团结抗战的主导力量。例如，抗大一分校就被称为"既是一所干部学校，又是一个民运工作队和一支武装战斗队"。其军事化与战斗化、军事组织与学校教育组织合一的体制适应了抗战的需要，推动了根据地战时教育与干部教育的发展。

（二）着眼于作战需要，体现灵活性、多样性、短期性特点

华北抗日根据地在进行干部教育的时候，始终着眼于抗战需要，根据干部培养目标、任务及对象、条件的不同，采取多样灵活的教学方式，增强党的干部在残酷战争中工作的本领，同时相应缩短干部学校和训练班的学习和培训时间。为适应抗战形势，抗日根据地的干部教育的形式多样，有正规的干部学校教育、在职干部教育，各种各样的速成班、训练班，还有利用开会的形式教育干部，等等。不拘形式的干部教育取得了很好的效果。多样化的干部教育形式培养出了大量不同类别的干部，有军事干部、政治干部、经济干部、科技干部和文化干部等，这些干部在很大程度上满足了根据地打仗和建设的实际需要。由于干部的素质参差不齐，根据地对干部教育的要求和侧重点也不同：对具有相当文化水平和理论水平、具有丰富的革命斗争经验的高级干部，要求他们认真钻研马列原著，把马列主义的普遍真理与中国革命的实际相结合，打破教条主义的束缚，既用宽广的眼光观察世界，又对中国的国情进行透彻的分析，正确地运用马列主义原理解决中国的实际问题，把马列主义中国化，进行理论创新；对文化和理论水平较低，但具有丰富斗争经验的干部则要求他们补习基础文化课，学会读写，要求他们学习中共中央的文件，理解中央的精神；对于初到抗日根据地，具有一定文化水平的青年学生，要求他们既要掌握一定的马克思列宁主义原理，又要深入实际，了解实际，在实际工作中锻炼自己，提高自己的实际工作能力。由于处在战争环境，华北抗日根据地随时准备应付日伪军的"扫荡"、"清乡"和突然的袭击，这就要求干部学校更加军事化和战斗化，认真调整教学组织、教学内容和教学活动方式等，以适应战斗环境，甚至常常实行化整为零，将学校分散成为若干个既是学习班，又是战斗队，更是工作组

的机动灵活的集体，紧密配合主力军作战，夺取反"扫荡"和反"清乡"的胜利。

（三）将教育与生产劳动相结合的实践方式

教育与生产劳动相结合，是马克思主义教育理论的一个重要原则。这不仅是马克思主义教育理论的一个根本原则，也是干部党性教育的一个根本方法。抗日战争时期，抗日根据地环境十分残酷，一方面是敌人疯狂的进攻，另一方面是生活极度困难。为响应毛泽东发出"自己动手，克服困难"的号召，华北抗日根据地的干部学校都普遍把生产劳动作为教学计划的一个重要组成部分。许多干部学校组织学员一边学习一边参加生产劳动。据《武乡县志》载，1940年12月，八路军总部指战员、抗大学员和北方局党校学员同群众在蟠龙河滩修筑防洪石坝两条，长100多米，可护地200余亩，当地群众称作"军民坝"。这种生产劳动，一方面可以减轻边区政府及老百姓的负担，使干部学到了生产劳动的知识，另一方面缩短了干部同群众思想感情方面的距离，对根据地的巩固和发展起了重要作用。

总之，中国共产党领导下的八路军开辟的华北抗日根据地的干部教育，始终坚持教育为抗战服务的思想，结合自身特点，培养了大量高素质的革命干部，对坚持华北地区的抗战，推动华北抗日根据地政治、经济、文化、教育的建设都起了重大的作用。

作者简介：

赤　桦　南京政治学院上海校区学刊编辑部编辑，副教授，博士

试论红色文化与红色旅游

刘国胜　赵　军

一、文化、红色文化和八路军文化概述

（一）文化

众所周知，不同学科对文化的理解也各不相同，给文化下一个科学的定义是一件不容易的事情。迄今为止，"文化"仍没有获得一个公认的、令人满意的定义。但人们比较认同的是，广义上的文化指人类在社会历史发展过程中所创造的物质财富和精神财富的总和。包括物质文化、制度文化和精神文化三个方面。狭义的文化是指人们普遍的社会习惯，如衣食住行、风俗习惯、生活方式、行为规范等。

（二）红色文化

与文化相对应，红色文化也可以分为广义的红色文化和狭义的红色文化。我们这里主要探讨广义的红色文化。广义的红色文化包括红色物质文化，红色制度文化和红色精神文化三个方面。其中，红色物质文化属于显性的文化形态，是红色文化的物质载体。其主要是指中国共产党成立后，领导全国各族人民在革命和建设过程中的革命战争遗址、重大事件发生地及其珍贵实物等，具体如纪念馆、领导人故居、纪念碑、重

大战役发生旧址、烈士陵园等。而红色制度文化主要是指中国共产党领导广大人民群众在革命和建设过程中所创建的理论、纲领、路线、方针、政策等。红色精神文化特指中国共产党领导广大人民群众在革命和建设过程中形成的革命精神。在这三个要素中红色精神是红色文化的精髓。在新民主主义过程中，主要形成了井冈山精神、长征精神、延安精神、太行精神、红岩精神和西柏坡精神。

（三）八路军文化

八路军文化是革命老区武乡县在弘扬太行精神，大力发展红色旅游产业中首先提出的。它是中国共产党领导的人民军队和根据地民众在抗日战争过程中形成的，包括八路军物质文化、八路军制度文化、八路军精神文化。八路军文化是红色文化的重要组成部分，是太行精神的精髓所在。八路军的精神内涵包括六个方面：一是听党指挥、坚定方向的革命信念；二是保卫疆土、抗击敌军的爱国精神，英勇善战、不怕牺牲的顽强意志；三是百折不挠、不怕困难的传统美德；四是不畏强暴、敢于亮剑的民族气节；五是全民参战、共同御敌的胜利之本；六是团结一致、共创家园的美好愿望。

（四）红色旅游

红色旅游主要是指以中国共产党领导人民在革命和战争时期建树丰功伟绩所形成的纪念地、标志物为载体，以其所承载的革命历史、革命事迹和革命精神为内涵，组织接待旅游者开展缅怀学习、参观游览的主题性旅游活动。红色旅游是旅游的重要组成部分。发展红色旅游对于人们了解中国共产党领导全国人民艰苦的奋斗历程，增强全社会爱国主义教育，培育和践行社会主义核心价值观，带动革命老区经济社会协调发展有着重要的意义。

二、大力弘扬红色文化的必要性

（一）弘扬红色文化有助于坚定中国特色社会主义共同理想

红色文化是中国共产党成立以后带领全国各族人民在实现两大历史任务的过程中形成的。弘扬红色文化有助于人们深入了解历史，深刻认识只有中国共产党才能救中国，只有中国共产党才能发展中国。只有社会主义才能救中国，只有社会主义才能发展中国。坚定人民群众对中国共产党和中国特色社会主义的信心，坚定对中国特色社会主义道路的信心。

（二）弘扬红色文化有助于培育和践行社会主义核心价值观

培育和践行社会主义核心价值观，是推进中国特色社会主义伟大事业、实现中华民族伟大复兴中国梦的战略任务。2013年12月，中共中央办公厅印发的《关于培育和践行社会主义核心价值观的意见》中明确指出"发挥精神文化产品育人化人的重要功能"，"发挥重要节庆日传播社会主流价值的独特优势"等内容。这些都是弘扬红色文化的题中之义。弘扬红色文化正是培育和践行社会主义核心价值观的关键一招，弘扬红色文化对于群众进行革命传统教育和爱国主义教育大有裨益。

（三）弘扬红色文化有助于山西省净化政治生态、实现弊革风清、重塑山西形象、促进富民强省

近年来，我省政治上出现塌方式腐败，经济增长速度持续放缓，面临着净化政治生态、实现弊革风清、重塑山西形象、促进富民强省的重要任务。2014年12月，王儒林书记在中共山西省委十届六次全体会议上的讲话中指出，源远流长的法治文化、博大精深的廉政文化和光耀千秋的红色文化是激励全省3600万人民开拓进取、激浊扬清、重塑形象、再铸辉煌的重要力量。大力弘扬红色文化，发挥红色文化的育人作用，必定能成为激发和凝聚山西省广大干部群众振奋精神、坚定信心、励精

图治、富民强省的重要力量。

三、发展红色旅游是弘扬红色文化的战略选择

（一）红色旅游和红色文化的关系

红色文化是红色旅游的根本保障。其一，红色物质文化为红色旅游提供了最基本的物质条件；其二，传承红色精神文化则是红色旅游的最终目的。2015年2月，习近平总书记视察陕西时强调指出："发展红色旅游要把准方向，核心是进行红色教育、传承红色基因，让干部群众来到这里能接受红色精神洗礼"。

发展红色旅游则是弘扬红色文化的战略选择。其一，红色旅游是红色文化传承的重要方式。红色文化传承的方式多种多样，比如课堂传承、阅读传承、网络媒体传承，但都是受教育者在被动接受，而红色旅游很好地把受教育者和红色资源相结合，寓教于乐，在游览过程中了解红色历史，感知红色文化精神。其二，红色文化在红色旅游过程中得到保护、开发与传承。弘扬红色文化的过程就是让更多的人接受红色教育，传承红色基因。发展红色旅游有助于红色物质文化的保护与开发。丰富红色旅游项目，在红色旅游中融入现代科技和先进营销理念，有助于吸引更多游客来体验红色之旅，传承红色精神。

（二）发展红色旅游需要注意的三个问题

一是革新旅游宣传观念。目前红色旅游依靠的宣传手段主要有：广告宣传，包括媒体宣传和户外广告版面宣传等；公共关系宣传，包括会议宣传，电视剧宣传等。这些传统的旅游观念和方法有着巨大的宣传力量，在今后也是我们需要继续努力的方向。但是，传统宣传观念需要革新，我们提出以下三方面建议：其一，设立走出去的红色品牌。传统的营销和宣传手段大都需要投入巨资，长期坚持下来，经济负担较重。如果我们改变思路，结合地方特色，设立地域特色品牌红色产品。比如成立红色连锁饭店，制定标准化的红色餐饮标志；内部装修风格紧密结合老区旅游资源，以红色旅游宣传为主题，兼顾古色、绿色旅游资源；制定标准化红色菜谱，原料由老区绿色农产品基地直接供应，健康无污染；员工经过专门培训，对老区旅游资源特别熟悉。让顾客在食用美味饭菜的同时也在经受一次红色洗礼，无形之中加深了顾客对老区的印象。把老区红色旅游的推介工作、增加百姓就业、增加武乡特色农产品外销紧密结合起来，起到了一箭三雕的作用。其二，宣传工作需要抓住机遇，主动适应市场需求。传统的旅游宣传工作侧重将旅游客源市场细分，然后重点推介。我们认为旅游宣传工作在坚持好原来客源市场细分的针对性宣传的基础上，也要做好"引来一批批游客，培育一批批潜在游客和回头客"的目标。具体方法如：与每个时期收视率较高的节目组相联系，根据节目特色和武乡县旅游资源实际情况相联系，设计电视节目宣传武乡。拍摄微电影也是一个非常好的选择。其三，宣传工作要贯穿于旅游的整个过程。传统的旅游宣传工作主要是注重旅游之前，强调"引进来"。旅游之中和旅游之后的主动宣传较少，这就需要和旅行社合作，做好在旅游之中和旅游之后增加人文关怀工作。通过手机短信，微信公共平台发布相关信息。

　　二是处理好红色资源保护、开发与红色旅游过度商业化问题。近年来，全国各地红色旅游发展迅速、2014年全年接待游客预计达到9.07亿人次，同比增长15.39%；综合收入达2264.78亿元，同比增长14.06%。但在市场经济的冲击下，红色旅游业也面临挑战，突出表现在以下几个方面：其一，红色文化内涵挖掘不够；其二，有的地方基础设施、基础建设偏离了红色旅游的主题；其三，有些红色景区开发过度商业化和娱乐化。红色旅游的前提是保护好革命遗迹。红色文化的首要属性是其政治属性,是其革命传统和爱国主义教育意义;其次才是红色资源的经济属性。在新时期,要深入挖掘红色精神内涵,深入挖掘红色文化在今天实现中国梦中的精神作用。同时将这一政治优势转化为革命老区的经济优势,通过完善红色旅游项目,吸引更多人接受爱国主义教育。

三是发展红色旅游要与精准扶贫相结合。近年来武乡县旅游发展迅速。2005年,武乡县接待游客65万人次,全年旅游综合收入为1.79亿元人民币,到2014年接待游客267.7万人次,全年旅游综合收入达到27.88亿元人民币。但不可否认,武乡仍然是国家级贫困县,距离全面建成小康社会还有一定距离。伴随着发展旅游,老区基础设施条件也更加完善。实现红色旅游与精准扶贫相结合,让扶贫工作搭乘红色旅游的"快车",让革命老区的历史、文化和资源优势转化为经济优势,充分发挥红色旅游的富民功能。在发展红色旅游的过程中,加快人才培养,在培养专业旅游人才的同时培养懂技术、善经营、会管理的新型农民,使老区各地因地制宜,宜农则农、宜工则工、宜商则商、宜游则游,真正脱贫致富。

红色文化引领红色旅游的前景。把弘扬红色文化和发展红色旅游相结合,必然会有利于坚定中国特色社会主义共同理想,培育和践行社会主义核心价值观,必然会有利于保护和利用革命文化遗产,必然会有利于带动革命老区经济社会协调发展,必然会培育和发展旅游业新的增长点。同时我省正处于深入推进腐败斗争的特殊时期,大力弘扬红色文化对于净化政治生态、实现弊革风清、重塑山西形象、促进富民强省有着重要意义。红色文化诞生于革命时期,在新的时代背景下又具有了新的时代内涵。我们相信,随着时代的发展与进步,红色文化这一软实力必然会对区域经济和社会协调发展带来无限生机和活力。八路军文化作为太行精神的精髓,也是一个需要不断探讨,常谈常新的话题。正所谓路"漫漫其修远兮,吾将上下而求索"。

作者简介:

刘国胜　山西师范大学硕士研究生导师

赵　军　山西大学马克思主义理论专业在读博士研究生

如何实现八路军文化的教育功能

董江爱　徐朝卫

八路军文化是抗日战争时期,中国共产党领导的八路军与太行人民为抗击日本侵略者在具有5000年文明历史的太行山区创造的物质文化和精神文化的总和。八路军文化对于巩固党的执政地位、实现国家治理现代化和教育党员干部及广大群众意义重大。目前,在中央强力反腐的背景下,许多地方出现了党员干部懒政不作为的现象,行政效率急剧下降,严重损害了党和政府的形象。对于普通群众来说,市场经济的建立与发展,也给思想和生活方式带来了负面影响,低级、庸俗和腐朽的思想逐步在社会蔓延,导致个人私欲膨胀、拜金主义盛行、集体主义思想和吃苦耐劳精神弱化、公共意识和公益精神明显不足等现象普遍存在,严重威胁到党的执政基础。广大青少年作为社会主义现代化建设的主要的后备力量,其世界观、价值观和身心健康都受到严重影响,存在着民族自豪感和爱国之心缺乏、对国际形势判断不准和对中国特色社会主义信心不足等问题。由此,需要发挥八路军文化的教育功能,为提高全社会的思想道德素质提供准确的价值导向,为实现中华民族伟大复兴提供精神动力。这篇文章的许多内容都是去年文章内容的重复,但我还是要进一步强调,希望我的这些想法能够为政府决策提供参考。

一、用好武乡县八路军文化教育基地这一大课堂

文化具有非常重要的教育功能,是国家富强、民族兴盛的灵魂。八路军文化是中国共产党领导的八路军在八年抗战这一特殊历史年代,在具有悠久文明积淀和重要战略地位的太行山区,在马克思主义和毛泽东思想的指导之下,与勤俭淳朴、慕义强仁、刚毅劲悍、富于进取的太行人民共同创造的物质文化与精神文化的总和。八路军文化既是抗日根据地建设的灵魂,也是中国抗日战争夺取胜利的精神动力,还是当代爱国主义教育的主要内容,其主要包括物质文化和精神文化两个方面的内容。

从中国共产党领导八路军创造的物质文化来看,太行山区是八路军文化形成和发展的重要区域,武乡县位于太行山腹地,是八路军打仗、休整、补充兵源的重要基地,该县村村驻扎过八路军党政机关,家家居住过八路军将士,处处留下了八路军和太行人民抗击日军的英勇事迹和革命足迹,也留下了日本军国主义的残暴行径和对中国人民犯下的滔天罪行。武乡县全县境域有八路军党政机关旧址、抗日领导人旧居、重要战争遗址等革命遗址200多处,在八路军纪念馆内还藏有国家级革命文物4026件(套),被誉为"一座没有围墙的革命历史博物馆"。武乡与延安、井冈山、西柏坡一起,并称为中国四大红色景区。山西省委、省政府也由此把八路军文化列为"文化强省"战略品牌之一。武乡县抓住这一重要机遇,以挖掘八路军文化和弘扬太行精神为主线,在原有的八路军太行纪念馆、八路军总部旧址等八路军文化资源的基础之上,采取政府引导和市场运作等方式,投资建设了八路军文化主题公园、游击战纪念园、八路军文化长廊、《太行山》大型实景剧场等一大批再现八路军生活战斗情景和群众参与互动性强的精品项目,充分挖掘革命老区的红色资源优势，切实做大做强了八路军文化产业，带动了红色旅游业和第三产业的规模化发展，为革命老区的科学发展、转型发展和可持续发展奠定了雄厚的物质基础，准备了充足的资源条件。

从中国共产党领导八路军创造的精神文化来看，八路军文化中蕴含的革命精神是地域特色鲜明的太行精神。在抗日战争期间，中国共产党领导和指挥八路军，与太行人民一起建立了晋绥、晋察冀、晋西南、晋冀鲁豫等敌后抗日根据地，同日本侵略者进行了艰苦卓绝的殊死斗争。太行精神就是八路军和太行人民在抗战过程中、在与日军进行殊死搏斗中所铸就的革命精神。八路军文化中的精神文化充分体现了中国共产党是拯救和振兴中华民族的领导核心，是最广大人民根本利益的忠实代表，体现了中华民族是不可战胜的伟大民族。如"面对外敌入侵体现出的以民族利益为重的民族意识和爱国情怀；在与强敌浴血奋战中体现的不怕牺牲、不畏艰险的英雄气概和悲壮情怀；在残酷的战争环境和自然灾害中锤炼而成的百折不挠、艰苦奋斗的优秀品格和坚强意志；太行军民用鱼水情谊凝结成的万众一心、敢于胜利的宝贵品质和坚定信念；坚持独立自主的游击战争和团结抗战、建立抗日民主政府的创新意识和实践精神；坚持全心全意为人民服务、密切联系群众、依靠人民组织人民的群众观念和民主精神等。

八路军文化是一部厚重的爱国主义教科书。武乡县是诞生八路军文化的主要地域，也是八路军文化的集中表现区，是一个广阔的爱国主义教育大课堂，国家应该把集中展示八路军文化的武乡县作为对广大党员干部、人民群众和青少年进行爱国主义教育的基地，让中国共产党领导的八路军和太行人民在战争年代创造的革命精神继续在当今中国特色的社会主义现代化建设中发挥作用。通过参观和学习八路军文化，加强党风廉政建设、社会道德教育和青少年价值观的培养，帮助党员干部树立人民至上、全心全意为人民服务的思想观念，提高全中国人民尤其是党员干部的道德素质，坚定全中国人民尤其是党员干部和广大青少年的共产主义理想信念。通过八路军文化的教育把中国共产党老一辈无产阶级革命家和老区人民用生命和鲜血铸就的精神和文化继承并发扬光大，进而巩固党的执政地位、提高党的执政能力。

二、加强武乡县八路军文化教育基地建设

爱国主义是亘古不变的民族之魂和国家振兴的不竭动力，充分发挥武乡八路军革命纪念馆和八路军文化园的宣传教育职能，大力弘扬和培育民族精神，是历史的责任和时代的呼唤，对全面建成小康社会和实现中华民族伟大复兴意义重大。但要发挥好武乡八路军革命纪念馆和八路军文化园的爱国主义教育功能，必须加强武乡县八路军文化教育基地建设。主要做好以下几个方面的工作：

（一）加强对八路军文化遗址和八路军遗物的保护

八路军太行纪念馆是全国唯一全面反映八路军八年抗战光辉历史的大型革命纪念馆。该纪念馆全方位、多角度地展示了中国共产党领导八路军与太行人民英勇抗击日本侵略者、发展壮大人民军队的历程，体现了太行军民在抗战烽火中孕育的"太行精神"。各级政府应加大资金投入，建设以革命旧址为主体的爱国主义教育基地，如八路军总部及其他党政领导机关驻扎过的地方、主要八路军将领住过的地方、著名的战斗遗址，八路军建立的军工厂、学校及其他单位遗址，八路军出版的书籍、新闻杂志和报刊，八路军制造的产品、创作的作品和使用过的物品等。要加大对这些村庄、遗址旧貌的保存及保护工作，而且要让当地的农民和本村村民参与建设。

武乡县村村驻扎过八路军党政机关,家家住过八路军将士,应该尽可能保护村庄原有面貌不变,让参观者在村里体会并实践游击战等战术,体会到当时的艰苦环境。不能在村庄内部乱拆乱建,更不能拆旧村建新村,而要在保护原有遗址的基础上,做好原有遗址的安全保护。既要使革命遗址不被损害或破坏,又要保护参观学习者的人身安全。同时,要保证八路军太行纪念馆向人民群众尤其是广大学生全面开放,以更加生动形象的革命素材教育青年学生,让青年学生通过感同身受的方式,进一步加强对太行精神的理解和把握,增强民族自信心、自豪感和爱国情怀,提高太行精神的感染力。

(二)加强八路军文化园和八路村的建设

八路军文化园和八路村是到武乡县接受爱国主义教育的最重要的活动区域,也是八路军文化的教育功能区,该区域的八路军文化建设是否到位是八路军文化教育功能能否发挥作用的关键因素。从目前八路军文化园和八路村的建设状况来看,文化教育功能明显不足,如八路村建设中自然景观多,而八路军文化展示较空,为受教育主体提供的住宿条件(如电视等)与其他宾馆没有多大区别。最严重的问题是有的项目充满娱乐性,很不严肃,不仅不能发挥八路军文化的教育功能,而且还会起反作用。所以,在八路军文化园建设中,应该利用一切可能利用的空间,采取多种多样的形式,加大八路军文化的展示,让住在八路村里的受教育者无论走在街上、站在院里、坐在屋里、躺在炕上,映入眼帘的都是八路军文化,打开电视也只有抗战宣传片,对于那些为了吸引游客而打造的娱乐性节目一定要坚决撤销,营造一种浓厚的爱国主义教育氛围。

实物展示:八路军文化园中展示的实物不仅包括八路军创办的期刊、新闻杂志和报刊、出版的书籍、制造的产品、创作的作品和使用过的物品等，还包括当今宣传抗战精神和八路军文化的书籍、专题教育片、纪录片、电影、电视、手工艺品等文化产品。通过实物的展示培育全民族的共同价值观和共同理想，构建以爱国主义、集体主义为主要内容的社会主义核心价值体系。武乡县应该采取政府主导、市场运营的方式，集中并创造更多的宣传八路军文化和抗日精神的文化产品。有些是只能看、不能动的文化产品，有些是可以现场接触或借阅的文化产品（如书刊），有些是可以出售的文化产品，使接受教育的人们不仅可以在现场学习，而且还可以带回去继续学习。

粘贴图片：以文字和图片互相映衬的方式传递信息，容量较大，其中以文字说明，再配以鲜艳的图片来吸引大众的眼球，能给大众留下深刻的印象，因此以图片宣传八路军文化是一种营造爱国主义教育氛围的有效途径。图片展览可以以照片、图表、绘画、文件、不同形状的实物等，将这些陈列品有机地组合成一个整体，并以艺术形式加以渲染，加强八路军文化的宣传效果。图片宣传还可以根据地区人们的共同心理特点、风俗习惯等来设置宣传栏的内容。挑选照片的标准可以概括为五个字：新、真、活、情、意。好的图片能够融形象优势、现场气氛和情感力量于一体，具有强大的感染力，也就是所谓的"一图胜千言"，有着鼓士气、启民智、开风气、造舆论的效果。

悬挂标语：标语是用简短文字写出的有宣传鼓动作用的口号，中国共产党和红军自成立后就十分重视标语等形式的文化宣传活动。由于中国共党对宣传工作的重视，所以红军在长征途中镌刻、书写、张贴了大量标语。这些标语生动活泼，特色鲜明，主题明确，内容丰富，容易为当地人民群众所理解接受，在当时起到了宣传党和红军的纲领、方针、政策，团结教育群众，打击震慑敌人的重要作用。在八路军文化园、八路军纪念馆等场所，我们可以悬挂符合题材的标语来渲染图片宣传的效果，给前来参观的人们视觉上以双重刺激，让八路军文化深深地烙在每一个参观者的内心深处。

实景演出：通过高科技的数字互动技术，对八路军战斗生活的场景进行包装，展示八路军在根据地开展文艺宣传的成果，展现八路军"亦文亦武"的抗战风貌，反映八路军文化的巨大作用和深远影响。观看实景演出，可以使受教育者身临其境，帮助受教育者加深对八路军文化的认识和理解。

（三）做好八路军文化教育的场地建设

八路军纪念馆和八路军文化园作为依靠财政拨款的公益性事业单位，应该在增加展览投入上做大量工作，推进展示内容和形式的创新，改进陈列方式，创新展示手段，使馆园总体有明显提升。如：在展览形式上打破传统的陈展模式，充分利用展厅的空间，结合现代装饰材料，合理运用声光电高新技术，在资金有限的情况下，优化资源配置，达到资金和资源的高效利用，增强展馆的教育性和艺术感染力。同时，还要根据馆藏史料及时更新和丰富展览内容，做到与时俱进、力求更加客观真实地再现历史原貌，为广大青少年和游人开展活动营造一个良好的育人阵地。另外，还可以把八路军文化的文化产品电子化，通过互联网加大对八路军文化的宣传和教育。

三、加强八路军文化教育的机制建设

（一）党员干部的强制教育

首先，八路军文化中所蕴含的道德是以民族主义为核心的团结统一、爱好和平、勤劳勇敢、自强不息的革命精神和以爱国主义为核心的不怕牺牲、不畏艰险、百折不挠、艰苦奋斗、万众一心、敢于胜利的坚强意志，是教育党员干部挑战困难、开拓进取的不竭动力。其次，八路军文化所再现的毛泽东、朱德等老一辈无产阶级革命家的战略胆识、博大胸襟、英雄气魄和人格魅力，为党员干部树立了鲜活的榜样，帮助党员干部树立为社会主义现代化事业奉献一切的理想信念。第三，八路军文化中所蕴含的密切联系群众、一切为了群众的工作作风，以及赋权于民的民主精神和人民至上的价值理念等，都是党的作风建设的重要内容，对当代党员干部教育有重要意义。

依托武乡八路军文化园开展干部教育培训，其优势就在于它不是空洞的说教，而是以实物、实景、实例、实事为载体，让学员穿越时空界限，近距离地触摸历史、感悟历史，这样的培训既克服了专题讲授普遍存在的空洞、枯燥的缺点，又克服了旅游参观印象不深的不足，不仅提高了教学效果，而且还增加了教学深度。为了把武乡丰富的革命历史资源转化成为干部教育的教学资源，从而把革命传统教育与红色旅游区别开来，我们应该积极创新教学手段，通过现场教学、体验式教学、激情教学等途径，努力把武乡周边地区的历史资源优势转化为干部培训的教学优势，再把教学优势转化为干部素质优势。在充分挖掘史料的基础上，找准历史与现实的结合点，对每一个遗址、每一个史实、每一个人物、每一个事件都进行加工、改造，深化其教学主题，做到寓理于史、寓情于史、理从史出、论从史出。初步形成一套以培训主题的实际需要为"纲"，以重大历史事件为"点"，以历史进程脉络为"线"，以不同的革命根据地为"面"，纵横交错、有机连接的更丰富、更完整的教学资源网络。

（二）服务群众的免费教育

红色景区是公益性文化建筑或场馆的主要集聚地之一，发挥着重要的教育功能。但景区收费把很多受教育者拒之门外，"门票经济"的利益冲动限制了红色文化"社会教育"功能的充分发挥。2008年1月23日，中共中央宣传部、财政部、文化部、国家文物局联合下发了《关于全国博物馆、纪念馆免费开放的通知》，要求"全国各级文化文物部门归口管理的公共博物馆、纪念馆、全国爱国主义教育示范基地全部免费开放"。这一重要决定是发展与繁荣社会主义文化的具体措施，也是加强社会主义核心价值观教育的有效手段，是进一步提高政府为全社会提供公共文化服务水平的重要举措，是实现和保障人民群众基本文化权益的积极行动。八路军文化的免费开放，除国家规定的博物馆、纪念馆以外，还应该包括八路军文化园、展览馆、烈士陵园、伟人故居、革命遗迹、战争遗址等，通过更多革命遗址的免费开放加强对广大群众的爱国主义教育。

为了保证免费教育的服务质量，必须建立健全相关制度，对进入场馆参观的人数进行科学测算，也可以采取免费不免票或提前预约等办法，对入场参观的受教育者进行科学有序的引导。贯彻"以人为本"思想，提高服务水平和质量，如在硬件建设方面，可以增设馆内指向和禁止标识，增设垃圾桶、饮水机、小商品销售处和公众休息座椅，还可增设观众排队围栏和存包处、各类交通工具停放处等；在软件服务方面，做好保安、保洁、讲解员、小商品零售商和咨询服务人员的培训。对于一些可收费的公益性文化场馆、景点实施差别定价（如对老年人、现役军人、未成年人及学生等实行优惠，对残疾人、儿童等实行免票），还可以实行家庭套票、特定时段票等灵活多样的门票制度，规定特定日期的免费日。激发群众走进博物馆的热情，使群众由以前掏钱买门票进入博物馆的"局外人"变成可自由出入的"自家人"。

（三）建立规范的青少年军训基地

我国大学、高中、初中各个阶段的教育在入学前都要进行军训，学生军训围绕国家人才培养的长远战略目标和国防后备力量建设的需要组织开展。多年的军训实践证明，校园内的军训既会对学校正常的教学、生活秩序造成影响，也会制约军事技能训练的效果，更难以建立准军营的训练环境。因此，有机整合学校和武乡八路军文化园两方面的资源，充分利用各自优势，有计划地建立一批青少年军事训练基地是一种符合实际的历史选择。具体措施如下：

首先，建立国防教育经费保障机制，加强基地软硬件的建设。加强青少年军训基地软硬件建设是搞好国防教育的有力保障，因此应加大学生军训经费的投入力度。中央财政应根据《国防教育法》的有关规定，制定按学生比例安排国防教育专项经费的政策，地方政府、教育部门、武装部门和军队以及社会力量等资助一部分经费，在基地军训的学校也应适当上交一定的训练费用。依靠这些力量的投入，积极加强八路军文化园的软硬件建设，着重加强军事训练设施、理论教育设施和教官队伍建设，保证国防教育的顺利开展。

其次，成立学校和八路军文化园培训基地联合的学生军训工作领导小组，建立基地联席会议制度，共同协调军训工作，解决实际问题，保证高校学生军训工作的顺利进行。一是要有一个统一的权威领导机构，将学校和基地协调起来，切实担负起学生军训的领导、协调、指导、监督和保障职能。二是学校要成立学生军训的领导小组，由主管军训的校级领导担任组长，明确职责，分工协作，研究制订军训计划、实施方案，共同做好军训的具体组织和保障工作。在武乡八路军文化园设立军训基地，可以充分利用八路军文化培养青少年正确的世界观、人生观和价值观，帮助学生坚定共产主义理想信念，成为社会主义现代化建设的合格人才。

作者简介：

董江爱　山西大学政治与公共管理学院院长，教授，博士生导师

徐朝卫　山西大学政治学理论专业博士

推进文化产业与旅游产业的转型思考

王宗仁

"文化是旅游的灵魂,旅游是文化的重要载体。"加快文化产业与旅游产业转型发展,是推动社会主义文化市场繁荣的必然趋势。文化与旅游密切相关、紧密融合,二者之间密不可分。推进文化产业与旅游产业共同发展,既是经济社会发展的客观需求,也是推动文化繁荣的必然要求。将文化产业与旅游产业融合为一体,有助于开辟新的市场空间,提升文化内涵,促进旅游产业转型升级。文化需求借助于旅游市场,直接推动文化产业升级,创新体制机制,并为两大产业融合、周而复始地持续发展提供互补保障。

当前,文化和旅游两大产业发展已进入重要的战略转型阶段,深入挖掘文化内涵,提升文化品位,是当前加快旅游业转型升级亟待解决的问题,是实现差异化、品牌化、可持续发展的必然选择。文化产业借助于旅游市场,从外延丰富文化内涵,不断满足人民群众提高文化消费需求,是文化产业发展的必经途径。只有真正尊重文化与旅游发展的客观规律,才能有力地推动文化产业与旅游产业的融合,才能不断地满足人们的精神文化需求,才能实现文化产业与旅游产业的双赢,才能为加快国家与地方经济发展方式转变，促进经济社会文明、健康、有序发展提供新的不竭动力。

一、亟待推进文化产业和旅游产业转型升级

文化资源是旅游业赖以生存发展的基础，也在丰富旅游多样化、提高旅游形象、打造旅游品牌、创新旅游产品等方面发挥着重要作用。提升文化内涵、体现人文关怀贯穿到旅游的全过程，彰显地域文化特色，突出地域文化元素，增强文化底蕴，渲染人文色彩，达到促进旅游产业转型升级。一是深入挖掘地域性文化资源，提升旅游产业生命力。旅游业转型升级的核心是文化品位的不断提升、文化内涵的不断升华和文化底蕴的不断丰富。在继承传统文化的基础上，找准定位，深入挖掘武乡深厚的八路军文化、山水文化、历史文化、民族文化、民俗文化、长寿文化、节庆文化、饮食文化、红色文化等，努力打造独具文化魅力和生命力的品牌旅游目的地。二是创新旅游产品和旅游体验，大力发展主题地域文化旅游。充分利用太行精神形成的新格局的特色民族文化资源，发展具有地域文化特色和民族文化特色的观光旅游、体验抗战时期八路军与太行人民浴血奋战、共同演艺等文化旅游项目产品。积极发展文化寻根采风、虚拟旅游等新型文化旅游业态。积极开发主题文化旅游线路，主题文化景区景点，主题文化旅游节会，主题文化酒店等旅游产品，提升旅游的文化感染力和吸引力。三是把弘扬八路军文化纳入推进转型跨越发展的战略部署。把理论研究与发展红色旅游、完善文化产业规划结合起来，采取扎实有效措施，加快相关的演艺业、服务业、旅游业发展，同时把研究抗日战争史、军史、党史、世界史联系起来，从事物的普遍联系中找出其特殊属性，才能更加准确地定位八路军文化，让八路军文化成为振奋民族精神的文化品牌，成为强县富民的产业品牌，填补我国八路军文化研究的历史空白。四是构建地域性文化旅游品牌体系。武乡历史悠久，山青水秀，人杰地灵，奇秀的自然风貌和旅游资源承载着深厚的三晋文化和八路军文化，具有文化与旅游融合发展的良好基础。抗战时期，武乡人民在中国共产党的领导下，"出粮、出兵、出干部"，在当时仅有14万人口的小县，就有9万多人参加了各种抗日救亡组织，其中有14 600余人参加了八路军，有2万多人为国捐躯，有3200多名烈士被载入烈士英名录，武乡人民为民族的解放事业做出了不可磨灭的功绩。但目前尚存在着旅游形象停滞不前，区域文化特色不够明显等问题。对此，依托各区域特色主题文化资源，将武乡特色文化内涵融入晋中山水文化旅游、晋中宗教文化旅游、晋中养生文化旅游、晋中少数民族文化旅游、晋中红色文化旅游、晋中边关文化旅游，以及奇石文化旅游等旅游品牌建设当中。整合各区域分散的旅游形象，合力打造共享型文化旅游品牌，构建旅游区、景区、景点三级旅游品牌体系。五是以文化要素提升旅游景点综合服务能力。旅游产业是吃住行、游购娱要素俱全的产业体系，务必要用文化要素来提升旅游业功能，扩大有效经营。创造良好的文化环境，不断提高旅游从业人员的文化素质，用文化要素提升旅游业服务功能，延伸产业链条。在强化旅游功能配套的同时，融入现代时尚文化，合理开发娱乐休闲项目，将厚重的历史文化与现代时尚文化结合起来，营造一种让游客流连忘返、耳目一新的一方乐土。

二、文旅融合互补，推动双赢发展

文化与旅游相辅相成，具有不可割裂的天然联系。文化发展离不开旅游市场的繁荣，旅游的发展是以文化资源为依托，以文化价值来提升旅游品位。借助旅游业来搭建文化市场平台，大力开拓文化消费市场，推进文化产业强劲引领，形成文化产业与旅游产业共同发展的双赢局面。一是将娱乐演艺创作融入旅游之中。娱乐演艺是一个地域性、一个景区的新名片，不仅可以让游客快速了解和欣赏浓郁的地方特色文化，而且能带动消费增长。在这方面，武乡县虽已组织创作一批八路军实景演艺的文化精品，但在大力开发与旅游相结合的影视产品、娱乐演艺产品、宣传品、旅游歌曲等方面，仍需不断改编创新，与时俱进。二是继续举办各类旅游文化节庆活动。旅游节庆活动充分挖掘当地文化内涵、荟萃民俗民风精华、体现地域风土人情，是让游客集中体验当地文化的最佳载体。继续推出一批具有地方民族特色的旅游文化节庆品牌，更加注重增强活动中游客的参与性，满足游客体验民俗风情的愿望，使旅游节庆活动成为武乡特色文化的传播载体。三是红色旅游大多处于维持状态。有组织性活动一般集中在五一、七一、十一节假日，此期间系旅游高峰期，除此之外，均属自助旅游，其经营并不景气。建议将地域结合、条块结合，开辟国际旅游线路，实施国际、国家、地方"三位一体"旅游战略，改变其停滞不前的经营现状。四是大力开发文化标志性旅游纪念品。旅游纪念品开发是一种文化建设，是对旅游地历史、文化的挖掘、创造和有效的利用。抓住游客的文化需求与经历纪念需求的消费心理，精心创作一批融入武乡地方标志性文化元素的旅游纪念品。通过旅游市场的大力推广，让具有地域标志性文化符号的纪念品成为游客来武乡的"必购品"，成为省际、国际友好往来、民间文化交流的"必需品"。

创新体制机制为两大产业融合发展提供保障，推进文化产业、旅游产业融合发展。体制机制创新是保证。要通过创新体制机制，从而更加有利于发挥武乡文化资源和旅游资源差异性竞争的优势，为促进两大产业融合、可持续发展增添活力和动力。一是健全文化和旅游资源保护机制。坚持保护为主的同时，合理开发和利用文化和旅游资源。正确处理优秀传统民族文化、非物质文化遗产等的继承与创新关系。加大对不可再生的民族文化旅游资源的保护力度，充分考虑资源承载能力，在可持续发展的基础上进行适度开发，逐步形成"谁开发、谁受益、谁保护"的机制。二是创新旅游和文化管理体制及运作机制。打破部门分割、地域分割、管理多头的局面，整合管理资源，对文化与旅游产业的发展规划、投资项目、扶持政策、宣传推广和人才培养等方面进行协调指导，使之相互促进、彼此协调、综合配套。通过联合、重组、兼并等方式组建文化和旅游产业集团，实行市场化运作。三是创新两大产业发展投入机制。要进一步细化国务院颁布关于《文化产业振兴规划》和《关于加快发展旅游业的意见》，文化部和国家旅游局联合发布《关于促进文化与旅游结合发展的指导意见》。按照政策引导、多元投入、市场运作的思路，加强"政、银、企"沟通与对话，强化扶持力度，积极创造条件，鼓励和引导社会资本投入，积极解决文化与旅游融合发展的资金"瓶颈"问题。四是文化与旅游融合发展是一项涉及面广、任务艰巨的系统工程。文化内涵与旅游的深度融合，是深化现代旅游发展需求和实现旅游产业转型升级的必然选择。将自然生态与历史文化交相辉映地融合于文化元素之中，是加快形成"赏山水、品文化"的旅游发展新格局。只有具备在旅游产业之上发光发热，才能真正推进文化与旅游的有机融合。五是统筹两大产业对外宣传机制。一方面统筹形象，实现文化形象和旅游目的地形象的有机统一；另一方面统筹行动，实现对外文化交流、对外旅游宣传相互促进，建立健全政府搭台、企业唱戏、联合促销、全方位开拓客源市场的市场营销机制，促进旅游和文化的深度融合，更好地展示武乡革命老区的旅游形象和文化软实力。这样，我们就无愧于先辈，也无愧于自己肩负的历史使命。

作者简介：

王宗仁　黑龙江省东宁要塞博物馆研究员

抗日根据地的农业生产展览会述论

李乾坤

农业生产展览会作为抗战时期中国共产党在根据地或解放区举办的各式各样的展览事业的主体,是根据地劳动人民辛勤创造的生产成绩的公开和展示。但从目前的博览会史研究来看,学界一般对晚清乃至民国时期国统区的国货展览会、世博会等有较多的关注,而对抗战时期各个抗日根据地所举办的各项展览事业是相当忽略的,只有个别文章对此做过一些分析或探讨,但却缺乏系统、深入的专题研究。而此时期抗日根据地的农业生产展览会数量众多,规模颇大,其影响也相当广泛。因此,本文即拟对此时期抗日根据地的农业生产展览会做一综合研究,希望能为了解和观照这一时期抗日根据地的政治、经济与社会提供点滴帮助。不当之处,尚祈方家指正。

一、农业生产展览会的成功举办

发展生产力,提高人民的生活水平,是中国共产党新民主主义革命的宗旨,也是党的光荣传统。早在第二次国内革命战争时期的1933年,中央苏区便曾筹备过中央革命博物馆,也举办过一些小型展览会。到了抗日战争时期,动员一切可以动员的力量实行抗战是当时最主要、最迫切的任务。而从抗战爆发之初各抗日根据地便处于直接抗战的环境之下，动员一切抗战力量保卫生产，支援抗战，正是根据地人民的中心任务。在这种极为恶劣的战争背景下，为了激励根据地人民的抗战热情，改善民生，保证战时的生产自给，以争取持久抗战的最后胜利，各抗日根据地便举办了规模或大或小的农业生产展览会。

  抗日根据地举办的最早的农业生产展览会，是陕甘宁边区农产竞赛展览会。1938年9月，陕甘宁边区政府建设厅为了迎接边区一级首届议会起见，特发起筹备边区农产竞赛展览会，以检阅全边区农产的分布情形、耕种方法……以及该年度春耕的成绩，并由此来探求怎样改进边区的农业，使落后的农业日益前进化、科学化。① 经过认真准备，1938年11月15日至1939年1月31日，陕甘宁边区农产竞赛展览会成功举办。展览会涉及的范围比较广泛，包括农产部、园艺部、畜产副业部、林产狩猎部、农产制造部等几个方面。其中的展品有畜牧（主要包括羊、牛、马、驴、骆驼五种）、主要农作物、果类、药材等，不但全面反映了边区丰富的农产资源，并且指出了它的发展前途。② 延安市北部安塞县积极参加展览会，不仅收集了当地的特产如石茶、青交、贝母等，而且收集了当地农民全套的娱乐乐器，如锣、梆子、胡琴、二弦、三弦等。其他农产品如蜂糖、木耳、各类树苗、葡萄、麻姑、黄连等应有尽有，颇为丰富。③ 应该说，作为陕甘

---

① 吴力永：《农产竞展会在积极筹备中》，《新中华报》1938年9月15日。
② 刘毅：《边区农展会印象记》，《新中华报》1939年2月7日。
③ 参见吴力永：《安塞准备农产竞展会》，《新中华报》1938年10月5日。《安塞积极筹备响应农产竞展会号召》，《新中华报》1938年10月20日。

宁边区历史上同时也是抗日根据地历史上的第一届农产竞赛展览会，其举办的规模、运作方式、全民参与的热情以及它获得的巨大成功，为此后抗日根据地不断地发展农村经济，改进农业，教育农民群众，奖励农业生产，以扩大介绍产品销路，保证战时农产之供应等等，提供了很好的经验。

此后，各抗日根据地把举办农业生产展览会作为其促进战争年代根据地农业生产的一个重要手段。据有关资料记载，从1938年1月到1945年1月的7年间，各抗日根据地共举办有关农业生产展览会多达42次。其中，陕甘宁边区共举办农业生产展览会15次，晋绥抗日根据地举办5次，晋察冀抗日根据地举办2次，晋冀鲁豫抗日根据地举办8次，山东抗日根据地举办6次，华中抗日根据地举办6次。比较大型的展览会如1938年11月陕甘宁边区农产竞赛展览会、1940年1月第二届农业展览会和1943年11月的边区建设展览会，1941年7月晋绥抗日根据地举办的纪念七七展览会，1945年1月晋察冀抗日根据地举办的边区首届展览会等等。另有一些小型展览会也很受当时根据地民众的欢迎，如1941年9月延安光华农场产品展览；1944年延安刘玉厚乡、王德彪乡、王家桥乡小型展览会；1943年山东抗日根据地赣榆、栖东小型生产展览会等，颇具地方特色。①

---

① 参见《光华农场产品展览》，《解放日报》1941年9月8日；《刘玉厚乡开展览会》，《抗战报》1944年10月14日；《王德彪乡开罢小展览会，组织参观团来看大展览会》，《抗战报》1944年11月10日；《王家桥开小展览会》，《抗战报》1944年11月10日；《赣榆举行生产展览会》，《大众日报》1943年10月29日；《栖东举行生产展览会》，《大众日报》1943年12月5日。

上述农业展览会一般都经过了认真的筹备和策划。可以说，筹备农业展览会被当作了当时抗日根据地的一件大事，尤其是像上述比较大型的展览会，基本都是在根据地政府负责同志主持下，动员各方面的力量完成的。如1938年陕甘宁边区农产竞赛展览会在举办前的两个月即制定了《展览会进行计划纲要》，并在边区一级成立了筹备会，其人选由政府聘请建、教、民、财四厅及市府军政机关，鲁迅艺术学院及各剧团等，抗敌后援会及其领导下之团体，以及边区委员会等比较有威信、能负责之同志组成。①1940年1月陕甘宁边区第二届农业展览会举办前的5个月，即1939年8月，边区政府即成立了7人筹备委员会，设有正副主任，下分总务、征集、陈列、统计、图表、宣传等5股，并邀有关机关分别派员参加工作，且多次召开筹备委员会会议，对展览会之社会部门、农业部门等做出详尽计划和安排。②而在每一次的展览会筹备期间，为了做好征集展品的工作，大多是先由政府有关部门公布展品征集办法。由于各级政府工作人员的努力和广大群众的积极支持，抗日根据地召开的大多数展览会的展品征集工作均取得了良好成绩。如陕甘宁边区1940年举办第二届生产展览会时，征集的展品达7000多件；1943年的边区生产展览会上，边区政府共征集到了6596件展品和1987件表现生产过程的生动图片及图表；③1940年冀

---

① 《筹备陕甘宁边区农产竞赛展览会进行计划纲要》，《新中华报》1938年9月15日。

② 澜：《第二届农工业展览会正在积极筹备中》，《新中华报》1939年10月24日。

③ 《两大盛会隆重举行闭幕典礼》，《解放日报》1943年12月19日。

鲁豫抗日根据地九一八生产展览会共征集展品3330多种。①

当然，抗日根据地农业生产展览会的成功举办，更主要的是得到了当时根据地主要党政领导的高度重视与热心关怀。1938年11月至1939年1月的陕甘宁边区农展会举行开幕典礼时，毛泽东亲自到会，并做了主题发言，号召边区军民"一面战斗，一面生产，一定能够战胜敌人"②。1940年1月第二届农业展览会开幕式上，毛泽东在讲话中着重指出："老百姓从几百里拿来一包两包面送来展览，这对打日本大有道理，这是老百姓同志的热心。边区政府受老百姓的拥护，做出了许多好事，这也是热心做出来的。我们要发展这个热心，但还有一条，只有热心还不行，还要力求进步，今年的展览会就有进步。"③1943年11月中直、军直生产展览会进行期间，毛泽东也亲自为展览会题词："群众生产，群众利益，群众经验，群众情绪，这些都是领导干部们应时刻注意的。"朱德题词："今年做到丰衣足食，明年要做到建立丰衣足食的家务。"④这说明以毛泽东等为代表的中国共产党人在战争年代不仅重视展览会的举办工作，而且十分注意工作方法，注意以朴实无华的语言鼓励群众参加展览工作的积极性。这也是各抗日根据地所举办的大大小小的农业生产展览会都能够顺利、成功举办的一个重要条件。

---

① 《冀鲁豫边区生产事业突飞猛进，九一八生产展览会开幕》，《抗战日报》1940年10月9日。
② 刘毅：《边区农展会印象记》，《新中华报》1939年2月7日。
③ 《毛泽东同志讲演词》，《新中华报》1940年2月3日。
④ 《中直、军直生产展览会闭幕》，《解放日报》1943年11月24日。

二、农业生产展览会的经济影响

在革命战争年代,应该说抗日根据地的物质条件是异常艰苦的,但是各抗日根据地依然举办了多次农业生产展览会,这一方面是当时政治、军事斗争之所必需,另一方面也说明中国共产党长期以来都极为重视经济建设,把经济建设看作是巩固根据地、坚持长期革命斗争的物质基础。如陕甘宁边区所举办农业生产展览会的统计资料就非常清楚地刻画出了边区生产发展的轮廓:粮食产量,1936年与1944年相比,由103万石增至200万石,实现了自给有余;棉花产量,从1940年到1944年增长了十几倍,棉田由1.5万亩增加到30万亩,产量达到了300万石。畜牧业方面,以1938年与1943年相比,羊由76万只增至203万只,牛由10万头增至22万头,驴由7万头增至16万头。①也有其他抗日根据地的一些统计很具说服力。如晋绥地区在生产建设方面,从1941年7月根据地纪念七七展览会可以看出,该年度的耕地面积较此前大大扩大,只兴县一县即新增1.1万亩。②这些数字有力地说明了边区军民响应中共中央"一边战斗,一边生产"的号召,克服困难,艰苦生产,所取得的伟大成就。

抗日根据地的农业生产展览会对根据地人民生活改善的实际情

---

① 参见刘毅:《边区农展会印象记》,《新中华报》1939年2月7日;《边区生产展览会盛况空前,新民主主义经济建设辉煌成果》,《解放日报》1943年12月4日;《边区展览会开幕,各项建设大有进步》,《解放日报》1944年12月27日。

② 《晋西北盛大展览会》,《新华日报》(华北版)1941年7月29日。

况也有所反映。以陕甘宁边区为例,其前到过边区的人一般都知道边区人民憔悴的面色,褴褛露体的服装,兵灾,匪患,人民饥寒交迫的疾苦生活等。当时的边区主席高岗亲自调查过安塞四区三乡东营村、西营村及二乡石茆村3个村的人民生活状况:西营村于1937年全村只75人,耕地面积492亩,收粮73.5石。1939年只84人,耕地面积966亩,收粮150.5石;东营村1937年全村只41人,耕地354亩,收粮54石。1939年只50人,耕地726亩,收粮116石;石茆村1937年全村共55人,耕地354亩,收粮45.2石。1939年共64人,耕地465亩,收粮93石。安塞四区3个村每年粮食收获的增加,足以证明边区人民群众的生活已得到普遍的改进。同时根据延安南区第一乡的报告,一名叫张达万的老百姓,前为贫农,家有6口,共2人劳动,种地30余垧,收20余石,但当交纳租税、公粮、利息后所余不过五六石,因此家中经常不得一饱。到了1939年,他自己已经有地60垧,骡子2头、马1匹、羊近80只,基本变成了小康之家。①另有资料表明,在抗日根据地人民中,中农及富裕中农的上升成为边区经济与人民生活的主要特征。在1943年的陕甘宁边区生产展览会中,曾有一张图表描绘了7年前与1943年农户成分的变化比较情况:1936年延安县柳林区四乡有雇农14户共42人,贫农48户共108人,中农44户共231人,而1943年该区四乡仅有雇农1户共4人,贫农15户64人,中农竟达94户之多,共有430人,富农亦增至15户共

---

① 郁文:《边区第二届农工业展览会参观记》,《新中华报》1940年3月8日。

85人。①这种状况已经非常生动地表现了抗日根据地人民掌握政权以来农村经济的发展。

展览会还非常形象地刻画了抗日根据地生产运动中劳动力组织工作的成绩。1943年的陕甘宁边区生产展览会上有幅孟庆成扎工队的故事连环画,它以很生动的人物活动描写参加扎工队的好处:孟庆成扎工队本来计划开荒144亩,结果因为大家集体劳动,生产积极性高,对庄稼照应得好,不仅工资劳力节省,而且超过计划完成了278亩。该村有个叫王骡子的二流子不肯参加扎工队,1942年种麦5垧,收4.5石,1943年只收了2石,计划开10亩荒,但是他一个人开荒不起劲,经常趴在地上睡觉,结果1亩也没开成。这幅连环画把分散劳动与集体劳动的好坏模样写得十分明确有趣。②另有一张图表以3个典型乡的材料来比较集体与个体开荒的效率。同宜耀一区二乡参加集体劳动的有110人,参加个体劳动的有334人,集体开荒达全乡土地70%,而个体开荒只占30%。延安川口区六乡83人参加变工队,开荒占全乡土地48%,个体700人开荒仅占全乡土地52%。安塞四区三乡变工队,集体劳动者177人,开荒占50%,个体劳动者529人,开荒亦只占50%。锄草也是如此,变工队平均1人1天锄草3亩。华池温台区三乡的李中领导一个6人变工队,每天锄草18亩,而个体劳动者6人,每

---

① 《边区生产展览会盛况空前,新民主主义经济建设辉煌成果》,《解放日报》1943年12月4日。

② 《边区生产展览会盛况空前,新民主主义经济建设辉煌成果》,《解放日报》1943年12月4日。

人每天仅锄草 1.4 亩。总的来看，1944 年全边区原有劳动力共 33.876 万人，参加集体劳动者达 8.011 万人之多，占全部劳动力的四分之一，这种集体劳动运动是新民主主义经济的最主要特色之一。不仅如此，生产运动的巨流还把成百成千的二流子也卷进来了，这给边区生产劳动队伍增加了很大一部分力量。1944 年全边区共有二流子 6424 人，经过生产劳动的改造，后来发生转变、积极参加生产的达 4500 余人，边区三分之二的二流子都发生了转变，而且还出现了转变后的二流子当上劳动英雄的先进事迹。①

以上农业生产展览会的材料非常清楚地表明了抗日根据地经济建设的发展概况。正如陕甘宁边区政府主席林伯渠在 1940 年第二届农业展览会上的演讲词中所说，边区生产展览会已经成了"测量边区在经济建设上的成绩的尺度"；参展的展览品表明抗日根据地"逐渐克服了抗战时期中所能遇到的经济困难"，说明了根据地的"经济建设已奠定了基础……人民的生活确比以前更加改善"，同时也体现出抗日根据地已经正确地认识了"改善人民生活与支持长期抗战不可分离的关系"，并在此基础上继续向前发展，坚持抗战，推动全国经济建设的发展。②

三、农业生产展览会的若干特征

抗日根据地的农业生产展览会是对根据地生产事业的如实描绘，实际上即是根据地军民革命斗争史的一个缩影。它是在革命战争的环境里

---

① 《边区生产展览会盛况空前，新民主主义经济建设辉煌成果》，《解放日报》1943 年 12 月 4 日。

② 《林伯渠同志讲演词》，《新中华报》1940 年 2 月 3 日。

举办的,除了具有很大的临时性和流动性的一般特点外,其创办的物质条件是异常困难和艰苦的。展览会的展览场所除利用民众教育馆外,大多是在政府的礼堂、学校的课堂、机关的窑洞或临时搭起的席棚里布置展览。还有的则是利用庙会、骡马大会的时机,组织流动展览。更大的困难还在于根据地的生产技术非常落后,资本缺乏,民气未开,再加上抗战中敌人的封锁和汉奸顽固分子的挑拨和破坏等,都给展览会的顺利举办带来了困难。但是,如果细细梳理抗战时期各根据地举办的多次农业生产展览会的历史,也会从中发现三大有利条件:一是抗日根据地有很丰富的有用的天然资源,可为抗日根据地的农业生产提供丰富的必不可少的条件基础;二是抗日根据地还有许多来自于祖国五湖四海的人民群众,都有很高的革命热情,有争取抗战最后胜利之信心,在建设事业上因而能发挥重大的作用;三是抗日根据地有最先进的政党的领导,有最民主的政治。人民群众在党的正确领导下,一定都能坚决行动,热烈起来响应号召。[①]

因此可以说,紧密配合当时的革命斗争,反映抗日根据地军民火热战斗生活的为数众多的农业生产展览会,尽管是在极为恶劣的战争环境下举办的,但却从多个方面得到了广大人民的支持与协助,有着广泛的群众基础。正因如此,展览会大都吸引了众多的参观者。陕甘宁边区1940年的第二届农业展览会,展览时间仅17天,即有各界人士参观者3万余人[②]。

---

① 康白:《边区工展会之召开与抗战之经济建设》,《新中华报》1939年4月28日。

②《第二届工农展览会已胜利闭幕》,《新中华报》1940年2月21日。

1943年的边区生产展览会开幕后3天参观者已达万人①；晋绥抗日根据地1942年12月召开的生产展览会每天参观者达四五千人②；1941年山东产品展览会举办期间参观者逾万人③；1945年1月晋察冀抗日根据地首届展览会参观者在5000人以上④。而参观过农业生产展览会的广大群众一般都受到了很好的教育和鼓舞。著名人士续范亭先生在参观了1943年的陕甘宁边区生产展览会之后，兴奋地说："我五十岁了，才第一次看见这样的事情！""边区生产运动的成绩，是由于有共产党和毛主席的领导。……自从有了共产党，有了毛主席，中国就有办法了，中国就不会亡了。"⑤盟邦空军奥斯德尔上尉在参观了晋绥边区1944年12月举办的战斗生产展览会之后说："这个展览会上显示着的进步和发展，正是勇敢的人民所成就的最完美的例证，这些进步是中国的伟绩。"⑥另一位盟国朋友在参观了1944年底举办的陕甘宁边区建设展览会之后，写出了如下的感想："我曾在'自由中国'的九个省份走过，可是从没有看到像这里（边区）的惊人成绩。你们在如此艰难的条件下，有如此成就，我们是应该向你们学习的。

---

① 《边区生产展览会盛况空前，新民主主义经济建设辉煌成果》，《解放日报》1943年12月4日。

② 《生产展览会盛况，每日观众四五千人》，《抗战日报》1942年12月22日。

③ 《山东产品展览会胜利闭幕》，《解放日报》1941年11月2日。

④ 《检阅战斗生产胜利成果，边区举行首届展览会》，《晋察冀日报》1945年2月17日。

⑤ 《两大盛会昨日隆重开幕》，《解放日报》1943年11月27日。

⑥ 《盟邦战友参观展览会，盛赞我之进步与成就》，《抗战日报》1945年1月6日。

祝你们好。"①当然，通过展览会了解到抗日根据地的真相，并为在中国共产党领导下军民浴血抗战和艰苦奋斗的事实所感动的，虽然只是为数很少的外国朋友，但它却从侧面反映出了根据地对外联系和交流的日益加强。

抗日根据地的农业生产展览会还有一个非常重要的特点，就是根据地展览会的很大部分是和根据地所召开的战斗英雄劳动模范大会同时举行的，两者相互辉映，各具特色。从目前掌握的材料来看，几乎是所有的农业生产展览会召开之时，一般都有一个表彰会、竞赛会等在同时举行。1939年陕甘宁边区首届农产竞赛展览会结束后，依照比较严格的评选办法，共评出特等奖5名，分别是盐池县孙学间的黑紫种羊、延安县秦汉光的1尺6寸长的黄谷子、固林县冯大品的棉花、延川县张正的土布和新正县曾经种了50亩地收了29石3斗粮食的劳动英雄杨秀保。②1940年第二届农业展览会胜利闭幕之际，也评出了展品受奖者达千件，劳动英雄受奖者共3000余名。③1943年的生产展览会之后，毛泽东主席特意在西北局办公厅邀请多位劳动英雄座谈生产经验，并出席了边区政府举行的劳动英雄颁奖大会，给每位劳动英雄颁发奖金3万元（边币），还亲笔题字赠给劳动英雄们，鼓励大家广泛地传播经验，以求得这些经验成为指导全边区人民合作生产的方针。④可以说，抗日根据地的农业生

---

① 《边区建设展览会闭幕》，《解放日报》1945年1月16日。
② 《农展胜利完成，受奖农民二千余名》，《新中华报》1939年2月25日。
③ 《第二届农业展览会已胜利闭幕》，《新中华报》1940年2月21日。
④ 《毛主席参观生产展览会与劳动英雄亲切交谈》，《解放日报》1943年12月13日；《二十五位特等劳动英雄每人荣获奖金三万元，毛主席等题字赠劳动英雄》，《解放日报》1943年12月19日。

产展览会与英模大会同时召开,不仅加强了英模大会的气势,而且通过实物的陈列,更有力地鼓舞了根据地军民的革命斗志,增强了根据地军民争取革命战争胜利的信心。

总之,抗日根据地举办的农业生产展览会,是中国共产党在革命战争年代经济社会建设的重要组成部分,它对根据地的斗争事业起过重要的推动作用。同时,通过对抗日根据地农业生产展览会的粗略梳理,对我们认识当时的经济社会状况有很大的帮助,而其中展览会的许多优秀的展览、宣传手段和经验,仍可供我们今天借鉴和利用。

作者简介:

李乾坤　河南淮阳人,河南师范大学政治与公共管理学院教师

从戏剧看中共抗战时期的文化动员

张 丹 张俊峰

抗日战争时期,中共实行全体人民参加战争、支援战争的全面抗战路线,通过多种手段对广大人民实行战时动员。"在全体总动员中,发动占全国人口百分之八十以上的农民的抗战力量,是最主要的工作。"广大农民能否踊跃参军参战,能否供给战时粮食的需要,成为决定战事的主要因素。为发动广大农民的抗战力量,除进行政治、经济和军事动员外,还必须进行普遍深入的思想文化动员,即利用适合农村农民实际情况的大众化形式,深入广大乡村向农民进行宣传鼓动,借以传播民族意识和国家观念,提高农民的思想认识,激发农民的抗战热情和爱国精神,使其在抗日制胜目标下组织起来。比较常见的动员形式有:戏剧,街头诗,抗日歌曲,报刊,文学作品,美术,漫画,等等。其中戏剧作为传输民族精神、凝聚民众情感、激励意志信心的大众化形式,成为最有影响和成效的武器。

一、街头剧——戏剧大众化的开始

为更好地利用戏剧动员群众、鼓动群众、帮助群众,必须保证戏剧"内容是抗战所需的,形式是群众所了解的"。为此,一方面要使戏剧从正式的舞台走到街头,深入乡村,变舞台剧为街头剧;另一方面要使戏剧的内容同人民群众的生活切实地联系起来,开展群众性戏剧活动,使戏剧真正地大众化。抗战开始后,中国共产党、抗日民主政府、八路军、新四军和各抗日团体,为发动群众抗战,在各根据地开辟之初,都把组建剧团的工作放在首位。在以延安为中心的陕甘宁边区,就先后成立了人民抗日剧社总社、中央剧团、战斗剧团、青年剧团、西北剧团、西北战地服务团、烽火剧团、奋斗剧社、前线剧社、战士剧社、西北青年救国联合会剧团等戏剧团体。1938年,又成立了著名的鲁迅艺术学院,为解放区培养了许多专业的戏剧人才。1938年7月,陕甘宁边区民众剧团成立。剧团的舞台两边有副对联:中国气派,民族形式,工农大众,喜闻乐见;明白事理,尽情尽理,有说有笑,红火热闹。横额是:团结抗战。① 1938年10月,在延安成立的烽火剧团,下设5个分队,深入基层和前线,用戏剧来从事宣传,动员广大群众参加抗战。在晋察冀根据地,随着革命政权的建立,军区、各军分区及地方行政机构相继组建剧社或宣传队。到1938年底,成立的重要剧社有战线剧社、奋斗剧社、冲锋剧社、抗敌剧社、火线剧社、七月剧社、前进剧社、挺进剧社、尖兵剧社等。晋冀鲁豫边区,1938年为发动组织民众参加抗日,八路军组建起火线剧团,几乎各战区师部都有演剧团体。各根据地的学校、机关都相继建立了自己的剧团,比如山东根据地的国防剧团、人民剧团、抗战剧团、前线剧团、青年剧团等。随着根据地的

---

① 艾克恩编:《延安文艺运动纪盛》,文化艺术出版社1987年版,第78页。

扩大和戏剧运动的发展，每个县城、乡镇、大中学校和山区农村都有戏剧组织和自卫剧团，地方区县文教、群众团体，也纷纷组建剧团。一些边区的农村剧团也竞相建立起来。1939年底，晋察冀边区文救会与剧协发起建立村剧团运动，很多村建立起业余剧团。至1940年，仅北岳区就已建立村剧团1000多个。至1942年，据北岳区和冀中区统计，村剧团已达3200多个。①据对全国各战场的新演剧队伍统计，包括民间剧团在内，戏剧兵约有3万人。

各剧社成立初期，由于缺乏专门的人才，主要学演现成的剧目，有《游击队》《八百壮士》《林中口哨》《迷途的羔羊》《亡国恨》《三江好》等。这些现成的剧目，特别是从大后方传过来的剧目，实际上和敌后根据地民众的生活距离较远，很难收到良好的宣传效果。从1938年起，一些剧社开始利用根据地的新素材自己创作更加符合根据地实际、易于被广大农民所接收的新剧目，有《自取》《警号》《父与子》《小英雄》《活路》等。1939年春，陕甘宁边区民众剧团到边区各地巡演4个月，创作并演出了一大批为群众所欢迎的戏剧。其中有宣扬民族气节、动员抗日的《好男儿》《查路条》等；有表现新思想、新气象的《十二把镰刀》《两亲家》等；有表现人民斗争、揭露国民党顽固派反共反人民的《三岔口》《穷人恨》等。各剧团演出的剧目利用各种戏剧形式，有正规的舞台剧，也有街头剧、茶馆剧、广场剧等等。剧目的内容紧密结合抗战实际，激励着广大军民的抗日意识，有着强烈的现实宣传教育意义，很能吸引民众。

---

① 刘谷主编：《晋察冀革命文化艺术发展史》，晋察冀革命文化史料征集协作组编，中国戏剧出版社2007年版，第103页。

抗战初期，由于各种条件的限制，需要布景、大道具和专门舞台的戏剧不适应根据地的现实情况。相反，演出方式简捷、在村中随便选块空场就能开演、观众可以在四周观看的戏剧自然演出频率更高，如街头剧、广场剧等。这种形式的戏剧往往短小、简单、灵活，容易创作，通俗易懂，并能够及时反映抗战的形势和党的政策，具有更强的政治性和鼓动性，能够更好地发挥戏剧宣传抗战、动员群众的作用。在全国影响较大并广为演出的是《放下你的鞭子》《最后一计》《三江好》等街头剧，其中《放下你的鞭子》最有代表性。最早是由著名剧作家田汉根据歌德的《威廉·迈斯特》中的故事改编的。抗战爆发后，著名导演陈鲤庭、崔嵬根据抗战宣传的需要对其进行了改编。该剧描写九一八事变后，一对从东北沦陷区逃亡到关内的父女俩，因生活所迫在街头卖艺，女儿因饥饿昏倒在地，父亲却用鞭子逼迫女儿继续卖艺，以此揭露由于日本帝国主义的侵略，家乡沦陷，使很多老百姓被迫离开家乡，到处流亡，生活无着的惨状，唤起民众抗日救亡的热情。1936年最早在绥远演出后，从城市演到农村，从部队演到机关，到处都激起了抗日的怒潮。这部戏极具现场鼓动效应，每次在街头演出，观众看到父女的悲惨遭遇都为之震憾，并高呼"打倒日本帝国主义"，极大地激发了民众的抗日救国情绪。因极富宣传动员作用，被称为"好一记鞭子"[①]，成为很多剧社的保留剧目。这一时期，为更好地发挥戏剧宣传鼓动的作用，更多的戏剧开始从都市走向农村，从舞台走向街

---

① 田酉如著：《中国抗日根据地发展史》，北京出版社1995年版，第616页。

头,"在没有戏台的地方,我们可以利用打禾场或宽广的街头,甚至于广大的房间,叫四面八方的人都能看,造成活的轮转舞台",这"是最合乎目前需要的戏剧形式"。①正如延安烽火剧团的团歌所写的:"我们要用戏剧来从事宣传,要动员广大群众来参加抗战。舞台是我们的堡垒,街头是我们的营盘。"②

抗战初期敌后根据地的文化动员从各种形式上展开,取得了很大的成效。延安及各根据地都普遍建立专业和业余的剧团、宣传队,使由过去局限在舞台上、远离普通老百姓的戏剧逐渐走上街头,深入乡村,成为进行抗战宣传、民众动员的有效手段。然而,这一过程中,依然存在一些问题。当时受中共抗战热情的感召,大后方和沦陷区的很多知识分子纷纷奔赴延安,他们的到来无疑壮大了敌后根据地文化动员的队伍。这些知识分子创作了很多的文艺作品,揭露日本帝国主义的侵略,宣传中共的战时政策,也号召根据地广大人民投入抗战之中。但是他们之中也普遍存在脱离群众、不了解群众生活、轻视民众中蕴含的强大力量的倾向,严重影响根据地民众动员的效果。抗战进入相持阶段后,根据地的文化动员又出现了新的问题。抗战前期大量出现的街头剧、广场剧等已经不再能够满足广大民众的文化需求,文艺界迫切需要提高演剧水平,逐渐形成了一种鄙薄民间的、通俗的、小型的文艺,崇尚大的、洋的、

---

① 《民主革命战争与戏剧》,《孙犁全集》第3卷,人民文学出版社2004年版,第16、10页。
② 戴知贤、李良志主编:《抗战时期的文化教育》,北京出版社1995年版,第258页。

古的所谓"高雅文艺"风气;在创作上也产生了"关门提高""自我表现""暴露黑暗"的偏向。①"抗战初期那种下农村、下部队的蓬蓬勃勃的热情逐渐衰退了,创作的抗战题材的戏演得少了,以提高为目的,这时的舞台上另换了一套与抗战没有多大联系、和陕北这种内地农村生活完全无关的描写大城市生活的戏和一些外国古典戏"②,如《日出》《雷雨》《钦差大臣》《伪君子》等,这同当时群众的文化水平、实际生活,同抗战这个大的背景和主题存在很大的距离,"不能使这里的多数观众切身敏锐地感受和领会,以增高他们的斗争情绪","不能给我们的现实生活以直接反映、刺激和推动"③。

  针对这种情况,为进一步解决"文艺工作和一般革命工作的关系,革命文艺的正确发展"④等问题,使根据地的文艺能更好地服从和服务于抗战的需要,1942年5月,毛泽东以"文艺为什么人和如何为"为核心命题,发表了著名的《在延安文艺座谈会上的讲话》(以下简称《讲话》),就革命文艺的方向、文艺的普及和提高、文艺批评标准、文艺与政治的关系、文艺工作者的世界观改造等中国新文艺发展的一系列重大问题,提出文艺为抗战服务,"文艺为工农兵服务"的指导方针,全面系统地

---

  ①《延安文艺丛书》编委会编:《延安文艺丛书·文艺理论卷》,湖南人民出版社1984年版,第51页。
  ②任文主编:《永远的鲁艺》(上册),陕西师范大学出版总社有限公司2014年版,第85页。
  ③《解放日报》1942年4月22日。
  ④《毛泽东选集》第2卷,人民出版社1991年版,第847页。

阐述了中国共产党的根本文艺态度和政策主张。1942年延安文艺座谈会之后，根据毛泽东《讲话》的精神，延安文艺界明确了当前戏剧运动的方向，是"如何启发、团结广大民众士兵，在克服困难、迎接光明的这一主题下动员起来"①，掀起了到工农兵群众中去的热潮。1943年3月27日，《解放日报》公布了中央文委确定的戏剧为战争、生产、教育服务的方针，强调戏剧工作者的第一个问题就是"怎样使用戏剧这个武器去动员群众、鼓动群众、帮助群众来完成这些重大的任务"。根据这一方针，广大干部、战士、农民，自己编剧，自己演剧，把工农兵创作与专业文艺工作者的创作结合起来，使边区的戏剧有了突破性的发展。1943年11月，中共中央宣传部发出了《关于执行党的文艺政策的决定》，明确指出《讲话》"规定了党对现阶段中国文艺运动的基本方针"，并进一步强调戏剧工作的重要性。特别指出："内容反映人民感情意志，形式易演易懂的话剧与歌剧，已经证明是今天动员与教育群众、坚持抗战、发展生产的有力武器，应该在各地方与部队中普遍发展。"②随后，各级组织通过多种方式贯彻落实精神，使解放区的群众文艺运动出现了一个兴盛的局面。

　　随着文艺方向发生改变，大量文艺工作者深入农村，深入农民中开展群众文化运动，农村剧团大量建立起来。1942年北岳区和冀中区成立的村剧团已达3200多个；1943年太行区15个县有村剧团600多个，晋

---

① 《解放日报》1942年5月19日。
② 《解放日报》1943年11月8日。

东南有村剧团170多个。①1945年在山东根据地滨海区的莒南县,农村剧团发展到143个;鲁中区的沂南县,剧团数量也达到110个。②在戏剧创作上,话剧等戏剧形式根据抗战和民众的需要进行改造,使其更加生动,内容上更符合老百姓的生产和生活,符合现实斗争的需要。1942年7月,鲁艺演出了《我们的指挥部》《军民之间》《民兵》《三光政策》等独幕话剧,反映了边区军民的抗战事迹和勇敢斗争的精神。晋察冀根据地的独幕剧《把眼光放远点》《十六条枪》《粮食》《打得好》等,也都生动地描写了在抗战最困难的阶段,敌后斗争形势的复杂、条件的艰苦,歌颂了敌后广大民众坚持对敌斗争的精神和机智。此外《子弟兵与老百姓》《戎冠秀》《李国瑞》《同志,你走错了路!》《吴满有》《送郎上前线》《模范农家》等多幕话剧,或根据真人真事改编,或反映党的抗战政策,或表现军民共同抗战、军民鱼水情深的故事,受到人民的欢迎和好评。对旧剧进行改造,也是解放区戏剧体现为工农兵服务的一个重要手段和内容。"为达到大众化的目的,我们不妨尽量地通俗化,旧剧的形式我们无妨采用,地方剧的形式我们无妨模仿。"③除京剧和秦腔外,其他地方戏曲如评剧、越剧、淮剧、梆子戏等传统剧种都进行了一定的改革,加之对各地民间小调的直接运用,并赋予抗日的新内容,

---

① 贾冀川:《解放区戏剧研究》,人民出版社2013年版,第41页。
②《中国话剧运动五十年史料集》第2辑,中国戏剧出版社1985年版,第142页。
③ 孙照海、初小荣选编:《抗战文献类编·文艺卷》第1册,国家图书馆出版社2010年版,第590页。

取得很大成效，也调动了广大人民抗战救亡的热情。

而在解放区的戏剧创作上，更好地体现了毛泽东艺术"为抗战服务""为人民大众服务"，成就最大、影响也更为深远的就是利用秧歌这种民间形式而发展起来的秧歌剧，成为中国共产党战时动员民众的最有效手段。

二、新秧歌运动

秧歌舞和秧歌调是流行于陕北民间的一种艺术形式。陕北秧歌自古以来就是一项祀神的民俗活动，"以此祈求神灵保佑，消灾免难，岁岁太平，风调雨顺，五谷丰登"[①]。这种秧歌又说又唱，载歌载舞，是一年中最盛大的节庆，具有很强的群众基础。抗战爆发后，根据地的文艺工作者组织群众和宣传队，开始利用秧歌宣传抗日。这时的秧歌与以往不同，"一般的秧歌，多在冬春的农闲季节，而作为劳动之余的戏乐；但在边区的扭秧歌增加了宣传抗战的内容"，镶嵌着"抗战必胜"标语的"花车""旱船"随处可见，演唱的秧歌曲也填进了宣传抗战的内容。"除了娱乐之外，已成为参与政治斗争、社会活动的利器"[②]。1937年8月，西北战地服务团把民间流传的秧歌改作《打倒日本升平舞》，在广场和舞台演出，演员们分别化装成工、农、兵、学、商和日本侵略者、汉奸，宣传全国人民总动员，打倒日本侵略者和汉奸，唱的是新编抗战

[①]《中国民族民间舞蹈集成》（陕西卷），中国ISBN中心1995年12月版，第49页，转引自朱鸿召著：《延安日常生活中的历史（1937—1947）》，广西师范大学出版社2007年版，第125页。

[②]《解放日报》1942年9月23、24日。

小调。这是利用民间喜闻乐见的旧形式而赋予革命内容改革尝试的第一步。①1939年春节前后,晋察冀边区组建的秧歌队开始深入村庄、学校、机关。②延安文艺座谈会以后,陕甘宁边区,特别是延安,掀起了新秧歌热潮,几乎无人不会扭秧歌,"把全延安城都扭得红火热闹,一直扭遍全陕甘宁边区"③。

陕北秧歌是一种民间的集体舞蹈。表演者往往化装成各行各业、形形色色的人物,手持扇子、手帕、彩绸或其他反映人物身份、职业的道具,在锣鼓等乐器的伴奏下表演出各种动作,跳出各种舞姿,变化出各种队形。在传统的民间秧歌中,有很多不健康的成分,文艺工作者对民间秧歌进行了借鉴、利用和改革,把秧歌和戏剧结合起来,采用陕北广大群众都能听懂的陕北"官话"、唱腔和音乐,以陕北民歌为基调,发展成为载歌载舞的秧歌剧,使旧秧歌从内容到形式都实现了彻底的改造。1943年春节,经过改造后的新秧歌在延安的广场上闹起来,掀起了新秧歌运动。鲁艺文工团的秧歌队扭遍整个延安城,演出的《兄妹开荒》引起了轰动。《兄妹开荒》是文艺工作者以群众生产生活为素材创作的第一个小型的秧歌剧,被誉为"第一个新秧歌剧本"。它利用民间秧歌剧的形式,生动地表现了边区热气腾腾的大生产运动,热情歌颂了"边区人民吃得好来,穿也穿得暖,丰衣足食"

---

① 《延安文艺丛书·秧歌剧卷·前言》,湖南人民出版社1985年版,第2页。
② 刘谷主编:《晋察冀革命文化艺术发展史》,晋察冀革命文化史料征集协作组编,中国戏剧出版社2007年版,第102页。
③ 李焕之:《回忆在延安时的新秧歌运动》,《文史精华》1996年第2期。

的幸福生活，得到延安人民的欢迎，毛泽东看后也称赞他们像个为工农兵服务的样子。①《解放日报》发表社论加以称赞，认为是实践文艺工农兵方向的重大成就。它的成功演出推动了新秧歌运动的发展，秧歌运动在延安普遍展开，又由延安到陕甘宁边区，并传至整个敌后抗日根据地。1943年4月25日，《解放日报》发表社论《从春节宣传看文艺的新方向》，充分肯定了以新秧歌运动为代表的革命文艺发展方向，称赞其"以新的面目，鼓舞了群众的斗争热情，收到了很大的教育的效果"②。继《兄妹开荒》之后，出现的秧歌剧有《夫妻识字》，表现劳动人民翻身后学习文化的热情；《减租会》，宣传中共减租减息的土地政策；《周子山》，表现革命队伍分化的问题。这些秧歌剧的歌词较之传统秧歌更适应战时向民众进行宣传动员的需要，比如"羊肚子手巾三道道蓝，三哥哥光荣把军参，保卫咱的陕甘宁，杀敌立功上前线"③，得到广大人民的认同和响应。

新秧歌运动给予秧歌以新的思想、新的感情，革新了原有的艺术表现形式，也推动了群众和秧歌队的改革，延安各机关、部队、学校都成立了秧歌队。在延安掀起的新秧歌剧运动的高潮中，群众戏剧活动广泛

---

① 任文主编：《永远的鲁艺》（上册），陕西师范大学出版总社有限公司2014年版，第152页。
②《解放日报》1943年4月25日。
③《中国民族民间舞蹈集成》（陕西卷），中国ISBN中心1995年12月版，第75页，转引自朱鸿召著：《延安日常生活中的历史（1937—1947）》，广西师范大学出版社2007年版，第141—142页。

开展起来,产生了许多紧密结合现实斗争,深受群众喜爱的作品,如《动员起来》《货郎担》《赵富贵自新》《抓壮丁》《学习劳动英雄》《选好人》等。据不完全统计,"从1943年农历春节至1944年上半年,一年多的时间就创作并演出了三百多个秧歌剧"①。事实证明,新秧歌剧"这种融合音乐、诗歌、戏剧、跳舞和装饰美术于一炉,富有伸缩性且不受舞台限制的综合艺术"②,符合当时广大农民群众的需要,成为他们非常喜爱和积极参加的艺术形式。1944年春节,新秧歌演出达到了高潮。延安组织了27个业余秧歌队,这些秧歌队是由延安的群众、工厂、部队、机关、学校组织起来的,表演了150多个节目③,从秧歌剧、秧歌舞到花鼓、旱船、小车、高跷、高台等,延安城热火朝天。这些节目反映了边区的实际生活,反映了边区的生产和战斗,深受群众欢迎。"这次春节的秧歌成了既为工农兵群众所欣赏而又为他们所参加创造的真正群众的艺术行动。创作者、剧中人和观众三者从来没有像在秧歌中结合得这么密切。这就是秧歌的广大群众性的特点,它的力量就在这里。"④毛泽东特别称赞秧歌剧所起到的作用:"这就是我们的文化。反映群众,真正的反映经济、政治,这就能够有指导作用。"他要求多组织秧歌队,一个区至少搞一个。1944年上半年,在1500万人口的陕甘宁边区,演秧歌剧的业余团体有

---

① 《延安文艺丛书·秧歌剧卷·前言》,湖南人民出版社1985年版,第2页。
② 《解放日报》1943年4月25日。
③ 戴知贤、李良志主编:《抗战时期的文化教育》,北京出版社1995年版,第268页。
④ 《解放日报》1944年3月21日。

360个,喜爱秧歌剧观众达800万人。①

新秧歌运动的开展,使得边区到处扭秧歌,这已经不是原来意义上的民间秧歌,而是把秧歌这种形式和现实政治内容紧密结合的新秧歌。艾青也认为秧歌剧能很快地发展,主要是因为它体现了毛泽东的文艺方向,即和群众结合,内容表现群众的生活和斗争,形式为群众所熟悉和欢迎。②秧歌队的表演不再是图红火,而是致力于宣传的任务。政治宣传,包括抗战的宣传、党的政策宣传等是其最突出的内容和特点。"秧歌运动的开始,是为了宣传生产,表扬劳动英雄。那时的观念是利用这老百姓所熟悉和爱好的形式,来表现老百姓和部队对于生产的热情和积极性,注意力当时是集中在内容上。"③为了更好地进行宣传,他们除了演唱新唱本外,还结合当时要做的拥军、生产、教育、防奸等工作,自编出很多更通俗的歌词。比如"慰劳军队最应当,八路军前线把敌抗,巩固咱们的后方,安居乐业把幸福享",表现出边区人民对于英勇八路军的热爱与拥护的心情。为配合革命宣传的内容,在形式上对传统秧歌也进行了一定的改造。"新的秧歌取消了丑角的脸谱,除去了调情的舞姿,全场化为一群工农兵,打伞改用为镰刀斧头,创造了五角星的舞形"④。此外,为更好地利用秧歌表演的机会向边区的广大人民进行政治的宣传,提高人民抗战和生产的积极性,

---

① 唐正芒等著:《中国西部抗战文化史》,中共党史出版社2004年版,第473页。
② 《解放日报》1944年6月28日。
③ 《延安文艺丛书·文艺理论卷》,湖南人民出版社1984年版,第488—489页。
④ 刘增杰等编:《抗日战争时期延安及各抗日民主根据地文学运动资料》(上),知识产权出版社2010年版,第260页。

在表演现场,革命秧歌队还有一个主持人,用提示性的语言使秧歌表演中所包含的政治内容更加明确地显现出来。在秧歌表演到观众最多的时候,暂停了锣鼓,向群众作临时讲话,直接宣讲怎样生产、变工的好处、拥护军队、爱护边区等问题,受到群众的认可和欢迎。

1944年春节,延安的秧歌队都纷纷出动进行宣传。秧歌内容都根据"组织起来""自卫开荒""拥军""拥政爱民"等方针,用各种生动活泼的形式,歌唱劳动人民幸福美满的生活,表现边区军民紧密团结、驱逐日军,建设新中国的决心。留政宣传队第二队,曾到金盆湾劳军。在那里演出了《张治国》《军爱民民拥军》《抓壮丁》等节目,深受战士们欢迎。其中起了最大教育作用的,是真正描写战士们生活的《张治国》。马头川的自卫军从20里路外赶来看戏,老乡们也有从十几里以外赶来的,观众有3000多人。在节目进行中间,自卫军高呼:"军民像弟兄一样团结起来!""加强自卫!""八路军万岁!"等口号。[1]安塞县群众自己组织的秧歌队共有30余队,正如他们自己所唱"我们不是图红火,因为抗战来宣传"[2]。南区秧歌队在1944年春节总共演了七场,计在农村演出六次,观众共计约有2800人。新秧歌之所以受到广大群众的喜欢,因为它不但真正表现了他们的生活和劳作,而且都是教他们上进,教他们学好的,切实起到了教育群众的作用。有些妇女听了之后,说:"今年秧歌可好哩,不同往年,还带有宣传。"[3]一个70岁的老汉看完

---

[1]《解放日报》1944年3月26日。
[2]《解放日报》1944年3月12日。
[3]《解放日报》1944年3月12日。

全部演出后说："这些戏都是劝人好，劝人好好生产，多打粮食，光景就过美啦！"一个青年农民说："看了你们演的戏后，男的就要好好变工生产，女的就要好好纺线！"①群众已经把新秧歌当作一种自己的生活和斗争的表现，一种自我教育的手段来接受的，因此，老百姓给新秧歌取了一个名字叫"斗争秧歌"。

新秧歌虽然是农民的艺术，是农村条件之下的产物，但却是解放了的，而且集体化了的新的农民艺术。②新秧歌运动直接推动了根据地戏剧的发展。1945年5月，大型秧歌剧《白毛女》在延安公演，全城轰动，有人跑上几十里地来看戏。《白毛女》在延安演出30多场，场场爆满，并迅速从延安传到了各抗日根据地，成为解放区拥有观众最多、影响最大的一部重要歌剧作品。《白毛女》的出现，意味着解放区的戏剧向前迈进了一大步，并有了一个更响亮的名字"新歌剧"。

三、戏剧在文化动员中的作用

抗战时期，"政治形势所要求于戏剧运动的，是如何启发、团结广大民众士兵，在克服困难、迎接光明的这一主题下动员起来"③。经过中共改造、发展后的戏剧，更好地担负起这一生命，在中共战时文化动员中起到了不可替代的作用。

（一）活跃了广大农民的业余文化生活，使乡村生活更加积极、健康

过去由于农村物质条件困难，农民衣食尚不能无忧，更何谈文化生活，

---

① 《解放日报》1944年2月25日。
② 《解放日报》1944年3月21日。
③ 《解放日报》1942年5月19日。

只是在过年或农闲季节,扭扭秧歌,听几场书,看几场皮影戏而已。现有的文艺手段和内容严重脱离群众,老百姓不愿看,也看不懂。旧秧歌是乡村的民俗,是群众自发的文娱活动,一般在年节时才有,规模不大,充满对民众的丑化和不雅的唱词,内容多是表现男女情爱或给地主拜年唱吉庆,被老百姓称为"骚情秧歌"和"溜沟子秧歌"。可以说,农民几乎没有什么真正的业余文化生活可言。中国共产党文艺为工农兵服务的政策提出后,文艺活动开始走入乡村,走进老百姓的生活,提高了他们对文化的需求。

在党的基层文艺工作者和剧团的帮助下,大量的业余农村剧团在各根据地广泛建立起来,农民踊跃参与其中,文化娱乐活动在边区是惊人地普遍、广泛。1943年鲁中区沂南县业余剧团达110多个,在滨海区,仅以三分区10个县的不完全统计,就有1607个剧团。莒南县1944年底全县农村剧团主任会议统计,当时有剧团110个,演员3000余人,排演过的节目2000余个。吕南有"庄庄秧歌队,村村锣鼓声"的评语。据1945年6月统计,在胶东解放区、游击区乃至敌占区内,农村俱乐部达1.25万多个。[1]苏北解放区的盐阜区,至1944年3月为止,所辖的九个县全部建立了文工团,总人数将近300人,一年内共演出剧目157个,场次368场,观众达到52万多人。[2]到1946年前后,据

---

[1] 刘桂林编著:《山东抗日根据地的宣传》,中共党史出版社2005年版,第137页。

[2] 上海市文化局党史办公室、江苏省文化厅史志办公室、安徽省文化厅史志办公室、浙江省文化厅史料征集办公室合编,《华中抗日根据地文化工作大事记》,1996年版,第238页。

不完全统计,山东胶东区有1万多个农村剧团;晋中和北岳区有3100多个农村剧团;华中盐阜区有685个农村剧团、823个秧歌队。①在陕甘宁边区,1944年民众剧团遍及边区24个县,观众达200多万人,平均每两天演一场。②到1946年前后,边区已经有1000多个秧歌队。③抗战期间,拥有300多个村庄的左权县境内活跃着70多个农村剧团④,广泛开展群众性的戏剧活动,节目由农民自编自演,内容紧密结合抗战形势,比如打倒日军、铲除汉奸、参军拥军、互助生产、解放妇女等。在晋察冀根据地,1943年来水一个县,就有63个村成立了村剧团或宣传队,或本村举办晚会,或外出宣传,或与部队联欢者共达38村;旧年参加各区检阅大会的有59个村娱乐队,演出新旧形式近20种。⑤一时间,"文化娱乐"成了农民口语中的名词,哪村不会闹这,简直是耻辱一般。⑥

戏剧经过中国共产党大众化改造后,从形式和内容上都更易为广大民众所理解和接受,特别是秧歌剧由于其简单易演,老百姓也能参与到剧本的创作和演出中。在老百姓看来,"新秧歌说的都是我们自己的事,

---

① 贾冀川:《解放区戏剧研究》,人民出版社2013年版,第41页。
②《解放日报》1944年11月9日。
③ 古建军:《解放区文艺是真正的人民文艺》,《文艺理论与批评》1990年第5期。
④ 皇甫建伟、张基祥编著:《抗战文化》,山西人民出版社2012年版,第8页。
⑤ 晋察冀日报史研究会编:《1938—1948〈晋察冀日报〉通讯全集·1943年卷》(上),中共党史出版社2012年版,第311页。
⑥ 刘谷主编:《晋察冀革命文化艺术发展史》,晋察冀革命文化史料征集协作组编,中国戏剧出版社2007年版,第102页。

这个我们也会编会演",各抗日根据地掀起了群众性编剧和演剧热潮。"民众自己不只是听众和秧歌舞的歌唱队,而且愈来愈多地变成秧歌舞的发动人","农民、工人、士兵、学生以及学童,到处都组织了秧歌队,表演给老百姓看"。①老百姓看了新秧歌后纷纷表示,"旧秧歌脏死了,我看都不爱看,你们的秧歌,我直站着看。不想走","你们的秧歌有故事,一满是讲生产,年轻人都爱看,旧秧歌没意思!"②"这种演出的内容和形式是容易懂的,不像过去那样闹不清演的是什么,比较适合群众口味,合乎眼前的环境"③。至于《血泪仇》《白毛女》等经典剧目,更是当时广大农村不可缺少的精神食粮,每次演出都是满村空巷,扶老携幼,屋顶上是人,墙头上是人,树杈上是人,草垛上是人。④

特别突出的是根据地的妇女和儿童也参与到群众性的戏剧运动中来。广大农村妇女登上舞台进行表演,根据地的儿童组建儿童剧团,经常自发地表演打日本、捉汉奸,甚至把它作为一种游戏形式。"在许多乡村中,演唱秧歌已经成为每星期的正规的事件。他们为了改造乡村生活而订立《十项小纲领》,在这十项里面就含有到处创设秧歌队的一项。"⑤由于农村

---

① 孙照海选编:《陕甘宁边区见闻史料汇编》第2册,国家图书馆出版社2010年版,第297—298页。

②《解放日报》1944年2月25日。

③《解放日报》1943年7月11日。

④《延安文艺丛书》编委会编:《延安文艺丛书·秧歌剧卷》,湖南人民出版社1985年版,第7页。

⑤ 孙照海选编:《陕甘宁边区见闻史料汇编》第2册,国家图书馆出版社2010年版,第298页。

有了正当的文化娱乐，乡村的风气得到了极大改变。1944年新年郝家桥进行了秧歌宣传演出，结果没有一个赌博的；而没有参加秧歌演出的地方，就发生几起赌博的事件。在秧歌表演过程中，也涌现出一批新的积极分子，很多基层的动员工作都是经过他们去进行宣传鼓动的。各村的干部在一起闹秧歌后，关系也更加亲密了。可见，群众性戏剧活动的开展，活跃了农村文化生活，改变了乡村的风气，提高了农民的政治觉悟，激励了群众的斗争情绪，达到了较好的宣传效果，也为根据地各项工作的开展造成了更有利的条件。

（二）宣传了党的各项战时政策，以获得民众的认同和支持

抗战期间，中国共产党意识到"要支持长期的战争，要促成各部门的进步，我们必须信赖群众运动"，"我们一切的政策都经过这些群众运动实行起来"，"我们必须动员群众，唤醒他们，教育他们"。[1]而戏剧是最有力的动员群众的武器。

根据地的戏剧作品都和当时根据地的生产生活，和中共的各项战时政策，和当前根据地的中心任务紧密结合，比如表现边区大生产运动的《一朵红花》《动员起来》《钟万财起家》《张治国》等；表现军民关系的《牛永贵挂彩》《要拥军》《军爱民，民拥军》《大家好》《血肉相连》等；表现边区新旧观念斗争的《睁眼瞎子》《买卖婚姻》《回娘家》《小放牛》《货郎担》等。1944年山东解放区创作的《群策群力》描写了解放区的减租减息运动，《父母兄弟》则告诉人们当汉奸可耻，人民的队

---

[1] 孙照海选编：《陕甘宁边区见闻史料汇编》第2册，国家图书馆出版社2010年版，第298—299页。

伍才是最可敬的。在这些戏剧表演过程中，老百姓不再是旁观者，而是创作和演出的直接参与者，他们把自身的生活和情感与剧中的人物和情节融合在一起，感同身受之后，对戏剧所要传达的思想，所要宣传的政策，所要介绍的形势自然更容易认同和接受，"这样的组织民众，其进程是无形无影的，因之效果比较大"①。

为更好地利用戏剧宣传党的政策，达到动员民众的目的，"每个剧本要以它所触及的那个问题的政策为核心，通过我们的创作，向群众宣传和解释革命的政策"，"要适合当时当地的具体要求，服从当时当地的政治任务"②，要把边区的政策、各方面工作中一些较为重大的事件，在戏曲上做到及时的反映。1943年春节，部艺工作团演出四幕活报剧《保卫边区》，表现了边区好、整军、开辟南泥湾和拥护党的领导四个主题，表现出边区农民生活的富裕、民主生活的活跃，描绘出人民对边区的热爱，对政治和军队的拥护及各阶层人民的团结。③为推动拥军、拥政爱民、节约和生产运动，延安宣传队走上街头利用秧歌舞的形式进行演出，并以响应生产号召为主题创作了《学习吴满有》。每当演到向吴满有看齐时，现场观众都报以热烈的掌声。两个老乡一边看表演，一边讨论："老吴一人种二百亩，好干手！""每人要种三十亩？我去年才种二十五亩。""今

---

① 钱理群、温儒敏、吴福辉：《中国现代文学三十年》，北京大学出版社1998年版，第332页。
② 朱鸿召：《延安日常生活中的历史（1937—1947）》，广西师范大学出版社2007年版，第141页。
③《解放日报》1943年1月17日。

年呢？""多种！嗳！多种！"一个政府工作人员说："生产舞好，因为它和政府政策、党的政策结合着。"①1944年4月，郝家桥秧歌队通过演出宣传拥军和生产自卫等政策，十天的秧歌宣传，教育了本乡2500余名群众，使他们对拥军、生产、自卫、开荒、移民等各种政策有了更进一步的认识。

通过戏剧这种文艺形式，中国共产党把边区的活动、党的政策、是非标准都顺利地传达给老百姓，老百姓在无形中不仅欣然接受而且转化为内在的思想和具体的行动，形成和中国共产党一致的道德规范。在这个过程中，由于戏剧的大众化也拉近了老百姓和共产党、人民军队的关系，老百姓往往把文化下乡和共产党的领导联系起来，说"只有共产党来了，才能有这世道，庄户人在家里也能看上戏！"②老百姓对共产党的民主政权更加信任，对共产党的政策更了解和认同，对人民军队更拥护和支持，"共产党是咱的救命人"这样的唱词反映了老百姓的心声，表达了老百姓对共产党真心的歌颂和拥护。

（三）提高了广大农民的思想觉悟，调动了民众生产和抗日的热情

根据地的戏剧以现实为题材，反映群众真实的生活和斗争，从革命战争、生产劳动、反封建斗争到学习文化、改造后进、破除迷信等方面几乎都有所反映，不管戏剧的具体内容和情节如何，主题似乎是不变的，

---

① 《解放日报》1943年2月21日。
② 任文主编：《延安时期的社团活动》，陕西师范大学出版总社有限公司2014年版，第90页。

"就是对于抗战胜利和新民主主义完全实现路程中物质和人类困难的克服"①，表达了农民的意愿和要求，具有很强的教育意义。"戏里的坏蛋，不是日本兵便是汉奸，巫医，浪子，以及其他阻碍战力的，阻碍增进生产的，或是阻碍政治和社会进步的恶劣分子。男主角和女主角则是八路军战士，民兵，或者是提倡阶级合作和互助的先锋；向迷信、文盲、污秽、疾病作战的人；或者是乡村，工厂，合作社，和政府机关的，那些个人的行为曾经引起了群众动力的模范工作人员。"②在这种情况下，老百姓成为剧中的主人公，取得了被推崇的地位，这些戏剧和角色与他们的现实生活息息相关，"使农民意识到原来自己的行为也可以入戏，可以像古代英雄豪杰那样被人传唱，从而产生一种前所未有的自豪感，农民因此感觉到自己的抗日行为的意义所在，意识到原来开荒种地、交公粮等等会对整个民族和国家有如此重要的意义"③，使他们进一步有了政治上的认同感。

以戏剧这种"艺术的武器来教育广大民众，与敌人的奴役文化展开无情的斗争"，"广大人民的智慧是空前地提高了，对民族的观念，有了新的认识；对敌人的仇恨，逐步提到'有我无敌，有敌无我'

---

① 孙照海选编：《陕甘宁边区见闻史料汇编》第 2 册，国家图书馆出版社 2010 年版，第 296 页。

② 孙照海选编：《陕甘宁边区见闻史料汇编》第 2 册，国家图书馆出版社 2010 年版，第 296 页。

③ 李扬：《50—70 年代中国文学经典再解读》，山东教育出版社 2003 年版，第 304 页。

的地步"。①1940年"五卅惨案"时，辽县就组织了30次农村剧团大会演，大大地鼓舞了群众抗日斗志。②比如《牛永贵受伤》这部戏，当演到日本人把赵守义打得气息奄奄的时候，很多人愤慨地喊叫起来。一个观众看完了说："要不是演戏，我就要把那日本人打死！"③戏剧"不但娱乐了群众，而且教育了群众，使那些原来积极劳动的人们更加提高生产的热情，而使那些二流子们受到触动，自动地转变过来"。比如表现劳动生产生活的《兄妹开荒》，表现改造二流子这一主题的《钟万财起家》《动员起来》《改造二流子》等作品，人物、事迹大都来自边区群众的现实生活，老百姓感同身受，在剧中似乎看到了他们自己，使他们意识到"公家说的是对的，是规劝咱们老百姓学好"，鼓动了他们的生产和斗争热情，二流子表示"不相信，今年干个样子叫他们看"。④《钟万财起家》演出时，观众中的二流子就被人用指头刺着背说："看人家，你怎办？"《一朵红花》在三十里铺演出，一个妇女说它是"绝对的好！"一个青年说："这是给妇女提意见，谁也不要当懒婆姨。"⑤1944

---

① 刘桂林编著：《山东抗日根据地的宣传》，中共党史出版社2005年版，第53页。

② 皇甫建伟、张基祥编著：《抗战文化》，山西人民出版社2012年版，第40页。

③ 刘增杰等编：《抗日战争时期延安及各抗日民主根据地文学运动资料》（上），知识产权出版社2010年版，第288页。

④《解放日报》1943年4月24日。

⑤ 刘增杰等编：《抗日战争时期延安及各抗日民主根据地文学运动资料》（上），知识产权出版社2010年版，第288页。

年5月延安县的农村宣传队连续在7个村镇演出18天，演出剧目真实反映了农村生活情况，博得群众好评，当地干部说"你们演两天戏要比我们干部下乡宣传两月作用还大，希望以后能多来才好"①。很多戏剧的演出不仅使大多数观众为之痛心落泪，发出同情和义愤的呼声，甚至使失足者、犯人也受到触动，坦白讲出自己的心事。青年剧院演出《赵富贵自新》，使一个有错误打算的士兵，跑到上级面前坦白错误，并要求把他捆起来②；而在晋察冀根据地，一个秘密回乡探亲的伪军看了《慰劳》这部剧的演出很受感动，决心反正。可见戏剧发挥了强大的教育功能，对提高群众觉悟起到了很大作用。

（四）推动了广大民众对抗战的支持，保证了抗战的持久进行

为达到广泛动员民众，获得民众从各方面对抗战支持的目的，必须"把战争的政治目的告诉军队和人民"，必须使每个人"都明白为什么要打仗，打仗和他们有什么关系"，才能"造成抗日的热潮，使几万万人齐心一致，贡献一切给战争"。③根据地的戏剧都围绕抗战和生产的主题，与边区的社会生活、与抗战的现实、与广大民众的生产和斗争紧密相连。很多作品都是根据当时当地出现的人物、事件或当时的中心任务而创作的，而动员民众参军参战无疑是抗战期间永恒不变的一个主题和最核心任务。根据地的很多戏剧作品都是围绕这一主题来创作的。《捉特务》《捉汉奸》《牛永贵挂彩》《血泪仇》《白毛女》等作品揭露了

---

① 《解放日报》1944年6月22日。
② 《解放日报》1944年6月7日。
③ 《毛泽东选集》第2卷，人民出版社1991年版，第480—481页。

日伪、汉奸的罪行，激起了民众对日本兵、汉奸、特务的愤怒和仇恨；《生产互助》《探亲》《巩固抗日根据地》等表现了解放区在党的领导下的新生活，唤起了民众投入生产、保卫根据地的热情。《红鼻子参军》《送郎参军》《支援前线》《过关》《丰收》等直接描写人民踊跃参军，支援前方的情景；还有宣传扩军的《参军》，写部队战斗生活的《无敌三勇士》等。1940年6月在晋察冀根据地，为配合"志愿兵役制"宣传活动，演出两场小歌剧《拴不住》，在民众中引起很大反响。

这些戏剧的演出不是仅在动员参军和扩军之前进行，而是利用各种机会和场合进行表演，以更好地达到宣传的效果。各根据地所有的剧团和宣传队都到各个乡村中去做广泛深入的宣传，配合征兵工作的进行。在春节联欢会、宣传周、庆祝大会、劳军等各种重大的节日和场合，都能看到专业和民众剧团的演出。延安"鲁艺"成立不到一年时间，就创作反映抗战的剧目数量在30个以上，组织了百次以上的公演晚会。①1943年随着延安新秧歌运动的出现，秧歌剧成为进行政治宣传最主要也最有效的戏剧形式。由于其短小、简单、灵活等特点，农村中秧歌剧的演出更为频繁，几乎每天都有演出，甚至不止一场。在这个过程中，戏剧所要传达的动员民众参军参战，上前线光荣、逃避当兵可耻的思想被不断强化，最终达到宣传动员的目的。在各根据地不断演出的小歌剧《动员起来》，号召民众"还要多送些公粮，给咱政府队伍上。人人参加自

---

① 刘增杰编：《抗日战争时期延安及各抗日民主根据地文学运动资料》（上），知识产权出版社2010年版，第412页。

卫军,准备力量,打日本鬼和那反动分子,保卫咱丰衣足食的好家乡"①。陕北公学流动剧团在演出过程中,根据群众讲述的母送子、妻送郎参军抗日的生动素材,创作了小歌剧《送郎上前线》,同样表现了老百姓积极踊跃参军的生动场面。1944年,山东解放区创作的戏剧《过关》,描写了解放区老百姓组织各种抗日团体,学习文化,生活改善,当家做主的幸福生活,和国统区形成了鲜明的对比,正是在这种背景下,才出现了农民踊跃参军的动人情景。②

中共还注意宣传八路军、新四军的战绩,人民看到八路军和新四军英勇善战,自然对其产生认同感。话剧《王玉凤》表现了新四军地下工作者的机智勇敢和坚贞不屈;《曹立三》和《淮阴之战》直接描写了新四军战士面对日伪或敌顽的英勇无畏;秧歌剧《新年团圆舞》通过又歌又舞的形式歌颂了新四军对苏北解放区的巨大功绩。歌颂共产党领导下的人民军队的还有如《玩龙船》《慰问抗属》。通过对参加新四军的家属的关心慰问,表达对新四军的赞颂,"根据地,得太平,功劳全在新四军。军爱民,民爱军,不分军民一条心"③。在群众中造成了参加八路军、新四军,上前线打日本的光荣感,激发出了蕴藏于群众之中的抗战热忱,到处出现了"母亲送儿打东洋,妻子送郎上战场"的感人场面。此外,拥政爱民和拥军优抗的宣传也能密切军民关系,使军队获得人民的真心

---

① 《延安文艺丛书》编委会编:《延安文艺丛书·秧歌剧卷》,湖南人民出版社1985年版,第143页。
② 贾冀川:《解放区戏剧研究》,人民出版社2013年版,第185页。
③ 贾冀川:《解放区戏剧研究》,人民出版社2013年版,第197页。

拥护和支持。《父母兄弟》《一家人》《一条心》《血肉相连》表现了新四军和老百姓之间的血肉联系；《大拥军》《拥军袋》《一捆柴》《拥军花鼓》《拥军爱民》《军爱民，民拥军》都反映了军民亲如一家，鱼水深情。"咱人民，好光景，全靠八路军给呀给恩情"[①]，"八路军帮助老百姓，老百姓拥护八路军。军和民是一家人，和和气气分外亲。八路军保边区努力生产，老百姓多开荒帮助抗战，军和民紧紧相连，同心合力像兄弟一般"[②]。经过这些作品的宣传动员，激发了民众的抗日救国热情，广泛而深入地掀起动员热潮。人民群众把子弟送到部队，广大青年纷纷自动报名参军，过去那种"好男不当兵""好铁不打钉"的流言，被"好男儿上前线"的豪言壮语所代替。人民不仅自觉自愿参军，保证了兵员的不断补给，使中共的军队不断发展壮大，而且以各种形式积极支持抗战，比如按时按量上缴公粮、出劳力、出牲口、出车辆等各种勤务，配合正规军作战及协助主力部队做后勤工作等，为抗战胜利和抗日根据地的发展壮大提供了可靠保证。

  抗日战争时期，为实现有效的文化动员，中共确定了文艺大众化的方针，使根据地的文艺更适合抗战的需要，适合人民大众的需要。在这个过程中，戏剧成为激励群众、组织群众、教育群众的最有力武器，在改变乡村生活、提高农民觉悟、宣传党的政策、发展党的力量以及推动

---

  ① 《延安文艺丛书》编委会编：《延安文艺丛书·秧歌剧卷》，湖南人民出版社1985年版，第238页。

  ② 《延安文艺丛书》编委会编：《延安文艺丛书·秧歌剧卷》，湖南人民出版社1985年版，第240—241页。

民众支持抗战方面都发挥了至关重要的作用。中共利用戏剧这一文化动员的手段，不仅使抗战动员得以在更深层次上有效实施，全民抗战得以广泛开展，也确立和传播了党的文化政策和意识形态，在思想上初步完成对知识分子和普通民众的改造，获得他们在文化和政治上的认同感，对中国共产党和中国革命的胜利都起了重要作用。

作者简介：

张　丹　天津工业大学马克思主义学院讲师，博士，研究方向：中国近现代政治史

张俊峰　天津工业大学马克思主义学院副教授，硕士，研究方向：思想政治教育

抗战时期晋察冀边区的救灾度荒研究

张德义

抗战时期的晋察冀边区面临着日军的疯狂扫荡和自然灾害的双重威胁，给成立近两年的晋察冀边区政府带来异常严峻的考验。关于救灾度荒的研究，主要集中在革命根据地以及领导人与革命根据地的救灾工作等方面，而对某一革命根据地所遭受的灾荒缺乏全面的论述和分析。鉴于此，本文系统考察抗战时期晋察冀边区所遭受的水灾、旱灾、蝗灾等自然灾害，在分析救灾度荒政策方针及其实践的基础上，希冀对新中国成立后的救灾工作提供一些历史借鉴和有益启示。

一、严重的自然灾害

抗战时期的晋察冀边区发生了严重的自然灾害，影响较大的有1939年的大水灾和1942—1943年的大旱灾，以及由此诱发的蝗灾。现对上述三种影响较大的灾害灾情境况作如下分析。

（一）1939年的大水灾

1939年七八月间，晋察冀边区发生了特大水灾。7月初，暴雨骤降，连续不停，以致山洪暴发。同时，该区的大小河流及其支流均相继暴涨，冲决河堤。一时间，边区蒙灾地区，坡田荡为沙地，平原沦为泽国，庄稼全被洪水淹没，房屋亦倒塌无数，人民群众饥饿无粮，流离失所。据统计，"晋察冀边区被毁良田17万顷，粮食损失60万石，淹没村庄1万余个，人畜伤亡严重，灾民达300万人，损失总值达1.5亿元以上"①。这样严重的灾情和破坏力极其少见，这次大水灾比1900年和1917年发生的水灾都要严重，当时的论述称其为"百年仅有的水灾"，"八十年来所仅见"。在边区政府给行政院的电报中综述了这次大水灾的灾情："边区此次水灾惨重，难民流离失所，嗷嗷待哺，情至堪悯。晋东北地势高亢，气候寒冷，今春天旱持久，六月底适才播种，禾苗不及三寸，即遭积水淹死。目下一伏已过，秋禾已失其时，仅能补种蔬菜，秋收殆已无望。同时桑干、滹沱、沙河又复泛滥成灾，两岸田地，多被冲刷，损失之巨，一时难详。仅五台耿镇附近数村，即毁良田二百余顷，繁峙产粮地带全部冲为沙石，县府所在附近死伤已逾千人。浑源之水入城三尺，全县溺死将近万人。"②这次水灾的发生与汛期提前、降雨量大等自然因素密切相关，也与抗战爆发后各河堤大多遭到战火破坏不无关系。这一时期不少河堤被毁，大量堤树被伐，各条河道的河务局也相继解体，职员弃职逃散，河务无人负责，残堤决口比比皆是。③

---

① 水生：《八年来晋察冀怎么战胜了敌祸天灾》，《北方文化》第2卷第3期，1946年7月。宋劭文：《边区行政委员会工作报告》，1943年1月。
② 《抗敌报》1939年8月10日。
③ 李金铮：《晋察冀边区1939年的救灾度荒工作》，《抗日战争研究》1994年第4期。

（二）1942—1943年的大旱灾

1942—1943年，晋察冀边区及晋冀鲁豫边区等地发生了50年未遇的严重旱灾。晋冀鲁豫一些地方农业收成锐减，只占常年收成的二三成，个别村庄甚至颗粒无收，全区需要救济的灾民有150—160万人之多。邓小平也记载了这次大旱灾的灾情："太行、冀南、太岳大部、冀鲁豫的一部分地区自一九四二年春季以来，干旱少雨，一九四三年春夏旱灾愈加严重。"[①]不仅如此，1942年北岳区久旱不雨，麦苗几近干枯，连野菜都难寻觅。据调查，"到6月份涞源一个区灾民即达1652人，云彪县一个区2187人，盂县一县灾民5568人，一、二、三、五、六专区等五个专区灾民达47 500余人，四专区灾民更多，虽然没有详细统计，估计在10万人以上"[②]。在1943年，晋察冀边区的旱灾超过以往任何一年。太行三专区左权、武乡一带是灾情较轻的区域，但也令人触目惊心。从5月底开始，80多天没落过一个雨点，所有早种玉茭、豆子、南瓜、蔬菜及一部分谷子，大部枯死了，不见青苗。整个暑天"赤日炎炎，如灼如烤，水井和溪流干涸了，人畜的饮水都发生了恐慌。焦渴的土地上，布满了纵横交错的大裂纹，掘地三尺见不到一点湿气。茎叶上满是尘埃的禾苗，由萎黄而干枯，几乎一个火星就可以引起燎原大火。燥热得简

---

① 中共中央文献研究室：《邓小平年谱（1904—1974）》（上册），中央文献出版社2009年版，第488页。
② 魏宏运主编：《抗日战争时期晋察冀边区财政经济史资料选编》（农业编），南开大学出版社1984年版，第693页。

直要喷发的空气中,飞扬着尘沙,使人窒息。田野,山林,一切都成了赭色,如果不是那恼人的炎热,人们会认为季节已经进入枯草衰杨的深秋了"①。灾情的发生,直接阻碍了生产力的发展,再加之战争影响,晋察冀地区的经济非常困难。

(三)蝗灾

1940年秋,晋察冀边区因雨水不足,井陉、安国、深南、饶阳、建屏、徐水等多县发生蝗灾,尤其安国三区一带,大批蚂蚱使禾苗受害甚烈,南城各庄一小学生一天就捕了114斤②,可见蝗虫密度之大。在太行区,蝗灾范围也很大,南起黄河北岸的修武、沁博,北起正太路南的赞皇、临城,东连平汉线的磁、武、邢、沙,西达太行山巅的和顺、左权,共"包括了23个县,就是说,占太行区县单位的46%,受灾面积为3000平方华里"③。总计整个太行区吃光麦苗77 829亩,吃坏麦苗25 607.6亩,吃光秋田196 567.8亩,吃坏秋田26 018.45亩,把蝗灾危害的庄稼加起来达565 000余亩,若将未统计的八分区估计在内,总数超过60万亩。④1943年,在平山、满城一带又发现蝗蛹,虽经扑打,也造成了相当损失。由于扑打不彻底,1943年冬雨雪又少,蝗卵大部分没被冻死,因此到1944年6月初,曲阳、定唐、唐县、满城、阜平各县都发现了蝗蝻。在曲阳,蝗虫最严重的四

---

① 齐武:《一个革命根据地的成长》,人民出版社1957年版,第156页。
②《抗敌报》1940年9月28日。
③ 齐武:《一个革命根据地的成长》,人民出版社1957年版,第161页。
④ 河南省财政厅、河南省档案馆:《晋冀鲁豫抗日根据地财经史料选编(河南部分)》第2册,档案出版社1985年版,第636页。

区蝻子前后共出了3批，而第三批多而普遍，"大者如大豆，小者如麦粒。蝻子之多，有的麦地里每棵麦穗上即爬着五六个或四五个，甚至像蚂蚁搬家一般遮盖了地皮"①。

根据上述抗战时期晋察冀边区的灾害灾情，可知抗战时期晋察冀边区发生灾害存在以下特点：灾害发生比较频繁且分布地域广；大灾不断发生且多灾同时发生；灾害危害严重，常造成数以万计的灾民流离失所。再加之日军对晋察冀边区进行烧杀抢掠，更加加重了边区人民群众的灾荒困难。因种种原因而生成的灾荒，不仅严重影响着边区人民的生产生活，而且不利于提振抗战人民的胜利信心。因此，救灾度荒成为新成立晋察冀边区政府的重要工作，也是边区政府和军委团结人民群众渡过难关的重要形式。

二、救灾度荒的方针政策及其实践

严重的灾害发生后，边区政府决定把救灾与生产相结合作为救灾度荒的基本方针，把减轻灾民负担放在了重要位置，把放赈救济作为救灾度荒的首要任务。迅速采取了调剂余缺、募捐救灾和开展节约运动等一系列方式，取得了较好的社会成效。

边区政府救灾的基本方针是救灾与生产相结合。1939年大水灾发生后，晋察冀边委会发布了《关于救灾治水安定民生的具体办法》（以下简称《办法》），体现了标本兼治的救灾方针：首先拨款10万元办理急赈，并将"救国献金"10万元全数拨作赈款；号召人民发扬民族友爱精神，

---

①《晋察冀日报》1944年6月6日。

开展募捐运动,要求军政人员节衣缩食帮助灾民。这些措施对于灾民渡过大灾之后衣食极度匮乏的时期,稳定他们的情绪起了积极作用。该《办法》又指出,为了彻底救灾治水,切实改善人民生活,必须广泛开展生产事业,"增加农业生产:(1)整理梯田。(2)修理河滩种树种苇及其他水产植物。(3)就低筑坝掘深河道。(4)大量开渠灌溉田地。(5)广造森林防止水患。(6)不妨害田地村庄山林条件之下厉行垦荒。(7)选存种子。(8)尽量补种秋季作物,与明年早熟作物。(9)颁布修地条例,鼓励民众迅速修理冲毁田地"①。

此外,还提倡手工业增加收入和合作运动。所有这些都是从根本上救治灾荒方针的具体体现。1943年的旱灾春荒中,聂荣臻进一步指出:"对于灾荒的救济,必须标本兼治,治本的办法就是积极发展生产,同时也应该实行各种治标的办法。"②政府把救济灾民、扶助贫弱作为施政的重要内容。抗战伊始,中共在《抗日救国十大纲领》中就明确提出,为改良人民生活,要"救济失业,调节粮食赈济灾荒"③。在晋察冀边区政府制定的实施纲领中,把救济灾民作为改善民生的重要措施。晋察冀边区政府成立不久,就颁布了《晋察冀边区政府施政纲领》,规定要

---

① 魏宏运主编:《抗日战争时期晋察冀边区财政经济史资料选编》(农业编),南开大学出版社1984年版,第675页。

② 魏宏运主编:《抗日战争时期晋察冀边区财政经济史资料选编》(农业编),南开大学出版社1984年版,第725页。

③ 中央档案馆:《中共中央文件选集》第10册,中共中央党校出版社1991年版,第318页。

"设立专门机构,切实救灾治水,并发挥高尚的民族友爱的互助精神,以县或村为单位建立大众互济储蓄互相救济组织"①。1941年9月公布的《晋冀鲁豫边区政府施政纲领》(以下简称《纲领》)也明确承诺要"实行低利借贷与救济灾难民,并将没收之汉奸土地,分配或租给贫苦抗属及贫苦人民耕种"②。除了顾及根据地人民,该《纲领》还规定:"减免敌占区人民负担,抚恤与救济被敌寇汉奸残杀或洗劫之敌占区同胞。"③具体而言,当发生1939年大水灾时,晋察冀边区行政委员会迅速发布了《关于救灾治水安定民生的具体办法》,号召"发扬互相合作的精神,渡过难关,在坚决保卫边区原则下,动员可能动员的力量,救灾治水"④。

把减轻灾民负担放在救灾度荒的重要位置。废除了过去的苛捐杂税,晋察冀边区实行了公平合理的负担政策。在抗战前两三年实行"合理负担"及"救国公粮"制,对群众负担很轻,如1938年初,在冀西、晋东北征收公粮16万石,只占当年总产量的4%。1941年后更停征田赋,实行一年征收一次的正规税则以及有免征点与累进最高律的统一累进税。免征点定为一个半富力,收入资产在免征点以下者免缴统一累进税,这

---

① 中央档案馆:《中共中央文件选集》第10册,中共中央党校出版社1991年版,第413页。
② 河南省财政厅、河南省档案馆:《晋冀鲁豫抗日根据地财经史料选编(河南部分)》第1册,档案出版社1985年版,第118页。
③ 河南省财政厅、河南省档案馆:《晋冀鲁豫抗日根据地财经史料选编(河南部分)》第1册,档案出版社1985年版,第120页。
④ 魏宏运主编:《抗日战争时期晋察冀边区财政经济史资料选编》(农业编),南开大学出版社1984年版,第673页。

样可使极贫苦的人民免去负担。对大部分老百姓来说负担也很轻,"征收量的决定不但没有超过老百姓的负担能力,而且还使老百姓有相当的富余"①。边区应对1942—1943年大旱灾的重要措施便是减免灾区公粮。1942年秋,一次即给太行区五、六专区减免公粮45 000石;在1943年麦收时,又给一、五、六专区减免公粮15 500石,灾区负担面,平均在50%以内。②

把放赈救济作为救灾度荒的首要任务。1939年秋大水灾后,边府曾向国民政府申请拨款,但国民党中央置之不理。在此情况下,正如军区司令聂荣臻所说:"主要还应靠我们边区军政民共同努力来挽救这次灾害所造成的损失与困难。"③在财政相当紧张的情况下,边区政府迅速拨款10万元,分发到冀中、冀西和晋东北重灾区④,救济受灾重又无生产力,致目前不能维持生活之抗属及赤贫群众。1942—1943年的旱灾又给予边区沉重打击,边区各级政府本着对人民负责的精神,咬紧牙关从有限的财政收入中拨出粮款救济灾民。1942年,边委会拨发北岳区各县款35 600元,粮780石赈灾⑤,北岳区四、六专署拨款1689元,

---

① 魏宏运主编:《抗日战争时期晋察冀边区财政经济史资料选编》(总论编),南开大学出版社1984年版,第704页。
② 河南省财政厅、河南省档案馆:《晋冀鲁豫抗日根据地财经史料选编(河南部分)》第2册,档案出版社1985年版,第138页。
③《抗敌报》1939年8月20日。
④《抗敌报》1939年8月30日。
⑤ 魏宏运主编:《抗日战争时期晋察冀边区财政经济史资料选编》(农业编),南开大学出版社1984年版,第695页。

粮 100 200 斤，各县共筹集款 23 912 余元，粮 707 余石，外加 16 018 斤[①]，这些粮款对维持灾民的基本生活起了重要作用。1942 年边区银行也发放救济贷款 155 万元。[②] 1943 年春边区政府又发放救灾粮 3000 石，其中 1/3 为借粮，2/3 为赈粮[③]，四专区在 3 月底，又拿出 9 万多斤粮食来急赈[④]。

调剂余缺是群众间救灾度荒的重要方式。群众间的互调余缺，一般在行政村或自然村内进行，灾情特严重时，也有以区或乡为单位的调剂。在晋察冀边区的冀西一带，几乎每年春夏之交都发生粮荒。1939 年大水灾之后，来年情形更为严重。当时政府虽用了很大力量救济，但 1941 年的春荒仍然可以预见。鉴于此，边委会于 1940 年秋号召人民集股购粮，组织政民合办平粜局，专司其事。所谓平粜，就是"将存于私人手中的粮食，特别是存于少数人手中的大批剩余粮食，按市价购入由各级平粜局保管，以备随时调剂军食民食解决春荒及平抑粮价"[⑤]。另外，以平

[①] 魏宏运主编：《抗日战争时期晋察冀边区财政经济史资料选编》（农业编），南开大学出版社 1984 年版，第 694 页。

[②] 魏宏运主编：《抗日战争时期晋察冀边区财政经济史资料选编》（总论编），南开大学出版社 1984 年版，第 526 页。

[③] 魏宏运主编：《抗日战争时期晋察冀边区财政经济史资料选编》（农业编），南开大学出版社 1984 年版，第 725 页。

[④] 魏宏运主编：《抗日战争时期晋察冀边区财政经济史资料选编》（农业编），南开大学出版社 1984 年版，第 729 页。

[⑤] 魏宏运主编：《抗日战争时期晋察冀边区财政经济史资料选编》（财政金融编），南开大学出版社 1984 年版，第 619 页。

原相对丰富的物资调剂山区也是调剂余缺的重要方式。从1939年7月到1940年4月，组织进行了平原调剂山区的运动。在近10个月的运粮当中，总计北岳山区得到了1900万斤粮食（12万石）[①]，解救了北岳区的粮荒，渡过了水灾后灾荒的一年。合作社在调剂粮食平抑物价中也发挥了很大作用。1940年春荒中，边府发放了300万元合作贷款，用于发展运销与生产合作，在适当地区，兴办粮食合作社，通过运销将粮食、农具等紧缺物资输送到重灾区。边区组织大批商人、灾民及一般群众进行贩运，吸收必需品到内地来。据统计，1941年、1942年两年，仅冀中合作社就调剂10万石粮食，售价低于市价1/5，救济了25万灾民。[②]1942年12月到1943年2月，冀西各合作社又调剂小米339.5石，杂粮159石，食盐125 792斤，土布5521匹。[③]群众之间也纷纷互助互借，如1939年大水灾后，据粗略估计，群众之间借粮不下十数万石。[④]这些都为灾民度荒做出了巨大贡献。

募捐救灾也是边区群众救灾度荒的重要方式。1939年大水灾发生后，晋察冀边区委员会制定了《关于救灾治水安定民生的具体办法》，

[①] 魏宏运主编：《抗日战争时期晋察冀边区财政经济史资料选编》（总论编），南开大学出版社1984年版，第715页。

[②] 魏宏运主编：《抗日战争时期晋察冀边区财政经济史资料选编》（总论编），南开大学出版社1984年版，第520页。

[③] 魏宏运主编：《抗日战争时期晋察冀边区财政经济史资料选编》（农业编），南开大学出版社1984年版，第711页。

[④] 魏宏运主编：《抗日战争时期晋察冀边区财政经济史资料选编》（总论编），南开大学出版社1984年版，第509页。

要求边区各阶层紧急行动起来,"号召军政民各部门工作同志自动捐款起模范作用;启发群众互助精神,用竞赛奖励方式,开展广泛热烈的群众募捐运动;深入未收复区开展募捐运动,激发在敌占区不甘心做亡国奴的同胞们帮助坚持抗战的边区灾胞"①。之后,募捐救灾活动在边区迅速开展起来,各级机关工作人员起了模范带头作用,他们将半月、一月甚至数月的津贴全部捐献出来救济灾民。如边区财政处印刷第一局捐款500元,华北游击大队捐款1000多元。②1942—1943年发生了大旱灾,边区群众还是踊跃募捐来救济那些没办法的老弱妇孺。如在北岳区进行了"一把糠一把菜"运动,一个月中,四专区曲阳的三个区已募到红枣1191.5斤,糠352.6石,菜4624.5斤,粮59.75石,钱4212元,大麦面86斤,救济灾民339户;五专区的平山、灵寿两县募到粮460石,款11 508元。③各阶层的募捐对灾民克服灾荒造成的不利境遇发挥了重要作用。

开展节约运动是边区救灾度荒不可或缺的方式。在晋察冀边区,1939年大水灾后,边区行政委员会迅速提出了《关于救治水灾安定民生的具体办法》,号召"部队每人每日节省米1两,每马每日节省花料1斤,政府群众团体工作人员照部队战士发给米数,每人每日节省4两,一般

---

① 魏宏运主编:《抗日战争时期晋察冀边区财政经济史资料选编》(农业编),南开大学出版社1984年版,第674页。
② 《抗敌报》1939年8月26日。
③ 魏宏运主编:《抗日战争时期晋察冀边区财政经济史资料选编》(农业编),南开大学出版社1984年版,第730页。

民众每人每日以节约 2 两为原则,特别劳动者节约 1 两"①,并制定了监督办法:"由各种组织部门发动;互相检查;不浪费一粒粮食,不作践一点食品;以剩余饭食救济灾民"②,得到了各级工作人员的积极响应。为了减除不必要的粮食消耗,在村里普遍展开了打狗、杀鸽、挖鼠、罗雀的运动,使节约的号召变成了广泛的群众性行动。此外,边区群众团体还倡议实行"三节约",即吃饭节约、办公节约和消耗节约。吃饭节约,就是吃得更粗更少些。办公节约,就是提高办公用品利用率。"消耗节约,就是将旱烟省去,将肥皂省去,将牙粉换成青盐,将毛巾改用土布并扯开使用等等。"③一品一物的节约真可谓无所不及。在战斗期间的部队也开展了节约运动。正如 1943 年 3 月,晋察冀边委会发出《对于目前救灾工作的指示》,指出:"为使最无办法的灾民,能从事生产,防止逃荒,特决定机关部队每人每日节米 1 两。"④将节省下来的粮食返给灾民,这个指示也被有效执行了。这种节约运动,对边区渡过灾荒起到了很大作用。

三、晋察冀边区的救灾实践及其启示

中国共产党在晋察冀边区的救灾成效显著,是对党在大革命及土地

---

① 魏宏运主编:《抗日战争时期晋察冀边区财政经济史资料选编》(农业编),南开大学出版社 1984 年版,第 674 页。

② 魏宏运主编:《抗日战争时期晋察冀边区财政经济史资料选编》(农业编),南开大学出版社 1984 年版,第 675 页。

③《抗敌报》1939 年 9 月 9 日。

④ 魏宏运主编:《抗日战争时期晋察冀边区财政经济史资料选编》(农业编),南开大学出版社 1984 年版,第 700 页。

革命时期救灾防灾经验的总结，同时丰富了中国共产党救灾的理论，团结了广大军民，使中国共产党深受民众的认同和爱戴。中国共产党在晋察冀边区的救灾实践中体现了以下优点：

一是密切联系发动群众，切实维护群众利益。灾荒发生后，灾民容易情绪波动甚至惊慌失措，因此做好灾区群众的思想工作十分重要。以干部为核心的行政力量深入群众内部，进行思想教育，让灾民精神上得到依靠，灾民有信心能积极应对，从而有效控制了灾后的农村局面，使救灾工作有序进行。在中国共产党领导下的华北各区广泛开展救灾生产，党政军民空前团结。这种全新的救灾风貌，吸引着无数的敌占区、国统区难民不顾一切地奔向根据地。根据地的人民深切地感觉到，"解放区的天是晴朗的天"，外来难民也体验到"根据地是另一个世界"。

二是不断总结救灾减灾的经验，发扬与时俱进的精神。由于时代所限，晋察冀边区救灾工作带有当时的时代特色。各根据地所采取的救灾措施不尽相同，同时各根据地的救灾实践也存在着诸如过分平均主义、强调集体主义等方面的不足。只有不断地总结救灾减灾方面的经验，深入学习各灾区行之有效的具体经验，做到重经验而不唯经验，结合新时代灾害的新特征，有针对性地防御自然灾害。

中国共产党在晋察冀边区的救灾实践做到了将救灾融入社会发展的整体系统工程，积极地、科学地应对救灾减灾工作和体现以人为本的和谐精神的救灾工作，我党已经注意到了灾荒救治与意识形态、社会环境、文化传承等有着十分紧密的联系。民主革命时期中国共产党在各根据地的救灾政策及其实践成效为新中国的救灾事业奠定了基石。新中国成立初期党中央在面对严重的灾害时积极开展生产自救，以发展生产来抵御自然灾害，取得了救灾防灾的显著成效。改革开放35年来随着经济的发展，我国抵御灾害的能力大大提高。总结中国共产党在晋察冀边区救灾实践经验对当前国家民政部门做好救灾防汛工作具有历史启示和经验借鉴。

作者简介：

张德义　中共中央党史研究室中共党史专业研究生，师从高中华教授，在《学习时报》《北京党史》等刊物发表文章多篇，多次应邀参加纪念革命人物和学术研讨会议并荣获奖项。

抗战时期八路军在陕甘宁边区的反腐败斗争

王欣媛

在烽火连天的抗战斗争中,中国共产党领导的八路军同日本侵略者展开了生死搏斗。同时,也丝毫没有忘记开展反腐败斗争,加强廉政建设。在继承、丰富和发展中央苏区党开展反腐败斗争的优良传统和成功经验的基础上,八路军公开提出建立廉洁抗日民主政权的政治纲领,并采取了一系列有力措施,领导边区人民与腐败现象进行了伟大的抗争,从而严厉打击了边区的腐败行为,巩固了抗日民主政权,保证了夺取抗战的最后胜利。

一、抗战时期八路军在陕甘宁边区开展反腐败斗争的原因

抗战时期,八路军在陕甘宁边区倾注全力为抗日救国事业而忙碌。与此同时,在边区也逐渐暴露了一些腐败现象,这严重地损害了共产党人在人民群众心中的形象,也给抗日事业带来了隐患。对此,为了巩固抗日民主政权、保证抗日根据地的生存与发展以及保持良好的党群关系和干群关系,开展反腐败斗争成为八路军在陕甘宁边区义不容辞的责任。

(一)开展反腐败斗争是抗日根据地生存与发展的基本前提

党和政权生死存亡的关键在于政府是否真正廉洁。抗战爆发后,国共两党建立了抗日民族统一战线,走上了合作抗日的道路。抗日民族统一战线虽然形成，但是由于抗日民族统一战线包含了工人阶级、农民阶级、小资产阶级、民族资产阶级和大资产阶级，这就使外界各种不良影响有了侵蚀共产党的更多的机会，导致"一部分公务员受旧的封建残余和资本主义意识之侵袭，而也不幸与之同流合污，发生了一些贪污腐化等可耻的现象"①。陕甘宁边区也不例外。这严重地败坏了中国共产党的声誉，腐蚀了根据地政权的组织肌体。此外，陕甘宁边区大部分被国民党政权四面包围，除了要应对日伪军的军事"围剿"，还要预防国民党顽固派的进攻。在这种险恶的环境中，任何腐败行为都可能给抗日根据地带来生存危机。因此，为了保证抗日根据地的生存与发展，开展反腐败斗争势在必行。

（二）开展反腐败斗争是维系良好的党群、干群关系的重要保证

古语有云：得民心者得天下。对于中国共产党来讲，没有人民群众的拥护，革命事业将无法取得成功。相反，只有得到人民群众真心实意的支持，才能巩固自己的执政地位。在全民族的抗战中，很多八路军的干部都能做到身先士卒，为抗战事业赴汤蹈火。然而，在国民党的拉拢和利诱下，一些党员干部丧失了坚定的无产阶级立场，有些党员干部经不起金钱诱惑和美女诱惑，逐渐动摇腐化，最终走上了堕落的道路。还有一些干部把自己凌驾于群众之上，在群众中摆出官老爷的架子，甚至因"一点小事即绑押老百姓，以至大骂民众，凡事很少采用和气的耐心说服的态度"，在人民群众中造成了十分恶劣的影响。这种腐败现象已

---

① 《延川等县个别公务员贪污腐化》，《新中华报》1940年8月23日。

经严重地危害了党的先进性和纯洁性，甚至切断了党与群众的纽带，损害了干部在群众中的光辉形象。如果任其继续发展下去，势必大大降低党的凝聚力和战斗力，党还有什么资格肩负起抗战救国的大业呢？所以，为了保持党与群众的密切联系，促进良好的干群关系，开展反腐败斗争是十分有必要的。

二、抗战时期八路军在陕甘宁边区开展反腐败斗争的途径

可以说，开展反腐败斗争的成功与否，直接关系到抗战的前途和中国未来的革命事业。因此，八路军在陕甘宁边区始终保持着清醒的头脑，采取了一系列有力的反腐措施，保证了抗日民主政权的廉洁，为抗战胜利奠定了坚实的基础。

（一）颁布惩治腐败的法规条例，对贪污分子予以严惩

1937年11月，陕甘宁边区政府成立。1939年，陕甘宁边区政府颁布了《抗战时期施政纲领》，其中，"发扬艰苦作风，厉行廉洁政治，肃清贪污腐化"成为边区政府提出的本质要求。同年，边区又颁布了《陕甘宁边区惩治贪污条例（草案）》（以下简称《条例》）。可见，党和边区政府是通过法律手段来惩治腐败。《条例》指出："意图营利，贩运违禁或漏税物品者；伪造或虚报收支账目者；违法收募捐款者；擅移公款，作为私人营利者；买卖公物，从中舞弊者；盗窃侵吞公有财物者；强占、强征或强募财物者；敲诈勒索收受贿赂者；克扣或截留应发给或缴纳财物者"[①]以贪污罪论处。此外，《条例》还针对贪污程度，做出

[①] 韩延龙、常兆儒：《中国新民主主义革命时期根据地法制文献选编》第3卷，中国社会科学出版社1981年版。

了惩治标准。

根据贪污数额，《条例》对惩罚标准做出了如下规定：

贪污数目	惩罚方式
1000 元以上	死刑
500 元—1000 元	5 年以上有期徒刑或死刑
300 元—500 元	3—5 年有期徒刑
100 元—300 元	1—3 年有期徒刑
100 元以下	1 年以下有期徒刑或苦役

根据这个条例，陕甘宁边区司法机关严肃判处了多起贪污案件。1941 年，陕甘宁边区税务局长肖玉璧被证实总共贪污了 3000 余元公款，在群众中造成了极其恶劣的影响。根据《陕甘宁边区惩治贪污条例》规定的惩罚标准，边区高等法院对肖玉璧执行了枪决。肖玉璧被枪毙后，《解放日报》于 1942 年 1 月 5 日登载了《从肖玉璧之死说起》的评论文章，指出："要抓紧揭发每一个贪污事件，在'廉洁政治'的地面上，不容许有一个'肖玉璧'式的诱草生长！有了，就拔掉它！"①陕甘宁边区司法机关对肖玉璧案件的处理，体现了"法律面前，人人平等，执法必严，违法必究"的原则，也对政府机关工作人员起了很好的警示作用。

（二）实行开源节流，开展大生产运动和节约运动

抗战进入相持阶段后，在面临日伪军的疯狂扫荡、国民党的包围封锁和陕甘宁边区遭遇自然灾害的三重困难下，中国共产党在毛泽东的号召下，

---

① 《从肖玉璧之死说起》，《解放日报》1942 年 1 月 5 日。

充分发动边区群众,实行开源节流,开展大生产运动和节约运动,有力地促进了陕甘宁边区的反腐败斗争,使边区成功渡过了严重的经济困难。在大生产运动中,毛泽东、朱德等党的领导干部坚持与群众同甘苦,共患难。各级干部以身作则参加生产劳动,大大提高了党员干部的思想觉悟,使他们树立起"艰苦奋斗光荣,怕苦怕累可耻"的观念,同时也极大鼓舞了边区军民战胜困难的勇气。干部与群众团结在一起,体现了军民之间深厚的感情。美国学者马克·塞尔登对共产党的军队予以了高度的肯定和赞赏,他指出:"其他军队都骑在农民头上作威作福,中共的军队则通过抵抗日军的侵略和共同战斗天地、改善生活来建立军民鱼水深情。"[1]

为了克服困难,八路军在陕甘宁边区除了开展大生产运动,还开展了节约运动。开展节约运动,不但可以最直接有效遏制腐败行为,而且还能保障部队的基本生活,达到克服边区经济困难的目的。1939年4月,朱德等人要求在部队中厉行节约,反对浪费,开荒种地和发展手工业生产等。同年6月,中央书记处发出通知,要求党的高级干部以身作则,勤俭节约。陕甘宁边区政府主席林伯渠还制订了生产节约计划,其内容包括:"收集废纸交建设厅;戒绝吸外来纸烟;从农业生产上,用变工合作方式交粮食局二石细粮"[2]等。随着节约运动的开展,陕甘宁边区的各级干部形成了勤俭节约的好风气。

---

[1] [美]马克·塞尔登著,魏晓明、冯崇义译:《革命中的中国:延安道路》,社会科学文献出版社2002年版,第230页。

[2] 《林伯渠传》编写组:《林伯渠传》,红旗出版社1986年版,第267页。

(三)注重思想作风建设,推行整风运动

在抗战中,越来越多的人加入了中国共产党。但是,有的党员把一些非无产阶级思想带入党内,为腐败的发生提供了可能。此外,中国共产党内还严重存在着思想不纯、作风不纯等问题。鉴于这种情况,中国共产党从1942年至1945年在全党范围内开展了一次整风运动。整风运动主要是针对主观主义、宗派主义和党八股这些党内不良作风,进行了坚决的斗争。通过整风运动,克服了工作中的形式主义、官僚主义和脱离群众的现象,同时整顿了党风,剔除了党内存在的个人主义现象,从而保证了党组织的战斗力和向心力。

值得提出的是,整风运动对于促进八路军的反腐败斗争也有着特别重要的作用。众所周知,理论联系实际、密切联系群众、开展批评与自我批评是中国共产党的三大优良作风。这三大优良作风也是通过整风运动才得到倡导。值得肯定的是,整风运动从思想根源上铲除了腐败意识,从源头上遏制了腐败思想的滋生,使广大党员干部进行了理想信念方面的洗礼,从而坚定了自己的政治信仰,增强了自身抵御风险和拒腐防变的能力。正如邓小平指出的那样:"正是因为毛泽东同志在延安整风中建立了完整的建党学说,并且用这个学说来教育我们全党、全军和人民,使我们建立了这么一个好的党,所以才取得抗日战争、解放战争的彻底胜利。"[①]

(四)严格财经制度,防止腐败现象的滋生

严格财经制度是陕甘宁边区开展反腐败斗争的中心。1937年9月,

[①] 《邓小平文选》第2卷,人民出版社1994年版,第44—45页。

陕甘宁边区财政厅正式成立,下设四个科,分别负责统计、会计、公共财产的保管和统收等业务。之后,在财政厅内设立了审计处,以加强对各单位的预算、决算的财政监督。为了做到财政上的统收统支,克服混乱现象,陕甘宁边区政府发出了《统一财政问题》的通令。1938年9月,边区政府向各级政府、各级机关、部队和团体提出"统一财政"的原则,并强烈要求各级单位建立起财政系统,对一切公有财产实行登记,同时对各单位费用的借用情况进行详细的审核。1942年8月,边区政府提出:各级政府"以后再挪用公款,破坏财政收支的现象,一经本府查出,即依其情节轻重,分别予以行政处分,决不再姑息!"[①]陕甘宁边区建立的统收统支制度不仅有效地防止了腐败的滋生,而且增加了财政收入,从而保证了财政收支的平衡。

除了建立统收统支制度,陕甘宁边区政府还建立了会计制度和审计制度。1941年3月,边区财政厅颁布了《会计工作细则》,对1936年6月中央财政部颁布的《暂行会计条例》所提出的收支、预决算、登记账簿等内容进行了补充。1943年10月,边区又明确要求:"建立核算制度,防止贪污浪费,注意节约。"随着边区各项事业的稳定发展,会计制度也得到逐步完善。尤其是会计人员身上肩负的责任愈加重大。作为一名合格的会计人员,必须做到账目简单清晰,对汇款单据、编制报表等进行分类整理。这样才能保证会计工作的有序进行,从而杜绝腐败现象的

---

① 陕西省档案馆、陕西省社会科学院:《陕甘宁边区政府文件选编》第6辑,档案出版社1988年版。

发生。此外，陕甘宁边区政府还建立了审计委员会，实行审计制度。通过经常开展审计监督，随时揭露财政收支工作中的弊端，堵塞财政管理中的漏洞，有助于维护正常的财经秩序，促进各单位的廉洁。

（五）充分实行民主监督，形成强大的反腐声势

实现廉洁政治最有效的途径是民主监督。抗战爆发后，八路军在陕甘宁边区建立了一套完整的立体监察机制。对腐败最强有力的监督方式是充分发挥人民群众的监督作用。人民群众通过揭发和检举腐败行为，有效地预防了腐败的滋生。对此，边区政府十分重视通过发挥人民群众的直接监督，杜绝腐败的发生。从1941年5月到1943年4月，边区政府相继颁布《陕甘宁边区施政纲领》、《关于派公正干部切实调查群众控告案件》和《陕甘宁边区政纪总则（草案）》，不仅为人民群众的监督提供了法律依据，而且调动了人民群众参与政治的积极性。

除了发挥人民群众的直接监督，陕甘宁边区还通过新闻舆论监督和发挥监察委员会的作用对腐败予以有效的遏制。在边区开展的反腐败斗争中，《解放日报》《新中华报》《抗敌报》等20余种报纸和《解放》《共产党人》《八路军军政杂志》等60多种杂志及时向读者揭露腐败现象，同时指出惩治腐败的方法，在各级干部中起到了警示作用。此外，在陕甘宁边区，各个区、村镇都设立了监察委员会和参议会。监察委员会由各个区和村镇的公民选举产生，其职责是监察各区和村镇的财政以及检举行政官员的违法渎职行为。在新闻舆论监督和监察委员会的共同作用下，陕甘宁边区的反腐败斗争取得了很好的成效。

三、抗战时期八路军在陕甘宁边区开展反腐败斗争的成效

抗日战争时期，八路军在陕甘宁边区开展的反腐败斗争取得了显著的成效。八路军公开提出了建设廉洁政府的政治纲领，通过颁布惩治腐败的法律法规,实行开源节流,开展整风运动,严格规范财经制度以及发挥民主监督等措施,严厉打击了腐败行为,给边区各级干部予以警示,取得反腐败斗争的伟大成效。另外,开展反腐败斗争也进一步密切了党与人民群众的联系,保持了党和边区政权的清正廉洁,为抗日战争的胜利奠定了重要基础。

(一)严厉打击了腐败行为,保证了经济建设和革命战争的顺利进行

中国共产党向来与腐败现象是水火不相容的。腐败现象一向是中国共产党严厉打击的对象。这些在抗战时期的陕甘宁边区都得到了充分的体现。从1938年到1939年的两年里,陕甘宁边区司法部门判处了多起政府公务人员贪污腐败案。到了1940年,边区只发生了极个别贪污事件。由此见得,经过几年的反腐败斗争,贪污案件逐年下降。如"陕甘宁边区1939年查获处理贪污案件360件,1940年又处理644件,到1941年上半年即下降为153件"[①]。从1941年12月到1943年,陕甘宁边区只有2名干部犯有贪污罪,真是少之又少。具体数据见下表:

时间(年月)	贪污罪(人数)	当年干部人数(万)	所占比例
1941.12—1942.2	1	7.2	0.14/万
1943	1	8.7	0.12/万

资料来源:杨永华主编:《中国共产党廉政法制史研究》,人民出版社2005年版,第219页。

[①] 张希坡、韩延龙:《中国革命法制史》(上册),中国社会科学出版社1987年版,第339页。

以上数据足以证明陕甘宁边区对腐败的打击力度是很大的，也证明反腐败斗争在陕甘宁边区取得了显著成效。此外，很多这段历史的亲历者对陕甘宁边区清正廉洁的情景都进行了生动的记载和评论。比如民主人士赵超构在其所著的《延安一月》里谈道："至于贪污揩油，假公济私一类的通病，延安自然也并非没有，不过在那一种环境里面，发生的可能性似乎低一点。"[1]当时到延安访问的外国人也对边区的反腐败斗争给予了高度评价。如美国记者杰克·贝尔登在亲身经历国统区、日伪区和陕甘宁边区后，由衷地感叹道："在共产党地区，政府官员是艰苦的，物质报酬是谈不上。贪污勒索在中国就有传统，但在这里却没有什么机会。"[2]可见，很多到延安参观访问的民主人士和外国人在目睹了边区政府清正廉洁的情景后，无不为之感动和赞赏。

（二）塑造了一支高素质的干部队伍，密切了党群、干群关系

抗战时期，八路军在陕甘宁边区开展的反腐败斗争，不但克服了干部中的腐败现象，更重要的是塑造了一支高素质的、廉洁奉公的干部队伍。他们在学习、工作和生活中完全树立起全心全意为人民服务的宗旨意识，同时培养了艰苦奋斗的优良作风，得到了各界人士的一致好评。也正是因为反腐败斗争的开展，廉洁奉公在陕甘宁边区已经成为政府工作人员一般具有的品质了。民主人士赵超构在《延安一月》中指出，陕

---

[1] 赵超构：《延安一月》，南京新民报社 1945 年版，第 223—224 页。
[2] ［美］杰克·贝尔登著，邱应觉等译：《中国震撼世界》，新华出版社 1980 年版，第 99 页。

甘宁边区的人物，没有一个让他觉得是在做官。爱国华侨陈嘉庚在回忆录中写道："公务员薪水每月五元，虽毛主席夫人，朱总司令夫人，亦须有职务工作，方可领五元零用。"①美国战时记者爱泼斯坦也在其《人民之战》一书中称赞说："我十分喜欢这些年轻的共产党人。我感到意外的是，在他们身上没有一丝一毫的官架子。"②

此外，密切了党群关系，使广大群众真心拥护和支持中国共产党和陕甘宁边区政府，是抗战时期陕甘宁边区开展反腐败斗争的最大成效之一。因为，中国共产党认识到，若不能彻底肃清腐败，不仅会影响前线的抗战，而且会使党和政府失去人民群众的认可与支持。在八路军的努力下，清正廉洁在陕甘宁边区成为现实。美军观察组成员在其报告中指出："共产党的政府和军队，是中国近代史中第一次受有积极的广大人民支持的政府和军队。他们得到这种支持，是因为这个政府和军队真正是属于人民的。"③不可否认，在陕甘宁边区，到处都体现着军民鱼水情。美国进步作家斯特朗也提到，"人民"是边区出现频率最高的一词。他在同党的领导人交谈时，"最常听到的词汇是'人民'，中国人民，最后往往总要提到世界人民。口号是'到人民中间去'，'向人民学习'。它们的含义似乎比口号要深远得多，似乎是表达了一种最根本的爱和最终的信念"④。

---

① 陈嘉庚：《南侨回忆录》（上），福州集美校友会1950年版，第159页。
② 爱泼斯坦著，贾宗谊译：《人民之战》，新华出版社1991年版，第85页。
③《中美关系资料汇编》第1辑，世界知识出版社1957年版，第590页。
④［美］安娜·路易斯·斯特朗著，李寿葆译：《斯特朗在中国》，北京三联书店1985年版，第179页。

八路军的领导人总是在百忙之中抽出时间接触群众,关心群众的生活。毛泽东常常询问农民的生活问题,还在农忙时和农民一起收割。边区主席林伯渠经常深居简出,深入群众,体察民情,被称为"为人民服务的老勤务员"。可见,这种水乳交融、血肉相连的关系,就是当时党群关系和干群关系的真实写照。正是因为这样,共产党人才赢得了人民群众的拥护与支持。

(三)促进了良好的社会风貌的形成,培育了良好的社会道德风尚

正是八路军领导的反腐败斗争,使陕甘宁边区成为全国模范的抗日民主根据地。整个边区形成了良好的人际关系和崭新的社会风貌,与国民党领导的国统区形成了鲜明的对比。1944年7月,美军观察组成员来到陕甘宁边区。在目睹了边区清廉的执政风气与和谐的社会环境,美军外交官谢伟思评价说:"官员和人民与我们的关系,以及中国人相互的关系,都是坦诚、直率和友好的。"[①]还有的外国记者说,陕甘宁"整个地区如一校园,青春活泼,民主模范,自觉,自评,与重庆另一世界"[②]。可见,当时的陕甘宁边区的确是一个没有高低贵贱之分的社会,在这里有真正的民主、平等和友爱。

除了形成良好的社会风貌,抗战时期的陕甘宁边区还培育了艰苦奋斗、勤俭节约的社会风尚。在毛泽东等中共领导人的带领下,陕甘宁边

---

① [美]约瑟夫·W.埃谢里克著,罗清、赵仲强译:《在中国失掉的机会》,国际文化出版公司1989年版,第274页。
② 中共陕西省委党史研究室:《中外记者团和美军观察组在延安》,陕西人民出版社1995年版,第322页。

区广大党员干部同人民群众形成了密切联系群众、廉洁奉公的优良作风和勤俭节约、艰苦奋斗的社会风尚。当时,除了民主人士和外国记者,还有一些开明绅士也来到陕甘宁边区。比如1941年8月,《解放日报》发表了绥德警区士绅参观团对延安的评论,即"延安好比新发的大户人家,个个克勤克俭的创家立业——是上升的气象"①。爱国华侨陈嘉庚也感叹说:"边区那样简朴是我意想不到的,对他们上下刻苦耐劳的、努力进步的精神,是值得称赞的。"②

余论

抗战时期,八路军在陕甘宁边区开展的反腐败斗争不仅取得了伟大的成效,而且还积累了成功的经验,对今天我党更好地加强廉政建设具有十分重要的启示。这些成功的经验就是坚持预防为主,惩治为辅,筑成三道坚固的反腐败防线。具体包括:第一,搞好反腐败工作的宣传教育是党加强廉政建设的重要前提。只有通过宣传教育,让广大人民群众了解腐败的危害性以及反腐败的重要性,才能保证反腐败顺利地开展下去。第二,建立健全各种规章制度是加强廉政建设的重要保证。如果权力没有被关进制度的牢笼,那么腐败现象就会任意蔓延下去,在全党、全军以及全体人民中造成非常恶劣的影响。因此,对于腐败分子,党必须严厉惩治,给人民一个交代,同时在干部中发挥警示作用。第三,充分实行民主监督,使腐败无处丛生。只要公众有效地参与到反腐败斗争

---

① 《绥德警区士绅参观团对延安的印象》,《解放日报》1941年8月28日。
② 《陈嘉庚先生西北归来纵谈团结抗战》,《新华日报》1940年7月26日。

中,就能把腐败现象置于公众的汪洋大海中,从而达到预防腐败滋生的目的。

对此,我们应继承和发扬抗战时期陕甘宁边区反腐败斗争的优良传统和成功经验,在今天建设有中国特色的社会主义道路上,坚持中国共产党的领导,充分调动人民群众的积极性,同时利用现代新媒体技术,如互联网、微博、微信等,将反腐败工作持续有序地开展下去,为党的廉政建设提供动力和保证。

作者简介:

王欣媛　女,北京人,法学博士,北京信息科技大学政治理论教育学院讲师,研究方向:中共党史

抗战中的太行山剧团

张　宇

太行山剧团就是在太行山这块抗日根据地里诞生和成长起来的。

1937年12月，华北军政干部训练班（简称"华干"）领导人、中共北方局军委书记朱瑞，在晋城组织了"抗日流动话剧团"。1938年2月，华干由晋城迁到陵川，与第二战区十三游击队（陵川县游击支队）的文艺工作者组成了"联合抗日流动剧团"，进行抗日救亡宣传演出。4月23日联合剧团接到朱瑞同志的通知，让迅速赶回晋城。由"华干"毕业的鲁林、高琳带领的陵川县儿童抗日宣传队，也到了晋城。为加强剧团力量，联合剧团和儿童抗日宣传队提出请求，希望合编为一个剧团。朱瑞同志接受他们的请求将他们合并，命名为"国民革命军第十八集团军（八路军）太行山剧团"，简称"太行山剧团"。任命赵洛方为团长，洪荒为指导员，王炳炎为副团长兼生活大队长。剧团纳入了八路军编制，剧团成员都穿八路军服装，佩戴"八路"臂章，由中共北方局领导。从此，太行山剧团正式诞生。

剧团组建后，先在长治进行排练，一二九师先锋剧团给予了很大支持，戏剧、话剧、舞蹈、广场剧等大批节目深受群众欢迎。1938年6月，剧团经长治辗转到达沁县八路军总部，剧团与中共冀豫晋省委住在一起。为了方便管理，北方局决定，将剧团调归中共冀豫晋省委领导，不久省委改称晋冀豫区党委，剧团建制又归中共晋冀豫区党委。接着，派赵迪之同志到剧团来担任政治指导员，并在剧团建立了党支部，推行政治工作制度，加强了剧团的政治思想工作。

剧团成立初期，大多数演员不会演戏。为尽快提高演职员的艺术水平，晋冀豫区党委在接管剧团后，以太行山剧团为主体，并吸收一些农村剧团中的骨干，在屯留县东固村举办了为期一个半月的艺术训练班。训练班的开办，是晋冀豫区最早的艺术教育。训练班中，政治课由杜毓沄、李尔重担任，戏剧、导演、表演、化妆由洪荒担任，音乐课由洪荒、赵子岳担任。训练班结束后，太行山剧团带着学习成果，组织了一次大规模的巡回演出活动。这次演出活动，自1938年9月下旬由山西屯留县东固村出发，途经襄垣、武乡、辽县、榆社、和顺，而后深入到冀西的邢台、赞皇、元氏、内丘，复又返回到山西的昔阳、和顺、辽县、沁县，直到长治的紫坊村结束，历时3个月。

这次巡回演出，为沿途上百个村镇及部队带去了两个晚会的节目，其中有多幕话剧《巩固抗日根据地》，独幕话剧《三江好》《八百壮士》《打鬼子去》《张家店》；歌曲有《在太行山上》《起来吧，祖国的孩子们》《赞美新中国》和苏联革命歌曲《游击战士之歌》《祖国进行曲》《快乐的心》等。这次巡回演出，一路上不仅播下抗日的种子，唤起了成千上万人民群众的抗战热情，同时也在实践中使自身得到了锻炼。

此后，太行山剧团又得到一次进一步提高的机会。那是1938年底由延安鲁艺来了一批艺术家，其中有朱杰民、张林、杨角、晓非、彦涵、白炎、伊林等。经北方局、晋冀豫区党委领导和有关方面研究，决定以这批艺术家为骨干,在长治成立晋东南民族革命艺术学校(即太行鲁艺前身),由李伯钊担任校长,太行山剧团指导员赵迪之任学校培训部主任,艺术指导洪荒也到校任教。剧团成员除儿童歌舞队外,全部到学校深造。学校根据全校学员的个人特长和爱好,分别把他们编入各系。一些基础理论课,是共同听大课,专业课则分别讲授。戏剧方面的课程有戏剧理论、编导、表演、布景、化装;音乐方面的课程有音乐理论、作曲、声乐、器乐;美术方面的课程有美术理论、素描、速写等。绝大部分学员都是首次接触这样比较正规的课程,也可以说是接受艺术启蒙教育。在校学习期间,为使理论和实践相结合,首排了校长、剧作家李伯钊编写的三幕歌剧《农村曲》。通过两次培训和排练,剧团很快成熟起来,不仅能为边区群众、部队演出许多流行剧目,并通过深入生活、搜集素材,编演了一大批反映对敌斗争的剧目,如:《母亲》《紫坊村》《军民合作》《村长》(以上六剧均为李伯钊编剧),《笑了的人》《一把斧头》(以上为赵子岳编剧),以及《五儿》《和尚岭》《登记》《糠菜夫妻》《比赛》《九死一生》等。

后来,剧团又招收了部分爱国学生,扩大了队伍。他们不仅组织演出,宣传抗日救国思想,而且还深入山野村庄教群众唱抗日救亡歌曲《到敌人后方去》《我们在太行山上》等50多首,并到冀西巡回演出。这年,剧团还先后巡回于屯留、长子、襄垣、黎城、潞城、长治、榆社、辽县、偏城、武安、沙河、涉县等地流动演出,并采取写标语、画宣传画、演讲等多种形式宣传。

1939年9月,经北方局批准,中国共产党晋冀豫区第一次代表大会准备在武乡县召开,为了慰问与会代表,区党委决定太行山剧团到武乡来,为大会助兴。这样太行山剧团就从辽县西黄漳村来到武乡,住在桥南村。剧团初到武乡后，首先到八路军总部驻地砖壁村进行汇报演出，朱德总司令、彭德怀副总司令等总部首长，都观看了表演。演出结束后，首长招呼演员们下台来，把小演员们抱在怀中，连连夸他们演得好，鼓励他们继续努力。

　　1939年9月10日，晋冀豫区在武乡县东堡村召开了为期18天的第一次党的代表大会。杨尚昆、彭德怀、李雪峰等领导同志在会上分别作了政治报告、抗战形势报告、区委工作报告。在会议期间，太行山剧团演出的节目有《国际活报剧》(歌舞)《红星旗下》，还有《流寇队长》《人命贩子》等。当时剧团驻地在桥南村，剧团的人员每天徒步奔波于剧团驻地与党代会开会地址之间，中午没有休息的地方，吃罢饭，随便找一个地方坐一坐，便算是休息。特别是晚上演出时，演员们卸了装，收拾了道具，清理了舞台，时间已经很晚了，然后再步行摸黑走过高低不平的崎岖山路，回到驻地桥南村，其疲劳状况可想而知。有些同志一上土炕，便倒下身子，躺在炕上和衣而睡，呼呼地打起鼾来。尤其是担任领导工作的同志，白天忙了一天，晚上回到驻地，当其他同志已进入梦乡之时，他们还得在油灯下开会，总结一天工作的情况，研究需要解决的问题，安排第二天的工作。

　　虽然剧团的同志们非常辛苦，但是，无论是领导同志，还是一般人员，没有一个叫苦叫累的，大家总是乐呵呵的。每天早晨一起床，就开始新一天的紧张工作，有的练功，有的吊嗓子。党代会结束时，太行山剧团受到大会的表扬。会后，太行山剧团在武乡县的蟠龙、洪水等地演出后，又到西黄漳村区委驻地演出，然后回到东黄漳剧团驻地。

　　根据晋冀豫区党委指示，要在辽县建立文化区，决定剧团分散下乡。工作的重点是：开展农村戏剧活动，扫盲识字，搞好"民革室"的各种文化娱乐活动。团领导讲得很好,绝大多数同志提高了认识,决心好好干一场。但是仍有个别同志想不通,说:"这艺术工作下乡怎么个搞法,数数太行山区那么多剧团,谁家这么干?"还有的担心说:"把剧团撒了胡椒面,就什么也办不成了。"这些思想认识问题,在工作实践中逐步解决吧!

经过几个月的工作,农村文化活动搞起来之后,气氛就大不一样了。人们每天不只是看敌人留下的残垣断壁,也能看到花红叶绿的演戏、跳舞;不只是听敌人的枪声、炮声,也能听到琴声、歌声;不只是生产、劳动、支前,也能识字、学习、上课。

1939年底,中华全国文艺界抗敌协会晋东南分会在武乡下北漳村成立,朱总司令出席会议并作了指导。这次会议选举了李伯钊、孙泱、何云、刘白羽、朱光、王玉堂、荒煤、蒋弼、张香山、高沐鸿、洪荒、袁勃等14人为理事,推举李伯钊、孙泱、王玉堂、洪荒等为常务理事。这是太行山文艺界的一次盛会。太行山剧团奉命前来参加这次大会,并演出节目为大会献艺助兴。之后,又在武乡巡回演出,慰问根据地军民。

1940年,赵子岳调到八路军太行山剧团任艺术指导。剧团先后创作和排练了《儿童舞》《乌克兰舞》《高加索舞》《空军舞》《火把舞》等舞蹈,并排练了洪荒写的《保卫根据地》大型多场话剧。

1940年8月下旬开始,八路军在华北向敌交通线和据点发动了一次大规模的破击战,参战部队达到105个团,这就是震惊中外的"百团大战"。八路军、决死纵队在平汉、正太、同蒲等铁路干线上,展开了全面攻击。百团大战胜利的消息传到太行山剧团以后,太行山剧团立即以文艺为武器,投入支援前方战场的斗争。赵子岳带领大家用一天一夜的时间就编排出《庆祝"百团大战"胜利》的活报剧,夏洪飞很快谱写出了两首歌曲:

《庆祝"百团大战"胜利》《要胜利，靠自己》。区党委立即将其印出来，并让夏洪飞到区党委机关、党校教唱。剧团不仅用文艺武器去战斗，同时也走上了杀敌的战场，在"百团大战"期间，太行山剧团直接参加的战斗有两次：一次是黄崖洞战斗，一次是关家垴战斗。

在关家垴歼灭战中，太行山剧团在武乡广志村待了两天，然后又连续行军，剧团进入我军指挥所的院子里，这时战斗已经打响，枪声、手榴弹声、炮声响成一片，声震夜空。从战地现场看，关家垴是一个光秃秃的山岭，敌人冈崎大队在关家垴顽抗。几经冲杀，双方伤亡都不小，场面惨烈。特别是守在山顶关帝庙里的敌人顽强抵抗等待援救。太行山剧团的洪荒等几位同志随新十旅范子侠部在前线做宣传鼓动工作，其他同志负责送饭和转运、照顾伤员。这时，剧团的同志们亲眼见到几十名战士集合在院子里，整装待命。他们都是共产党员，自告奋勇当突击队员。指挥员情绪激动，表情严肃，走到每一个战士面前，和他们一一握手，摸摸他们身上背的手榴弹、子弹和腰间扎紧的皮带，然后沉着有力地对战士们讲："要勇敢、机智，一定要冲上去，拿下来！"战士们庄严地举起右手宣誓。太行山剧团的团员们当时就守在一旁，每一个在场的同志都被这种场景深深打动。这位指挥员不是别人，正是在太行山区军民心目中威信很高的范子侠旅长。为庆祝百团大战胜利，鼓舞士气，太行山剧团排练了自编的《百团大战》《收复娘子关》《破路舞》等节目，并在前线宣传。太行山剧团经历了一次次战斗考验，逐渐成长为一个更坚强的战斗集体。

1941年前后，剧团又吸收了一批擅长平（京）剧、晋剧的演员，成立了平剧组、晋剧组，先后演出过《韩玉娘》《打渔杀家》《别窑投军》《盗玉》《梁红玉》等优秀传统戏曲节目。1941年春，在精兵简政中，一批批骨干党员输送至太行二分区剧团，前方鲁迅艺术学校和太行中学。1942年后，该团改属太行文联领导。1945年后，改为八分区宣传队，但对外仍称太行山剧团。自抗战初期剧团建立，至解放战争时期，太行山剧团的足迹踏遍了晋东南、冀西、豫北的高山峻岭、沟壑平川，所到之处，村村镇镇都留下了他们昂扬高亢的歌声，矫健优美的舞姿，动人心魄的戏剧艺术。

在八年抗日战争中，太行山剧团不论归哪个单位领导（中共北方局、太行区党委、晋冀鲁豫边区政府、太行文联、八分区政治部），她的幕布上始终打的是"太行山剧团"的旗号；她的成员不论走到哪里，始终像抗日将士一样穿军装戴军帽。太行山剧团的足迹，遍布太行山的青山绿水；太行山剧团的抗日歌声，传遍太行山的各个角落；太行山剧团与党风雨同舟，太行山剧团与太行人民血肉相连，日本鬼子的残酷"扫荡"扫不掉，顽固派的摩擦磨不了；太行山剧团在我国20世纪三四十年代的抗战文艺史上写下了浓浓的一笔；太行山剧团为新中国培养了一大批文艺、教育人才。

作者简介：

张　宇　八路军太行纪念馆办公室副主任

中共中央北方局党校的历史作用

郭瑞丽

党校的功能定位与历史使命，解决"党校是什么、干什么"的问题，决定党校的办学方向、办学重点、办学优势、办学效果，对党校的生存发展和兴衰成败具有基础性、决定性作用，是党校办学规律研究的起点和落脚点。在中央党校80年的发展历程中，中国共产党对其功能和使命的认识不断深化。特别是在抗日战争时期，党校发挥了非常重要的作用。为了大力培养抗日干部，提高全党、全军的马列主义理论水平，根据中共中央指示，中共中央北方局于1939年创办了党校，是华北地区党组织培养干部的最高学府。在炮火纷飞的艰苦条件下，北方局党校为华北各级党组织和抗日民主政权，为浴血奋战的八路军，培养和输送了一批又一批的优秀干部。

在中共中央六届六中全会上，中共中央政治局做出决定，为便于更好地领导华北地方党组织，中共中央北方局机关离开晋西南隰县，随八路军总部到太行山一带领导工作。不久，北方局机关移驻潞城，与八路军总部驻扎在一起。

北方局机关驻扎潞城之后，北方局书记杨尚昆做出决定，创办中共中央北方局党校，为华北抗日民主根据地培养县、团级以上的中、高级干部，彻底改变和提高华北各根据地领导干部的思想和理论素质结构。其办学宗旨是：坚持华北抗战，使学员在战争中学会和掌握马列主义基本知识，明确了解中国革命的基本问题；学习党的路线、方针、政策以及具体策略的运用；克服形而上学的工作方式，克服脱离实际的教条主义、主观主义和狭隘的经验主义；学会具体运用辩证唯物论与历史唯物论的基本观点去分析问题、处理问题、解决问题，提高干部马列主义理论与中国革命具体实践相结合的工作能力；加强干部的无产阶级党性。提高根据地党政军中、高级干部的政治理论水平。

1939年1月8日，中共中央北方局党校在潞城县中村正式创办，由八路军总司令、华北军分会书记朱德兼任校长，北方局宣传部部长李大章兼任教育长。党校的组织形式采取党政组织合一制，受北方局直接领导，以校委会和教务主任为领导机构，日常工作领导关系隶属北方局组织部及宣传部。有关部队学员入学、分配及其他问题，协同八路军野战政治部、组织部处理。其管理机构非常简单，几乎没有专职人员，包括教师都是北方局与八路军总部的高级领导人来兼职。在校委会领导下，分别设立学生党总支委会、工作人员支委会。学生支委会是管理学员的主要领导机构；工作人员支委会负责管理校务工作和安排兼职教师授课。

校委会组织领导学校的全面工作，其具体任务为：一、根据北方局关于学校教育方针与工作方针的决定与指示，制定全校各时期的工作计划，具体领导各支部，保证工作任务完成。二、审查与鉴定在校学员，帮助北方局与八路军野战政治部深入了解学员情况。三、负责全校行政管理，在战争情况下统一指挥学校的军事行动。校委会由5人组成，教务主任、组织科长、教育科长由北方局指定为当然委员，经全校党员大会通过，其余委员由全校党员大会以不号召、不提候选人名单的方式进行选举，选举后交北方局审核批准。在校学员都有被选为校委会委员的资格。校委会5个月改选一次。

北方局党校每期接收学员100余名。凡入校学员须经北方局组织部批准，校组织科依照学员的部别、程度等各方面情况，编定班次，建立支部，进行学习。北方局党校招收的学员成分，一般是从华北各地区八路军及地方部队的团级至旅级，地方党组织的县委至地委，机关政府中的县长至专员中抽调出来的在职干部。其主要任务有两点：一是培养干部最坚强的布尔什维克的党性，二是培养干部丰富的马列主义理论知识。

北方局党校从创办到1944年秋停办，总共招收8期学员。总结8期学员在校学习的情况，主要有以下几个方面的收获：第一，提高了学员的政治理论水平和文化素质，特别是提高了学员的党性原则，半数以上学员结业后得到提拔和重用。第二，提高了学员的学习热情，使学员养成了良好的学习习惯。许多学员克服了不愿学习、好高骛远的倾向，获得了一些学习的方式方法，初步学会了具体运用辩证唯物论和历史唯物论的观点去分析问题、处理问题，打破了过去教条主义、经验主义的工作方式。第三，进一步学习了党的基本知识，加强了组织观念。特别是一些没有参加过长征的北方学员，了解了长征过来的干部经历的艰难险阻，纠正了一些不正确的思想，能够虚心地检讨自己，诚恳地接受批评。第四、使学员们比较深入系统地反省自己，清算了自己非无产阶级思想，坚定了无产阶级立场。

北方局党校在五年半时间的办学积累中，也取得了一系列丰富的教学经验，主要表现在：

1. 领导重视。北方局党校是培养华北抗日民主根据地县、团级以上干部的学校,因此,北方局党的主要领导人非常重视党校工作,从由朱德、杨尚昆、罗瑞卿等首长兼任校长,到彭德怀、傅钟、陆定一等首长亲自到校讲课、作报告,帮助学员提高对党的认识,指导学员进行各个课目的学习。虽然没有设置更多的专职人员,但北方局组织部长刘锡五和北方局宣传部长李大章、野战政治部代主任张际春都曾亲自住校,帮助党校进行整风学习。

2. 以讲授马克思主义理论为主课。北方局党校从成立到结束,正是毛泽东思想形成与大发展之时,因此,整个教学工作紧紧围绕着马列主义与中国革命实际相结合的理论,党的思想路线的端正与理论素养的提高,为毛泽东思想的成熟创造了必要的思想和理论基础。学习中,始终突出进行中国革命理论与策略的教育,大大提高了学员的马列主义水平,为党和中国革命事业培养出一大批有战斗力、自觉地为无产阶级革命事业而奋斗的先进战士。

3. 选择党性强的教员和采用理论与实际相结合的教学方法。北方局党校教员大都是党性纯洁,具有丰富斗争经验和渊博的学识,而且善于接近群众的同志。其教学方法是启发式的。在讲授时由浅入深,由中国到外国,由具体到抽象,由实践到理论,并善于举出具体生动的例证,根据不同对象,不同课题,不同方法,引起学员的学习兴趣。特别是像陆定一、杨献珍、张友清等理论水平很高的领导同志,在讲课中结合抗战实际,讲课前提出问题,让学员事前考虑,启发思考问题,将理论原则应用到具体工作上去。

4. 注重思想意识的锻炼。开课初期,针对初入校学员只注意理论学习而忽视思想锻炼与组织生活的现象,党校加强了党的活动,提高思想认识启发自我批评精神,有意识地纠正错误思想。同时也组织学员参加劳动,如 1940 年在武乡上北漳与广大军民一起修河坝,大大加强了学员集体观念与意识。

5. 民主教学和改进教学方法。北方局党校的学风不同于一般学校,很重视开展正确的民主生活。对学员的批评,多采取说服教育方法,发挥学员的主动性与创造性,培养学员的政治敏感性。北方局党校领导经常注重改进教学工作上的一些缺点和不足。例如有的教员对学生的实际情况了解不够,教学缺乏针对性;有的学员则成为抄笔记背条文的书呆子,对所学问题没有透彻了解,等等。党校领导针对教员、学员中存在的问题,进行了多方面的教育,并不断改革教学方法,使教学质量不断提高。

1944 年整风工作结束后,遵照中共中央意见,北方局党校宣告结束。学员大都回到原单位,学校教职工大部分调回延安,北方局党校与中共中央党校合并,也就是现在中共中央党校的前身。

在办校的五年半时间里,北方局党校总共招收了 8 期学员,为党培养了大批的既有一定马列主义理论水平又有较高党性的领导干部。这些干部在领导华北人民夺取抗日战争和解放战争的胜利,为创建中华人民共和国发挥了骨干作用和带头作用,也为新中国成立后的党校建设积累了丰富的办学经验。

作者简介:

郭瑞丽　山西天脊煤化工集团有限公司党校(职工大学)教师,主要从事政治理论教育教学工作。曾在《科学导报》发表《深入贯彻十八大精神,努力推进国企改革》等论文多篇